조선왕조실록

3

세종 · 문종 · 단종

백성을 사랑한 사대부의 임금

조선왕조실록

朝鮮王朝實錄 3

이덕일 지음

다산
초당

《조선왕조실록》을 읽는다는 것

500년 정신이 담긴 위대한 기록

'조선'이라는 이름을 들으면 가장 먼저 어떤 생각이 드는가? 성리학이라는 형이상학에 매몰된 문약(文弱)한 나라, 지배층인 양반들은 당쟁만 일삼고 국가에 재난이라도 일어나면 제일 먼저 몸을 피하는 비겁한 나라. 혹시 이러한 비판적인 인상이 먼저 들지는 않는가? 이러한 일반적인 인식은 서세동점(西勢東漸)의 물결이 전 세계에 몰아친 20세기 초, 변화의 흐름을 놓치고 일제의 침략을 받아 나라를 잃은 역사를 감안하더라도 지나치게 가혹하다.

조선에 대한 이러한 부정적 평가는 '조선은 낙후되고 정체된 나라', '조선은 타율적이고 나약하다'라는 말로 요약되는 일제강점기 식민사학의 영향 탓이다. 분명 조선 후기에 노론 중심의 부패한 정치가 나라를 망친 것은 사실이지만, 무려 518년이라는 긴 세월 동안 유지된 왕조를 한마디로 규정할 순 없다. 역사상 존재한 수많은 나라들 중에서도 이렇듯 긴 수명을 유지할 수 있었던 데에는 이유가 있다. 필자는 그 핵심을《조선왕조실록(朝鮮王朝實錄)》이라는 위대한 기록 유산의 존재와 조선이라는 나라의 제도, 즉 시스템과 정신에 있다고 생각한다.

《조선왕조실록》을 동시대에 존속했던 중국 왕조의 정사인《명사(明史)》,《청사고(淸史稿)》등과 비교해보면 큰 차이가 난다.《조선왕조실록》은 조선 멸망 후 일본인이 편찬을 지휘한《고종실록(高宗實錄)》,《순종실록(純宗實錄)》을 제외하면 조선인이 직접 편찬한 것이다.《명사》는 명나라가 망한 후 청나라의 장정옥(張廷玉) 등이 편찬했고,《청사고》역시 신해혁명으로 청나라가 무너진 후 민국 정부에서 편찬한 것이다. 모두 뒤의 정권에서 앞의 정권을 평가한 역사서다. 그 과정에서 수많은 사실들이 정리되고 삭제되었을 것이다. 그래서 편찬 형태도《명사》와《청사고》는 기전체(紀傳體)로 되어 있다. 황제의 사적인 〈본기〉와 각종 통계기록인 〈지(志)〉, 〈표(表)〉, 신하들의 사적인 〈열전〉으로 구성된다. 반면《조선왕조실록》은 뒤의 임금이 앞의 임금 때 있었던 일들을 날짜별로 기록한 편년체(編年體) 역사서다. 기전체 역사서는 체제는 깔끔하지만 현장의 생생한 목소리는 부족하다. 반면 태조 이성계부터 철종에 이르기까지 25대 472년간의 역사를 날짜별로 기록한 편년체 역사서인《조선왕조실록》은 현장의 생동감이 그대로 살아 있다. 마치 그 현장에 있는 것처럼 당시의 목소리가 생생하게 전해진다.

선왕이 세상을 떠나면 후왕이 실록청(實錄廳)을 설치해 선왕 때의 역사를 편찬하는데, 선왕 때 사관의 기록과《승정원일기(承政院日記)》,

《의정부등록(議政府謄錄)》등 정부 기관의 기록은 물론 경연에 참석했던 신하들의 《경연일기》등 선왕 때 기록된 모든 자료를 모아서 편찬한다. 실록에 기록되는 왕은 대부분 현왕의 아버지어서, 신하들이 생존해 있는 경우가 대부분이다. 그래서 실록 편찬에 살아 있는 권력의 간섭을 막는 것이 절대과제였다. 이런 이유로 대신들은 물론 후왕도 실록을 볼 수 없었다. 선왕 때의 일이 필요한 경우 해당 부분만 따로 등사해 국정에 참고하게 했을 뿐이다. 그래서 《조선왕조실록》은 《명사》,《청사고》와 달리 살아 있는 권력의 개입을 원천적으로 차단했다. 그래서 국왕이 감추고 싶은 기사까지 그대로 실려 있다. 《태종실록(太宗實錄)》4년 2월 8일에는 이런 글이 실려 있다.

> (왕이) 친히 활과 화살을 가지고 말을 달려 노루를 쏘다가 말이 거꾸러져서 낙상했으나 다치지는 않았다. (왕이) 좌우를 돌아보며, "사관(史官)이 알지 못하게 하라"라고 말했다.

태종은 공신들에 대한 피의 숙청으로 왕권을 반석으로 만든 절대군주였는데도, 그가 감추고 싶어 했던 말까지 그대로 기록한 것이 《조선왕조실록》의 정신이다. 연산군 때 선비들이 화를 당한 '사화(士禍)'를 사관들이 화를 당한 '사화(史禍)'라고도 하는 이유는 이때 사형당한 선비들이 대부분 사관들이었기 때문이다. 조선의 선비들은 당대의 진실을 후대에 전하기 위해 목숨을 걸었고, 그래서 사관들은 비록 목숨을 잃었지만 사화의 단초가 되었던 김종직의 〈조의제문(弔義帝文)〉이 그대로 실록에 실려 우리에게 전해지는 것이다. 그 정신이 담겨 있는 것이 바로 1997년 유네스코 세계유산으로 등재된 《조선왕조실록》이다.

"역사를 잊은 민족에게 미래는 없다"라는 말이 회자되고 있다. 단재 신채호의 말이라고 하는데 정확하지는 않다. 그러나 중요한 것은 이 말이 품은 참뜻이다. 오늘날 우리 사회가 과연 목숨을 걸고 진실을 전했던 조선의 사관 정신과 망명지를 전전하며 역사를 연구하고 옥사하는 순간까지 역사서를 저술한 신채호의 사관 정신을 계승하고 있다고 감히 말할 수 있을까? 식민사학에 경도된 어느 중진 역사학자가 공개 학술대회 석상에서 "신채호는 세 자로 말하면 또라이, 네 자로 말하면 정신병자"라는 망언을 했는데도 어느 역사학자 한 명 항의하지 않았다는 사실에 우리 사회 사관들의 정신 상태를 알 수 있다.

선조의 혜안에서 얻는 산지식

우리는 《조선왕조실록》에서 무엇을 배워야 할까? 조선 왕조 518년 동안 27명의 임금이 있었다. 한 임금이 평균 19년 정도 왕위에 있었던 셈인데, 이 중 성공적인 정치가였다는 평가를 받는 군주는 그리 많지 않다. 물론 27명의 왕들은 각기 그가 처한 환경이 달랐다. 개국 초 태조 이성계와 태종 이방원이 처한 상황이 달랐고, 조카인 단종을 죽이고 왕이 된 세조 이후가 달랐으며, 임진왜란 전후가 달랐고, 인조반정 이후가 달랐다. 각각의 시대가 필요로 하는 시대정신을 어떻게 인식하고 현실 정치에 구현했느냐에 따라 당대의 성공과 실패가 갈린다.

예컨대 수양대군의 왕위 찬탈은 태종이 피의 숙청으로 무너뜨린 공신 집단을 부활시킨 사건으로, 조선 사회는 그 대가를 혹독하게 치러야 했다. 임진왜란은 200년을 이어온 조선이 다시 개국에 준하는 자세로 새로 태어나야 함을 보여준 사건이다. 그러나 이후 서인(이후 노론)들은 시대정신의 요구와는 상반된 행보를 보였다. 인조반정을 일으켰고, 병자호란을 초래해 백성을 도탄에 몰아넣었다. 이들이 득세한 이래 조선에선 임금이 약하고 신하들은 강한 '군약신강(君弱臣强)'이 노골화되었고, 그 결과 국운은 날로 기울어져갔다.

반대로 성공적인 정치를 펼친 임금도 있었다. 태조는 정도전과 조준이 제시한 과전법을 통해 토지 개혁이란 시대적 과제를 풀어내 새 왕조의 개창을 이뤘다. 당시 고려는 소수 귀족 집안이 산천을 경계로 삼을 정도의 대토지를 소유하고 있었고, 정작 그 땅을 경작하는 농민들은 대부분 굶주림을 면치 못할 정도로 민생이 파탄 난 상태였다.

조선 중기의 책《송와잡설(松窩雜說)》은 조선 개창 세력이 신돈의 자식으로 몰아 폐위시킨 우왕에 대해 다음과 같은 이야기를 전한다. 강릉에 유배됐다가 죽음에 몰린 우왕이 겨드랑이를 드러내 보이며 "왕씨는 본래 용의 종자로 아무리 잔약한 후손이라도 몸 어딘가에는 반드시 비늘이 있다"면서 "내가 지금 이를 보이지 않고 죽으면 너희들이 내가 신(辛)가가 아닌 줄 어찌 알겠느냐?"라고 했다는 것이다.

'용의 자손'이라는 혈통이 고려와 왕씨가 내세운 천명이었다면, 조선 개창은 그보다 훨씬 우위에 있는 천명을 통해 이룩됐다. 바로 백성이다. 일찍이 맹자는 "백성이 가장 귀하고 사직은 그다음이며 임금은 가장 가볍다"라고 말했는데, 조선 왕조의 개창은 바로 이러한 맹자의 말을 현실에 구현한 과전법으로 민생을 살핌으로써 들판 백성들의 마음, 즉 천심(天心)을 얻었기에 이룰 수 있었다.

세종처럼 부왕 태종이 깔아놓은 꽃길 위에서 왕조의 찬란한 번영을 일궈낸 경우도 있다. 반대로 정조는 부친인 사도세자를 죽인 노론에게 둘러싸였지만, 자신의 가혹한 운명을 탓하지 않고 조선 후기의 '르네상스'를 이끌어냈다. 이처럼 성공과 실패는 당대 환경에 좌우되지 않았다. 오늘날 대한민국 앞에 놓인 운명 역시 결코 순탄치 않아 보이지만, 누가 어떤 정치를 하느냐에 따라 그 모습이 판이하게 다를 것이다.

또한 조선은 어느 한 기관도 독주할 수 없는 상호 견제의 원칙을 제도로 확립했다. 이는 국왕과 신하 사이도 마찬가지였다. 조선은 의정부 서사제와 육조 직계제를 번갈아 시행했는데, 전자는 의원내각제, 후자는 대통령중심제와 비슷하다. 의정부 서사제에서는 대신들의 권한이, 육조 직계제에서는 국왕의 권한이 더 컸다. 조선은 둘을 번갈아 사용하는 운용의 묘를 살리면서 왕권과 신권의 조화를 추구했다.

의정부와 육조 판서 등 고위 관료들의 전횡은 대간(臺諫)이라 불린 사헌부·사간원의 중하위 관료들이 지닌 탄핵권으로 견제했다. 대간의 탄핵을 받으면 진위를 막론하고 무조건 사임하는 것이 원칙이었다. 이런 대간을 정승과 판서의 영향에서 독립시키기 위해 그 인사권을 이조전랑(吏曹銓郎: 이조의 정5품 정랑과 정6품 좌랑을 함께 이르던 말)에게 주었다. 이조전랑은 이직할 때 후임자를 스스로 천거하는 방식으로 권력자의 인사 개입을 원천적으로 차단했다.

수사권 역시 사헌부를 비롯해 의금부, 형조, 포도청 등 여러 기관에 나눠줘 수사기관의 부패와 전횡을 방지하고 정의를 실현하는 데 만전을 기했다. 오늘날처럼 수사와 기소의 독점권을 가진 대한민국 검찰의 폐단을 원천적으로 차단한 것이다. 게다가 수사는 문과 출신 인재들이 담당했지만 수사 기록에 대한 판결은 사율원의 중인들이 담당했다. 양반의 수사 결과를 중인이 판결하게 한 것에 선조들의 혜안이 담겨 있다. 재량권을 남용하지 말고 법조문대로 판결하라는 취지였다. 대한민국 사법부가 신뢰받지 못하는 근본적인 이유가 '무전유죄, 유전무죄'로 상징되는 재량권 남용에 있다는 점을 감안하면, 우리는 선조들이 꾀했던 운용의 묘를 본받을 필요가 있다.

이처럼《조선왕조실록》에 담긴 역사 하나하나는 단지 흥미 있는 옛이야기에 그치는 것이 아니라, 오늘날에도 끊임없이 되새기며 현실에 적용할 수 있는 살아 있는 지식들이다.

역사는 가장 탁월한 미래학이다

미래의 길이 보이지 않을 때일수록 과거를 돌아봐야 한다. 과거를 돌아보는 목적은 미래의 길을 찾고자 함이다. 역사가 과거학이 아니라 미래학인 까닭이 여기에 있고, 우리가 역사를 공부하는 목적도 여기에 있다. 옛 사람들이《자치통감(資治通鑑)》이나《동국통감(東國通鑑)》처럼 역사서 제목에 거울 감(鑑) 자를 넣은 이유 역시 역사라는 거울을 통해 오늘 우리의 모습을 살피고 미래의 길을 찾고자 함이었다.

《조선왕조실록》에는 당대의 모든 사실을 가감없이 적어놓았다. 우리는 방대한《조선왕조실록》에서 사대주의의 어두운 그늘과 어떠한 전횡과 부정부패도 용납하지 않았던 선비 정신을 함께 볼 것이다.

그렇다면 우리는 이 책을 통해 구체적으로 무엇을 얻을 수 있을까?

첫째, 우리 사회나 한 조직의 앞일을 예측할 수 있는 청사진으로 삼을 수 있다. 역사를 '앞서간 마차의 수레바퀴'라는 뜻의 전철(前轍)이라고 부르는 이유가 바로 이것이다. 어느 길로 간 앞 수레는 순탄히 목적지에 도착했지만 다른 길로 간 앞 수레는 엎어졌다. 이를 통해 우리는 어느 길로 가야 할지 알 수 있다. 중국의 역대 정치 지도자 대부분이 역사를 공부한 것은 이 때문이다.

둘째, 자신이 속한 사회나 조직에 필요한 사람이 누구인지 알 수 있다. 성공한 조직의 공통점은 성공한 인재 등용이다. 성공한 리더 곁에는 늘 뛰어난 참모가 존재했다. 세종에게는 황희와 김종서 같은, 정조에게는 채제공 같은 명신(名臣)이 있었다. 효종이 사대부들의 격렬한 반대를 무릅쓰고 대동법을 확대 실시할 수 있었던 것은 탁월한 경세가 김육이 있었기 때문이다. 잘못된 쿠데타였지만, 수양대군 역시 한명회의 머리를 빌려 임금의 자리에 오를 수 있었다. 크든 작든 조직을 이끌어가는 사람이라면 《조선왕조실록》을 통해 자신의 조직에 어떤 사람이 필요한지 알 수 있을 것이다.

셋째, 《조선왕조실록》을 통해 우리 개개인의 삶을 돌아볼 수 있다. 조선은 선비의 나라였다. 공직에 진출한 유학자에게 가장 두려운 것은 국왕이나 상급자의 명령을 거부해 받는 처벌이 아니라, 선비들의 공론인 사론(士論)이었다. 국왕도 예외는 아니었다. 왕세자가 받는 교육에서 가장 중시된 것도 바로 《대학(大學)》의 다음 구절이었다. "먼저 몸을 닦고, 집안을 가지런히 만들고, 나라를 다스리고, 천하를 평안하게 한다." 다시 말해, 수신제가치국평천하(修身齊家治國平天下)의

왕도다.

조선의 국왕은 스스로 선비임을 내세웠고, 사론을 중시했다. 이것이 때로 양반 사대부의 기득권 옹호나 사대주의 성리학에 대한 신봉으로 나타나는 폐단도 있었지만, 목에 칼이 들어와도 할 말은 하고 지켜야 할 것은 지키는 선비 정신이야말로 조선의 정신 세계를 이끌어 간 핵심이라고 할 수 있다. 권력에 아부해 출세한다거나 사사로운 이익을 지키는 데 급급하지 않고, 진짜 지켜야 할 확고한 '자기중심'을 갖는 것. 오늘날 사회에 치여 이리저리 흔들리기 쉬운 이들이 한 번쯤 되새겨보아야 할 가치다.

마지막으로 왜곡된 역사를 바로잡는 것이다. 조선 개창의 함의는 오늘날까지도 우리에게 많은 숙제를 안겨준다. 이성계가 위화도 회군 당시 내세운 '작은 나라가 큰 나라를 칠 수 없다'는 사대(事大) 논리는 지금까지 기승을 부리고 있는 우리 사회의 숙제다. 필자가 줄곧 식민 사학 청산을 주장하는 핵심적인 이유도 바로 여기 있다. 식민사학은 다름 아닌 '친일 사대주의 역사학'이기 때문이다.

위화도 회군은 고구려 옛 강토 수복의 기회를 내부에서부터 좌절시켰다는 점에서 비난받아 마땅하다. 그러나 위화도 회군 후에도 고려는 물론 조선의 북방 강역이 지금의 압록강, 두만강 영역에 그치지 않고, 요령성 심양 남쪽 진상둔진에서 두만강 북쪽 700리 공험진까지 이르렀다는 사실은 잊지 말고 기억해야 한다. 태조 이성계는 물론 태종 이방원과 세종도 이 강역을 조선의 북방 강역으로 굳게 지켰다.

조선 초의 사대주의와 조선 후기의 사대주의는 분명 다르다. 태종 이방원에게 친명사대는 국체를 보존하기 위한 고육책이었다. 태종이 안남(安南: 베트남)에 들어선 새 왕조를 멸망시킨 명나라와의 일전에 대비해 서울 남산에 산성을 쌓은 것처럼, 조선 초의 사대주의는 국체 보존을 위한 실용적 사대주의였다. 중화 사대주의를 명분으로 내세운 인조반정 이후 서인, 노론의 이념적 사대주의와는 분명 다르다. 조선 초기의 자주성은 인조반정 세력의 집권 이후 정묘·병자호란을 겪으면서 점점 약해졌고, 급기야 숙종 때 백두산정계비를 통해 압록강 북쪽 강역을 포기하고 말았다. 그러나 그때도 간도(지금의 연변 지역)는 조선 강역이었다. 조선의 최대 강역을 지금처럼 압록강에서 두만강까지로 인식하게 된 것은 일제강점기 식민사학자들의 악의적 왜곡 때문이다. 이런 왜곡을 이번 기회에 최대한 바로잡으려 노력했다.

　"모든 역사는 현대사"라는 말이 있다. 긍정적인 부분이든 부정적인 부분이든 조선이 오늘날 우리의 의식과 행동에 많은 영향을 끼쳤다는 사실을 인정한다면, 조선의 역사는 우리가 선택할 또 다른 미래의 길을 고민하게 한다고 말할 수 있다. 역사를 통해 교훈을 얻지 않으면, 우리는 앞선 세대의 실패를 똑같이 되풀이할 수밖에 없다. 좋은 일에서 가르침을 얻고 나쁜 일은 반면교사로 삼아야 보다 나은 지금을 살 수 있다. 이런 점에서 《조선왕조실록》을 읽는 것은 오늘의 우리를 비춰보고 내일의 우리를 그려볼 수 있는 가장 좋은 방법이 될 것이다.

2018년 6월

이덕일

차례

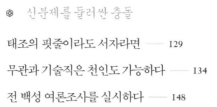

1부

—

세종, 사대부의 나라를 만들다

세종대왕 표준영정. 운보문화재단
1973년 세종대왕기념사업회의 의뢰로 김기창 화백이 그린 초상화다.
세종대왕 동상, 만원권 등 세종의 모습 대부분은 이 표준영정을 기준으
로 하고 있다. 그림은 현재 여주 세종대왕유적관리소에 소장되어 있다.

친정으로가는길

상왕의 탄신연과 모후의 죽음

　세종 1년(1419) 5월 16일. 세종 이도(李祹)가 왕위를 이어받은 뒤 처음 맞는 상왕의 탄일(誕日)이었다. 태종의 나이 쉰세 살, 세종의 나이 스물세 살이었다. 세종은 이날 국가 행사 때 입는 면복(冕服)을 갖춰 입었다. 부왕의 생신 잔치를 국가의 중요한 행사로 여긴다는 뜻이었다. 세종은 백관을 거느리고 태종이 거처하는 수강궁(壽康宮)에 나가 하례했다. 그러나 태종은 사양하면서 받지 않았다. 임금은 세종이라는 의미에서 사양한 것이다. 그러나 세종은 부왕의 사양이 형식적인 행동이란 사실을 잘 알고 있었다. 조선의 임금은 여전히 상왕 태종이었다. 상왕이 사양 끝에 하례를 받자 세종은 네 번 머리를 조아려 절

하는 사배(四拜)를 올렸다. 사배는 신하가 임금 또는 유학의 종주인 성
균관 문묘의 공자에게 올리는 절이다.

세종은 부왕의 탄신을 기념해서 한양과 지방의 죄수 중에서 불충,
불효죄를 제외하고 장죄(杖罪: 곤장 맞는 죄) 이하의 죄를 모두 용서했다.
임금의 즉위가 아니라 탄일을 기념해 죄수를 사면한 것 역시 이례적
인 일이었다.

이날 수강궁에 하례차 간 임금은 세종뿐만이 아니었다. 노상왕이라
불리는 정종도 수강궁으로 향했다. 법적 서열은 노상왕이 높지만 모
든 권력을 상왕이 독차지하고 있다는 사실을 모르는 사람은 없었다.
두 상왕과 원경왕후 민씨가 좌정한 가운데 세종을 필두로 종친들과
의정부 및 육조 판서, 여섯 대언(代言: 승지) 등이 수강궁에 모여 성대하
게 잔치를 벌였다. 세자 자리에서 쫓겨난 양녕대군도 참석해 부왕의
장수를 빌었다. 기분이 흡족해진 상왕이 지신사(知申事: 국왕의 비서실장,
도승지) 원숙(元肅)에게 말했다.

"주상이 왕위를 이은 뒤로 내게 효도함이 이와 같으니, 나도 심히
사랑한다."

태종이 일어나 춤을 추자 노상왕 정종도 일어나 함께 춤추었다. 흥
이 오른 정종이 연구(聯句)를 지어 읊조렸다.

"천고에도 오늘 같은 모임은 드물도다(千古罕聞今日會)."

두 상왕과 새 왕까지 세 왕이 서로 사이좋게 잔치를 즐기는 것은 천
고에 드문 일이었다. 권력은 부자지간에도 나누지 못하는 속성이 있
기 때문이다. 정종의 말을 들은 여러 신하들이 땅에 엎드려 하례하고
는 실컷 잔치를 즐기다가 밤 늦게야 파했다. 태종은 세종과 더불어 노

상왕 정종을 부축하고 수강궁에서 나가다가 흥이 오르자 두 상왕이 마주 보며 춤을 추었다. 세종은 형 효령과 함께 상왕을 좌우에서 부축했다. 태종은 상왕과 춤추면서 변계량(卞季良)과 허조(許稠)에게도 춤을 추게 했다. 두 신하가 임금과 마주 서 춤을 춘 것은 세상에 드문 영광이라는 말이 길게 이어졌던 탄신연이었다.

이듬해인 세종 2년(1420) 5월 16일, 상왕의 탄일이 돌아왔다. 하루 전 세종은 종친, 부마, 의정부 당상, 육조 판서, 대언 외에는 상왕 탄신 하례에 참례하지 말라는 명령을 내렸다. 태종의 명을 받아 내린 명령이었다. 전달 계속 가물어서 이달 초 1일 북교에서 기우제를 지냈다. 그런데 그날은 비가 오지 않더니 이틀이 지나자 이틀 연속 비가 내렸다. 기뻐한 상왕은 이천에 있는 양녕대군도 불러올렸다. 양녕은 태종이 머물던 낙천정에 가서 효령대군 등 동생들과 함께 부왕의 탄신 하례에 참석했다. 그러나 이날 상왕의 관심사는 탄신연이 아니라 한더위에 진행되는 살곶이 내의 돌다리 공사였다.

"살곶이 내의 돌다리는 내가 일찍이 만들기 쉽지 않으리라 생각했다. 지금 대신의 의논을 따라 역사를 시작한 지 여러 날이 되었는데, 일꾼들이 비록 농사꾼은 아니더라도 삼복고열(三伏苦熱)에 일을 시키는 것은 마땅치 않다. 예전에는 백성을 부리는 데도 때를 가렸다. 하물며 장맛비가 오기 전에 반드시 역사를 마칠 수 없을 것이니, 마땅히 역사를 정지하고 가을까지 기다려라."《세종실록(世宗實錄)》2년 5월 16일)

태종이 자신의 탄신연 때 살곶이 다리 공사를 중단시킨 것은 의도적인 행동이었다. 세종에게 어떤 경우라도 백성들의 고초를 잊어서는 안 된다는 가르침을 주려 한 것이다. 연회를 위해 입시한 신하들이 차

례로 술을 올리고 춤을 추자 세종도 일어나 춤추며 술을 올렸다. 태종
도 춤을 추면서 변계량에게 말했다.

"자식이 왕이 되어 그 아비를 지극정성으로 봉양하니 이런 일은 고
금에 드물 것이다."

세종의 정사 처리가 모두 이치에 합당하다는 보고를 들은 태종은
흡족해서 말했다.

"내가 원래 주상이 현명한 줄은 잘 알았지만, 노성(老成)함이 여기까
지 이른 줄은 알지 못했다. 주상은 참으로 문왕(文王) 같은 임금이다."

문왕은 주(周) 무왕(武王)의 아버지로, 제후들의 3분의 2가 따르게 만들어 주나라가 은나라를 꺾고 천하의 패자가 되는 기틀을 닦은 군주다. 세종을 보는 태종은 이만큼 흡족했다. 정사를 잘 다스릴 뿐만 아니라 절대 자신의 심기를 거스르지 않았기 때문이다. 탄신 연회에서 술잔을 올릴 때도 세종은 무릎걸음으로 나아갔다. 태종은 세종의 이같은 처신을 흡족해했지만 권력의 본질을 잊지 않았다. 세종이 자신앞에 엎드리는 것은 효심에서 우러나온 행동일 수도 있지만 근본적으로 자신이 군사권을 갖고 있기 때문이라는 사실을 잊지 않았다. 이 군사권으로 세종을 즉위시켰으며, 또 폐할 수도 있었다. 하지만 세종은 이런 일말의 의심을 불식시킬 정도로 부왕을 극진하게 섬겼다.

교외로 거둥했던 태종은 세종이 오는 것을 보고 자신도 모르게 눈물을 흘리면서 말했다.

"부인의 말을 들었더라면 일을 크게 그르칠 뻔했다."

원경왕후 민씨의 말대로 양녕의 아들을 후사로 삼았더라면 큰일 날뻔했다는 자각이었다. 태종은 양녕을 폐하기로 마음먹었지만 그 후사로 충녕이 아니라 양녕의 아들을 선택하려고 했다. 장자 대신 장손에게 왕위를 넘기려 한 것이다. 하지만 영의정 유정현(柳廷顯), 좌의정 박은(朴訔) 등이 반대하고 조연(趙涓), 김구덕(金九德), 심온(沈溫), 김점(金漸) 등 열다섯 명의 신하가 일제히 "어진 이를 고르소서"라고 청했다. 점을 쳐서 정하자고 말하는 이원(李原) 같은 신하도 있었다. 원경왕후 민씨만이 양녕의 아들을 세워야 한다고 주장했다. 태종은 마음이 흔들렸지만, 결국 양녕의 동생 중 어진 사람을 고르는 쪽으로 마음을 정했다. 그리고 태종은 둘째 효령이 아닌 셋째 충녕을 선택했다. 그렇게 결정한 결정적인 이유는 바로 충녕이 독서를 좋아하기 때문이었다.(2

권 3부의 〈천명을 완성할 아들, 충녕〉 참조)

> 충녕대군은 천성이 총명하고 민첩하고 자못 학문을 좋아해서 비록 몹시 추운 때나 몹시 더운 때에도 밤새 글을 읽으므로, 나는 그가 병이 날까 두려워 늘 밤에 글 읽는 것을 금지시켰다. 그러나 내 큰 책(冊)은 모두 청해서 가져갔다.(《태종실록》18년 6월 3일)

충녕은 학문과 독서를 좋아했다. 이 때문에 충녕은 '어진 이'로 평가되었고, 태종의 후사가 될 수 있었다.

태종은 곧이어 충녕에게 왕위를 물려줬다. 한 나라에 왕이 셋씩이나 있는 것은 부자연스러운 일이었다. 이 문제의 해결책은 시간밖에 없었다. 태종의 탄신연을 치른 지 열흘 남짓 후인 세종 2년(1420) 5월 27일, 민씨가 학질에 걸렸다. 세종은 모후의 쾌유를 빌었다. 29일 세종은 낙천정에 가서 대비를 문안하고 환관 김용기(金龍奇)를 개경사에 보내 관음보살에게 기도를 올리고 승려들에게 음식을 내렸다. 조선은 공식적으로는 유학 국가였지만 태조 이래 왕실은 불교를 숭상했다.

이렇게 공을 들이는데도 민씨의 병이 낫지 않자 6월 6일 양녕·효령대군에게 대비를 모시고 개경사로 가게 했다. 병을 피해 환자를 옮기는 피병(避病)이었다. 세종도 직접 병을 주관하는 약사여래에게 불공을 올리고 승려들에게 음식을 내렸다. 불가뿐만 아니라 도가와 무속의 의식도 병행했다. 무당을 시켜서 성신(星辰)에게 제사를 올렸는데, 이는 대비의 뜻에 따른 것이었다. 또한 도가(道家)의 도사 해순(海恂)에게 둔갑술을 행하게 했다. 병으로부터 모후를 도주시키기 위한 것이었다. 그러나 불가도 무속도 도가도 모두 효험이 없었다.

6월 16일, 세종은 문을 닫아걸고 모후를 간병했다. 양녕·효령도 들어갈 수 없었다. 세종의 극진한 간호 덕분인지 이날 대비의 병환에 조금 차도가 있었다. 그러나 19일 밤중에 대비를 모시고 풍양의 이궁(離宮)으로 돌아왔다. 병이 다시 중해진 것이다.

상왕 태종도 가만히 있지는 않았다. 백악산과 목멱산, 송악산 등에 사신을 보내 산신에게 절하게 했다. 또한 병에 효험이 있다고 알려진 양주의 성황(城隍)신에게도 기도를 올렸다. 태종은 대비의 병세에 대해 이렇게 말했다.

"대비는 성녕(誠寧)이 죽은 뒤부터 상심하고 슬퍼서 먹지 않더니 오늘에 이르러 학질까지 더해져 더욱 파리하고 쇠약해졌다. 그러나 언어와 안색은 여전하다."《세종실록》 2년 6월 13일)

성녕대군(1405~1418)은 이들 부부가 낳은 네 아들 중 막내다. 태종과 원경왕후는 성녕을 사랑해서 항상 곁에 두었지만 태종 18년(1418) 2월 4일 창진(瘡疹)으로 열네 살의 성녕을 잃고 말았다. 친정의 네 동생이 사형당했을 때도 버텼던 원경왕후 민씨는 막내아들의 죽음 앞에선 급속도로 무너졌다. 왕가에 태어나는 것이 축복이 아니라 저주일지도 모른다는 사실을 일깨워준 죽음들이었다.

세종은 모후를 신하들의 집으로 옮기면서 피병했지만 이 역시 효험이 없었다. 태종은 대비를 창덕궁에 모시라고 명했다. 피병이 아무런 소용이 없다고 생각한 것이다. 7월 7일 대비의 병이 다시 중해졌다는 보고를 들은 태종은 미리 빈소(殯所)를 물색하고, 관곽(棺槨)을 준비하게 했다. 세종 2년(1420) 7월 10일, 상왕 태종은 부인 민씨가 투병하고 있는 별전으로 갔다. 가망이 없음을 목도한 태종은 침통하게 말했다.

"대비의 병이 이미 위태롭다. 전일에 점쟁이가 해(害)가 없다고 했는데, 이제 이와 같으니 점이란 진실로 믿을 것이 못 된다."

병조판서 조말생(趙末生) 등이 상왕에게 아뢰었다.

"복자(卜者: 점치는 자)가 '11일 궁에 머무심이 불길하다'라고 말하니, 낙천정으로 행차하소서."

"주상이 애통하고 박절하니 내가 차마 버리고 가지 못하겠다."

그러나 조말생과 원숙이 굳게 청하자 상왕은 낙천정으로 거둥했다. 그날, 즉 세종 2년(1420) 7월 10일 오시(午時: 오전 11시~오후 1시)에 대비는 마침내 세상을 떠났다. 향년 쉰여섯, 왕비로 있은 지 21년이었다. 모든 것을 바쳐 남편을 임금으로 만들었지만 그 대가는 친정의 몰락이었다. 임금의 권력을 나누고자 했던 것이 비극을 불러왔다.

《세종실록》 1년 11월 30일 자에는 민무구(閔無咎)·무질(無疾) 등 민씨의 딸들이 마땅한 혼처가 없어서 혼인 시기를 놓쳤다는 기록이 있다. 네 아들이 사형당한 민씨의 친정에 장가들려는 사대부는 없었다. 태종이 조부나 부친, 그 자신이 관직 없는 서인(庶人)은 민씨의 딸들과 혼인해도 좋다는 전지를 내렸지만 아무도 인혼(因婚)을 맺으려 하지 않았다. 아들이 국왕이고, 남편이 상왕인데 친정은 혼처 하나 찾지 못할 정도로 완전히 몰락한 것이다.

세종은 머리를 풀고 신을 벗은 채 거적 자리에서 부르짖으며 통곡했다. 태종도 이날부터 30일 동안 흰옷과 소찬으로 지냈다. 세종이 대신을 보내 육선(肉饍: 고기 반찬) 들기를 청했지만 태종은 거부했다. 태종은 세종에게 환관을 보내 이튿날부터 미음을 들라고 권했다. 그러나 세종은 미음을 먹을 수 없었다. 임금이 먼저 효도의 모범을 보여서 백성들에게 효도를 장려해야 했다. 대비가 발병한 때부터 근 50일 동안 직접 간병한 세종이었다. 의정부와 육조에서 다시 슬픔을 억제하고 죽을 들기를 청했다. 세종은 환관 김용기를 보내 답했다.

"내 어찌 생각하지 않겠는가? 어제 부왕께서 원숙을 보내 죽을 권하시기에 몇 숟갈 먹었으니 경 등은 근심하지 마라."

크게 덥고 음습한 7월 중순이었다. 세종은 평상을 치우고 거적 자리에 엎드려 밤낮으로 통곡했다. 궁인(宮人)들이 몰래 유둔(油芚: 두꺼운 기름종이)을 거적 자리 밑에 넣었다. 습기가 올라오는 것을 막기 위해서였다. 뒤늦게 알아챈 세종은 이를 걷어내게 했다.

이런 상황에서 장례 기간이 문제로 떠올랐다. 부모의 상은 3년 참최복(斬衰服)을 입어야 한다. 그러나 태종은 1년 기년복(朞年服)을 입으라고 명했다. 자신이 살아 있다는 이유에서였다. 신하들은 역월제(易月制)를 적용하자고 권했다. 한 달을 하루로 치는 역월제를 따르면 13일 후에는 최복을 벗고 정사를 볼 수 있었다.

태종도 역월제에 찬성했지만 세종은 13일이 지난 후에도 계속 상복을 입었다. 상왕을 문안하러 풍양에 갈 때만 중문을 나가서 최복을 벗고 백의(白衣: 흰옷)와 백립(白笠: 흰 모자) 차림으로 문안했다. 시위 군사들도 백의와 백립을 갖추고, 의장도 흰 것을 쓰게 했다. 돌아와서는 다시 최복으로 갈아입고 풀을 엮어 만든 여차(廬次)에서 정사를 봤다. 두 달 후인 9월 17일 재궁(梓宮: 임금이나 왕비의 시신)을 옮길 때 지내는 제사인 천전(遷奠)을 거행하고 현궁(玄宮: 무덤)에 하관했다. 이것이 원경왕후 민씨와 나중에 태종이 합장하게 되는 헌릉(獻陵)이다. 이후에도 세종이 상복을 벗으려 하지 않자 태종은 상복을 벗고 백의에 흑립(黑笠: 검은 모자)으로 정사를 보라고 권했다. 세종이 편전(便殿)에서 정사를 보기 시작한 것은 9월 24일이다. 양녕대군 이제(李褆,1394~1462)는 29일 헌릉에 배알하고 이천으로 갔는데 세종이 역마를 주었다.

왕실의 사돈이란 자리

국왕 자리에 올랐다고 좋아할 것도 아니었다. 세종은 태종 18년(1418) 8월 11일, 경복궁 근정전에 나아가 즉위하고 즉위교서를 반포했다.

> 부왕을 상왕으로 높이고 모후를 대비로 높였다. 일체의 제도는 모두 태조와 우리 부왕께서 만드신 법에 따를 것이며, 변경이 있지 않을 것이다.

세종이 태종 8년(1408) 두 살 위인 심온의 딸과 혼인하자 태종은 며느리 심씨를 경숙옹주(敬淑翁主)로 봉했다. 태종 18년(1418) 6월 충녕대군이 왕세자로 책봉되자 경빈에 봉해졌다가 충녕이 즉위하면서 왕비가 되었다.

이때만 해도 심씨 집안은 새로운 길이 열린 것으로 생각했다. 양녕의 장인 김한로(金漢老)가 처신을 잘못했다는 이유로 죽산, 나주 등지로 유배되는 신세가 된 것을 남의 일로만 생각했다. 권력에 대한 깊은 이해가 없으면 그렇게 생각할 수도 있을 만한 것이 8월 23일 새 왕의 등극을 알리는 사은사를 심온으로 교체한 인물이 다름 아닌 상왕 태종이었던 것이다. 게다가 9월 3일 심온을 영의정부사로 승진시킨 것도 상왕 태종이었다. 심온이 명나라로 떠나는 날, 태종은 환관 황도(黃稻)를 보내 문밖까지 전송했다.

> 상왕이 환관 황도를 보내 문밖까지 심온을 전별하고, 주상(세종)은 환관 최용(崔龍)을, 중궁(中宮: 소헌왕후 심씨)은 환관 한호련(韓瑚璉)을 각각 보내 연서(현 고양)역에서 심온을 전별했다. 심온은 국왕의 장인으로 나이 50이 못 되어 수상(首相: 영의정)을 뛰어넘어 제수되니 영광과 세도가 혁혁해서 이 날 전송자들로 장안이 기울었다.《세종실록》즉위년 9월 8일)

태종이 어떤 인물인지 알았다면 심온이 자신을 전송하는 인물들로 장안이 기울게 하지는 않았을 것이다.《연려실기술(燃藜室記述)》에 "상왕이 그 소문을 듣고 기뻐하지 않았다"라고 적혀 있는 것처럼, 상왕은 심온의 전별식 소식을 듣고 불쾌한 감정을 가졌다. 자신이 피로 숙청한 외척이 민씨 일가에서 심씨 일가로 부활한 것은 아닌가 의심한 것이다.

심온이 사신으로 결정된 지 이틀 후인 세종 즉위년 8월 25일, 병조참판 강상인(姜尙仁)과 병조좌랑 채지지(蔡知止)가 태종의 시험에 걸린 일이 있었다. 병조에서 군사에 관한 일을 상왕에게 먼저 보고하지 않고 세종에게 보고한다는 소식을 들은 상왕이 강상인을 불러 물었다.

"상아패(象牙牌)와 오마패(烏梅牌)는 어떤 일에 쓰는 것인가?"

"대신을 부르는 데 씁니다."

양위 후 태종은 군사에 관한 일은 자신이 직접 청단하겠다고 말했다. 대신을 부를 때 쓰는 것이면 군사에 관한 것이라고 볼 수 없다. 대신을 부를 때 쓰는 것이면 세종에게 필요한 것이므로 태종이 말했다.

"여기에서는 쓸 데가 없으니 모두 왕궁으로 가져가라."

강상인이 패를 받들고 주상전으로 가자 세종이 "무엇에 쓰는 것이냐?"라고 물었다.

"이것으로 밖에 나가 있는 장수를 부릅니다."

"그러면 여기 두어서는 안 된다."

세종은 다시 이를 받들어 상왕전에 돌려주라고 명했다. 장수를 부르는 데 쓰는 것이면 태종에게 필요한 물건이기 때문이었다. 강상인은 상왕이 파놓은 함정에 빠진 것이다. 강상인은 혹독한 심문 끝에 그해 9월 관노(官奴)로 떨어졌다. 그나마 원종공신이었기 때문에 목숨은 건질 수 있었다. 그런데 심온이 명나라 사신으로 가 있는 동안 상왕이 강상인 사건을 다시 조사하면서 심온까지 그 사건에 연루되었다.

세종 즉위년 11월 2일, 태종은 강상인 사건을 재조사시키면서 이렇게 말했다.

"길재(吉再)는 불러도 오지 않았으니 진실로 두 임금을 섬기지 않겠다는 뜻을 굳게 지킨 것이다. 신하의 절개는 마땅히 이래야 한다."

고려 말 길재가 이성계(李成桂)의 부름을 끝까지 거부하고 고려에 대한 충성을 다한 것을 말한 것이다. 길재는 역성혁명에 반대했지만, 강상인은 그러지 않았다는 지적이다. 태종 자신이 임금으로 만든 세종에게 충성한 것이 두 임금을 섬긴 것이란 논리다. 그러나 강상인이나 심온의 혐의가 사실이더라도 세종에게 군권을 돌리려 한 것이 불충이고 역모라는 논리는 납득하기 어렵다. 명나라 사신으로 가 있는 동안에 이런 일을 당한 심온이 억울했을 것은 당연하다. 그러나 대놓고 불평할 수는 없었다. 게다가 어린 나이에 권력을 장악한 심온을 제거하려는 거대한 세력이 배후에 있었다.

세종 즉위년(1418) 12월 의금부에서 압송되어 온 심온에게 그간의 경위를 설명하고 나서 물었다.

"이렇게 한 것은 상왕을 어찌하려고 한 것이오?"

심온이 군권을 사위에게 돌리고 상왕을 내쫓으려고 한 것 아니냐는 질문이었다. 심온은 어이없었다.

"이처럼 억지소리를 하는 것은 내게 상왕께 무례한 일을 행하라고 하는 것이로구나."《세종실록》 즉위년 12월 23일)

자신을 상왕에 대한 역모로 몰아가는 것에 대한 항변이었다. 그런데 의금부에서 낭관을 시켜 말을 교묘하게 바꾸어 태종에게 보고했다.

"심온이 상왕에게 무례한 짓을 하려 했다고 말했습니다."

의금부에서 물은 것은 심온이 답변한 것처럼 몰아가기 위함이었다. 이 보고를 듣기 전까지만 해도 태종은 심온을 죽이는 데 일말의 주저함이 있었다.

"내가 사사(賜死)하려고 하는데 이 말을 들으니 반드시 안 할 수 없겠구나."

사실 심온 문제는 대신들이 조금만 나서면 진정될 수 있는 사건이었다. 대신들이 "심온이 어찌 상왕께 역모할 이치가 있겠습니까?"라고 나섰더라면 태종이 심온을 죽일 수 없었을 것이다. 심온을 사돈으로 삼은 인물도, 사신으로 발탁한 인물도, 영의정부사로 승진시킨 인물도 모두 태종이었다. 그의 정적들은 심온을 제거하고 그 딸까지 내쫓아 심온을 실각시키려 했다. 혹독한 심문 끝에 심온이 "군사는 한곳에 모여야 한다"라고 말했고, 그 "한곳"이 세종을 뜻한다고 해석되면서 혐의는 기정사실화되었다.

세종 즉위년 11월 25일, 태종은 의금부 진무(鎭撫) 이욱(李勖)을 보내 명나라에서 돌아오는 심온을 체포했다. 다음 날 태종은 박은, 조말생 등에게 강상인 등은 지금 죽이더라도 심정(沈泟)과 박습(朴習)은 죄가 조금 가벼운 것 같다면서 남겨두었다가 "괴수 심온과 대질시키는 것이 어떠한가?"라고 물었다.

박은이 반대했다. "심온이 범한 바는 사실의 증거가 명백한데, 구태여 대질하겠습니까? (심정, 박습 등을) 남겨두는 것은 옳지 못합니다."

심정과 박습도 심온이 오기 전에 사형시키자는 주장이었다. 그래서 모두 사형시키기로 결정했다. 역모를 저질렀다는 판결을 받은 이들은 사지가 찢기는 형을 받았다. 강상인은 수레에 몸이 묶이자 크게 소리쳤다.

"나는 실상 죄가 없는데, 매(箠楚)를 견디지 못해 죽는 것이다."

고문에 의해서 억지 자백을 했다는 주장이었다. 그만큼 무리한 사건 수사였다. 강상인 등이 모두 사형당했으므로 심온은 혐의를 벗을 방법이 없었다.

강상인 등이 사형당한 지 사흘 후인 11월 29일, 태종은 느닷없이 세종에게 후궁을 더 들이라고 말했다.

"지금 주상이 정궁(正宮: 왕비)에게서 세 아들을 두었는데, 더 많을수록 좋다."

유정현이 즉각 후궁 두세 명을 더 들이자고 청하며 맞장구쳤다.

박은은 이를 태종이 왕비를 폐하려는 의사로 해석했다.

"궁중(宮中)이 적막합니다."

이 날짜 《세종실록》에는 "그 뜻은 대개 왕비를 폐하자는 것이다"라고 부기돼 있다.

태종은 "내가 이미 경의 뜻을 알았다"라고 받았다.

태종이 왕비를 폐하려 한다고 해석한 의금부 제조 등이 수강궁에 나아가 왕비를 폐위하자고 청했다. 그러나 태종은 왕비를 폐출하는 데는 반대했다.

"평민의 딸도 시집가면 (친정에) 연좌되지 않는다. 하물며 심씨는 이미 왕비가 되었는데 감히 폐출하겠는가? 경들의 말은 미편(未便: 편안하지 않음)하다."

태종이 선을 그었는데도 조말생, 원숙 등은 계속 왕비를 폐출하자고 주장했다.

"주상의 의논에 따르면 심온은 부왕의 원수입니다. 어찌 그 딸이 중궁의 자리에 있을 수 있겠습니까?"

이들은 마치 세종이 왕비의 폐위를 원하는 것처럼 몰아갔다. 그러나 이는 결코 간단한 문제가 아니었다. 왕비가 폐출되면 그 왕비가 낳은 아들들의 처지 역시 문제가 되기 때문이다. 그리고 이는 결국 세종의 폐위 문제로 번지게 되어 있었다. 그래서 태종은 심온의 딸, 곧 소헌왕후 심씨에 대해서는 선을 그었다.

조말생 초상. 국립중앙박물관.

비서 업무부터 국방 업무까지 문무에 모두 능해 세종의 큰 신임을 받았던 조선 전기의 문신. 장죄에 연루되는 등 도덕적 결함이 드러났음에도 출중한 능력을 인정받아 세종의 총애를 받으며 천수를 누렸다. 위 초상화는 17세기 후반에서 18세기 초반에 그려진 그림으로 추측된다.

"이 사람은 비록 극형에 처하더라도 그 딸을 폐하고 다시 세우는 것은 이치에 맞지 않다."

왕비 심씨를 폐위시키지 않겠다는 태종의 뜻은 명백했다. 이는 곧 세종을 갈아치우지 않겠다는 뜻이었다. 그제야 의금부 제조들이 수강궁에 나아가 상왕에게 다시 보고했다.

"상왕께 무례한 짓을 행하려 했다는 심온의 말은 그 말과 기색을 보면 화가 나서 한 말이고 실제로 그랬다는 것은 아닙니다. 그래서 계본(啓本)에 싣지 않았습니다."(《세종실록》 즉위년 12월 23일)

자칫 자신들에게 거짓 보고를 했다는 혐의가 씌워질까 봐 미리 자수한 것이다.

"그렇다면 마땅히 사약을 내릴 것이다. 형을 더하지는 마라."

심온은 세종 즉위년 12월 23일 사약을 마시는 것으로 결정되었다.

처가가 쑥대밭이 되면서 세종의 처지는 불안해졌다. 실제로 태종은 이 사건에 세종이 관련 있는 것처럼 여기는 말을 했다. 심온이 사약을 받기 직전, 상왕은 세종과 수강궁 남쪽 행랑에 나가서 조말생과 원숙을 불러 말했다.

"심온이 왕비의 아버지가 되어서 반역했는데, 사신이 어찌 국왕도 참여해서 들었다고 하지 않겠느냐?"

곁에서 이 말을 들은 세종의 마음이 크게 불안해진 것은 당연한 일이었다. 세종도 알았다고 하면 왕위에서 쫓겨나는 것은 시간문제였다. 더구나 세종이 미리 알았느냐 몰랐느냐를 판정할 만한 기준도 없었다. 태종이 알았다고 하면 안 것이고, 몰랐다고 하면 모른 것이었다. 태종의 마음이 세종의 왕위를 빼앗고 싶으면 알았다고 할 것이고, 그렇지 않으면 몰랐다고 할 것이었다. 그러나 상왕은 세종을 갈아치우고 싶은 마음이 없었다.

"이렇게 되면 부자의 지극한 정을 어떻게 밝히겠느냐? 만약 사신이 심온의 안부를 궁금해하거든 어머니의 병 때문에 충청도로 돌아갔다고 답하라."

그래서 세종은 겨우 왕위를 보존할 수 있었다.

심온이 역모로 처형당했으니 남은 식구들도 연루되어 죽거나 천인으로 떨어져야 했다. 상왕은 심온 집안의 처분에 대해 이렇게 말했다.

"심씨가 이미 국모가 되었으니, 그 집안을 어찌 천인(賤人)에 속하게 할 수 있겠느냐."

심온은 비록 사형당했지만 그 가족들까지 천인으로 떨어뜨리는 것은 쉽지 않은 문제였다. 그 딸이 왕비이기 때문만이 아니라 심온의 집안은 조선 개창에 한몫한 것은 물론 왕실과도 뗄 수 없는 관계였기 때문이다. 심온의 아버지 심덕부(沈德符)는 회군 일등공신이었다. 심덕부는 심온을 포함해 심인봉(沈仁鳳), 심의귀(沈義龜), 심도생(沈道生), 심징(沈澄), 심종(沈淙), 심정 등 모두 일곱 명의 아들을 두었는데, 막내 심정은 이성계의 둘째 딸 경선공주(慶善公主)의 부마였다. 심인봉 등은 사형당하거나 천인으로 떨어지지 않고 양인(良人)이 되는 선에서 마무리되었다. 그러나 여기에서 끝이 아니었다. 의금부에서 심온의 부인 안씨와 그 딸들을 연좌해야 한다고 주청한 것이다.

"죄인의 처자는 연좌하지 않을 수 없습니다."

심온의 아내와 딸들을 천안(賤案: 천인들의 명부)에 기록해 천인으로 만들어야 한다는 주청이었다. 태종이 박은에게 물었다.

"의금부에서 심온의 아내와 자녀를 천안에 기록하기를 청하니 어떻게 처리해야겠는가?"

태종이 세종을 갈아치울 생각이 없다는 사실을 확실히 알게 된 박은이 답했다.

"자기 죄도 아니고 또한 중궁(中宮)의 어머니이므로, 다른 연좌의 예와는 다릅니다. 적몰시켜 관천(官賤: 관가의 노비)으로 만드는 것은 옳지 못합니다."

그런데 이번에는 의금부 제조 유정현이 연좌시켜야 한다고 나섰다. 의금부 제조가 주장하는 것을 무작정 거부할 수는 없었다.

"잠시 천안(賤案)에 기록하되 천역(賤役)은 시키지 마라. 훗날 마땅히 고칠 것이다."(《세종실록》 8년 5월 19일)

그래서 현 왕비의 친어머니이자 현 왕의 장모인 안씨는 천안에 이름이 올랐다. 딸은 왕비인데 친어머니는 의정부의 여종이 된 것이다. 왕가와 인혼(因婚)을 맺는 것이 영광의 길이 아니라 패가망신의 길이 될 수도 있음이 민씨와 김한로에 이어 다시 확인된 셈이다.

양녕은 맏아들이란 지위를 믿고 이런 부왕에게 대들었지만 세종은 그러지 않았다. 이 사건 이후 세종은 부왕 앞에 몸을 더욱 바짝 낮췄다. 세종은 상왕이 살아 있는 한 자신은 허수아비에 지나지 않는다는 사실을 잘 알고 있었다. 그렇게 세월은 흘렀고, 원경왕후 민씨는 세종 2년(1420) 세상을 떠났다.

상왕의 승하와 세종의 친정

약 2년 후인 세종 4년(1422) 5월 8일, 상왕 태종이 병에 걸렸다. 세종은 상왕을 연화방(蓮花坊) 신궁(新宮)으로 옮겼다. 거처를 옮겨 병을 피하는 피병인데, 특이한 것은 임금인 세종도 왕자들과 함께 걸어서 갔다는 점이다. 이 날짜《세종실록》은 세종이 약이나 음식을 모두 직접 받들어 올렸다고 말한다.

(상왕의) 병이 심할 때는 밤새 곁에서 시중들면서 잠시도 옷을 벗고 주무시지 않으므로 여러 신하들이 걱정했다.

그해 3월과 4월 연달아 사냥을 나갈 정도로 건강했기 때문에 태종의 와병은 뜻밖의 사건이었다. 상왕은 가는 곳마다 노루와 산돼지, 사슴 등을 활로 쏘아 잡다가 4월 6일 귀경했는데 그 직후부터 시름시름 앓기 시작했다.

세종은 종묘, 소격전(昭格殿: 일월성신에게 제사하는 곳), 여러 명찰(名刹)에 대신들을 보내 제사 지내게 하고, 참찬 변계량 등에게 성요법(星曜法)에 따라 길흉을 점쳐보게도 했다. 성요법은 별의 위치와 그 빛을 가지고 길흉을 점치는 점서(占筮)의 일종이다. 5월 2일에는 일죄(一罪: 사형죄) 이하의 죄수를 모두 석방시켰다.

이런 극진한 조치들이 효험이 있었는지 태종은 회복되는 듯했다. 그러나 5월 9일 저녁부터 병세가 급격하게 악화되었다. 파란만장한 태종의 시대가 저물고 있었다.

그날 밤 이고(二鼓: 10시경)에 세종이 이렇게 말했다.

"부왕의 병이 나으실 것 같지 않으니 유사(有司)에 명하여 재궁을 준비하게 하라."

태종이 사경을 헤매던 5월 9일, 금천부원군(錦川府院君) 박은이 세상을 떠났다. 박은은 세종의 장인 심온이 군사권을 돌려야 한다고 말한 '한곳'이 태종이 아니라 세종이라고 전달해 심온을 죽음으로 몰고 간 장본인이다. 심온은 사약을 마시기 전 "이후로 심씨(청송)는 박씨(반남)와 혼인하지 마라"라는 유언을 남겼다. 그렇게 권력을 두고 다퉜지만 심온보다 불과 4년 더 살고 쉰셋의 나이로 세상을 떠난 것이다.

박은이 위독하다는 소식을 들은 태종은 자신도 와병 중이었지만 약을 보내 위문하고 각종 음식을 거듭 내렸다. 태종은 심지어 궁궐의 음식을 담당하는 내옹인(內饔人), 즉 숙수(熟手: 요리사)까지 박은의 집에 보냈다.

"조석의 음식을 그가 바라는 대로 해주되, 내가 먹는 것과 다름없게 하라."

임금이 신하에게 자신이 먹는 음식과 같은 것을 내리는 은혜까지 베푼 것이다.

한편, 상왕의 병이 오래간다는 환관의 말을 들은 박은은 한탄했다.

"노신(老臣)의 병은 어쩔 수 없지만 성명하신 임금은 만년을 사셔야 마땅한데, 어찌 이 지경에 이르렀는가."《세종실록》4년 5월 9일)

태종에게 무한 충성했던 박은은 이렇게 세상을 떠났다.

박은이 사망했다는 소식을 들은 세종의 심기는 복잡했다. 자신이 왕이라는 사실을 알면서도 장인 심온을 죽이는 데 적극 가담한 인물이었기 때문이다. 설혹 심온의 혐의가 사실이라 해도 현재 임금인 자신에게 군사권을 돌리려 했다는 이유로 죽음으로 몰고 간 것은 이해하기 힘든 행동이었다. 이런 혐의로 장인이 죽임을 당하는 것을 본 세종은 자신도 폐위당하지 않을까 우려했다. 세종의 왕위는 태종의 마음에 달려 있는 물건이나 다름없었다. 이를 잘 알고 있던 세종은 부왕 앞에서 신하의 처신으로 일관했다. 즉위년(1418) 8월, 태종에게 헌수(獻壽: 장수를 비는 술잔을 올리는 것)할 때도 무릎걸음으로 나아가 잔을 올렸다. 이런 세종의 처신을 보고 흡족해진 태종은 이렇게 말했다.

"내가 자리에서 물러난 것은 복(福)을 저축하려 한 것인데, 도리어 더욱 높아지는구나."

세종이 심온의 옥사 때 임금의 자리에서 쫓겨나지 않은 것은 그 이전부터 군사 문제에 관한 한 몸을 잔뜩 낮춘 덕분이었다. 즉위년(1418) 9월 13일, 상왕과 함께 명나라 사신들을 전별할 때 별운검 총제(別雲劒摠制) 성달생(成達生), 이순몽(李順蒙), 홍섭(洪涉) 등이 모화루에서 칼을 차고 자신을 시립(侍立)하자 세종은 이들을 크게 꾸짖었다.

"부왕이 여기 계신데 어찌 칼을 차고 옆에 있을 수 있느냐?"

세종은 국왕을 호위하는 별운검들을 옥에 가두었다. 심온이 새 임금의 등극을 알리는 시신으로 떠나기 닷새 전의 일이다. 심온은 자신의 사돈이 어떤 사람인지 잘 몰랐지만 세종은 자신의 부친이 어떤 인물인지 잘 알고 있었다.

이런 처신 때문에 태종은 심온, 심정 형제 사건 때도 세종을 의심하지 않았다. 이렇게 세종은 스스로 허수아비 왕이 되어 장인이 죽고 장모가 종으로 전락하는 것을 묵묵히 지켜보았다. 박은이 자신을 허수아비 왕으로 만드는 것도 말없이 지켜봤다.

그런 박은이 세상을 하직한 다음 날인 5월 10일, 태종은 56세를 일기로 세상을 떠났다. 비로소 태종의 시대가 역사의 뒤안길로 접어든 것이다. 변방 무장의 아들로 태어나 신생 왕조를 반석 위에 올려놓은 철혈 임금의 시대가 저문 것이다.

세종이 연화방 신궁에서 발상하며 발 벗고 머리 풀고 곡하는 것으로 국상이 시작됐다. 백관들은 흰옷과 검정 사모(紗帽: 뒤에 뿔이 두 개 있는 문무관의 모자)에 검정 각대(角帶: 허리띠) 차림으로 자리에 나아갔다. 통찬(通贊: 집사)이 "곡"이라고 길게 읊자 모든 관원이 열다섯 번 소리를 내어 곡했고, 통찬이 "사배(四拜)"라고 말하자 네 번 절했다. 아침저녁으로 상식(上食)을 올릴 때 세종은 궤연(几筵: 죽은 이의 혼백이 깃드는 제사 도구) 곁에 있었고, 부마들은 전헌례(奠獻禮: 상식 등을 바치는 예식)를 행했다. 조정의 정사는 열흘간 정지했고, 백성들의 시장은 닷새간 문을 닫았다.

태조 이성계가 조선을 개창했다면 조선의 기틀을 잡은 임금은 태종 이방원이었다. 무엇보다 맏이가 아니었던 자신을 왕으로 만들어준 부친이었다. 세종은 망자가 세상을 떠난 지 석 달 만에 맞는 첫 정일(丁日)이나 해일(亥日)을 기려 제사를 지내는 졸곡(卒哭) 때까지 사직의 제사를 제외하고 모든 제사를 막았다. 혼인과 도살도 금지시켰다. 3년 동안 음악도 울리지 않았다. 오직 대사(大祀: 종묘나 사직의 제사) 때만 음악을 사용할 수 있었다.

부왕이 세상을 떠났으니 상복을 입어야 했다. 예조에서 보고한 상제(喪制)는 3년 참최복이었다. 다만 3년씩 상복 차림으로 정사를 볼 수는 없으므로 졸곡 후에는 권도(權道: 임시방편)에 따라 상복을 벗고 흰옷에 검정 사모와 검정 각대 차림으로 정사를 보라고 권했다. 예조에서는 또 역월제를 시행할 것을 권했다. 한 달을 하루로 치는 것이니 3년 참최복이면 25일 만에 상복을 벗을 수 있었다. 이에 세종이 답했다.

"역월제는 한(漢), 당(唐)나라 이후 여러 국왕들이 행한 것이지만 선왕(조선 임금들)의 법은 아니다. 대비의 상사 때 예관이 부왕의 명령에 따라 역월제를 제정해서 내가 따랐지만 내가 부왕께 두 번이나 청하여 산릉을 모신 뒤에 효복(孝服: 상복)을 벗었다. 이제 25일 만에 상복을 벗으면, 도리어 저번 상사만도 못하게 되는 것이다. 나는 최복(衰服: 상복)으로 3년을 지내려고 한다. 그러나 최복으로는 정사를 볼 수 없으므로, 졸곡 뒤에는 권도로 상복을 벗고 흰옷과 검은 사모, 검은 각대로 정사를 볼 것이다. 상사에 관한 일이 있을 때는 상복을 입고, 소상(小祥: 사후 한 돌 뒤에 지내는 제사)이나 대상(大祥: 두 돌 뒤에 지내는 제사), 담제(禫祭: 대상을 치른 다음다음 달 하순의 정일이나 해일에 지내는 제사)의 법도 일체 고례(古禮: 유학 경전)에 따를 것이다. 다만 백관들은 역월제에 의해 상복을 벗어도 좋다."(《세종실록》 4년 5월 13일)

모후의 상사 때는 부왕의 명 때문에 할 수 없이 단상(短喪)했지만 이번에는 예법대로 삼년상을 치르겠다는 뜻이었다. 다만 졸곡 뒤에는 정사를 볼 때 상복을 벗겠다고 했다. 신하들은 25일 후에는 상복을 벗어도 좋다고 했지만 임금이 상복을 입고 있는데 신하들이 먼저 상복을 벗을 수는 없었다. 의정부와 육조에서 아뢰었다.

"태조의 상사 때 대행 태상왕(태종)께서 역월제에 의해 복을 벗었지만 궁중에서는 실제로 삼년상을 행했습니다. 그래서 신들이 감히 이를 상계한 것인데 이제 상지(上旨: 임금의 지시)를 들으니 감히 다시 상계하지 않겠습니다. 다만 신하와 자식은 같은데, 전하만 최질(衰絰: 상복)을 하고 여러 신하들이 복을 벗는 것은 의리에 어그러지는 것이니, 여러 신하들도 졸곡 뒤에 복을 벗게 하소서."

세종이 허락해서 세종과 신하들 모두 졸곡 때까지 상복을 입었다.

태종은 세상을 떠난 지 넉 달 후인 그해 9월 6일 헌릉에 안장됐다. 효령대군이 애책문(哀冊文)을 읽었는데 "하루아침에 영미양(嬰微恙: 연약하고 작은 병)을 만나 대점(大漸: 임금이 위독함)에 이르러 낫지 못하셨다"라며 슬퍼했다. 수많은 피를 묻히며 왕이 되어 신생 왕조를 반석 위에 올려놓은 태종 이방원(李芳遠)은 이렇게 흙으로 돌아갔다. 태종이 흙으로 돌아가면서 비로소 세종의 시대가 열리고, 친정(親政)이 시작되었다.

세종의 첫 정사는 양녕대군 문제

태종이 세상을 떠난 지 6일이 지난 세종 4년(1422) 5월 16일, 사헌부 지평(持平) 신계삼(辛繼參)이 봉장(封章: 밀봉한 상소)을 올렸는데, 대언 등이 이를 세종에게 보고하지 않고 대신 답했다.

"지금 주상께서 여막(廬幕)에 계셔서 정사를 보지 않으시므로 계달(啓達)하기 어려우니 정사를 보는 날을 기다려주시오."

세종은 태종의 빈궁(殯宮: 임금의 시신) 곁에 초가로 된 여막을 짓고 그곳에 머물렀다. 아직 세종이 정사를 보고 있지 않다는 사실을 신계삼이라고 모르지는 않았다. 그러나 양녕대군 문제였기 때문에 상소를 올린 것이다. 양녕대군을 한양에서 쫓아내 이천으로 돌려보내라는 주청이었다. 사흘 후인 19일 사헌부와 사간원에서 양녕대군 문제로 다시 상소를 올렸다. 사간원은 이렇게 상소했다.

양녕대군 이제는 군부(君父)에게 죄를 얻어 지방으로 쫓겨나 살았습니다. 태상 전하의 병환을 맞아 금중(禁中: 궁중)에 불려 들어왔는데 염(殮), 빈(殯), 성복(成服)이 지난 지 이미 열흘이 되었는데도 아직 금중에 머물러 있으니, 대소신료들이 깊게 의심하고 있습니다.

사간원과 사헌부의 상소는 모두 양녕대군을 이천으로 돌려보내라는 것이었다.

엎드려 바라건대 전하께서는 춘추(春秋)의 근엄한 법을 본받아 즉시 지방으로 내보내고, 왕래를 끊어 태상(상왕)의 뜻에 부합하게 하시고, 신민의 바람을 위로하여주시면, 종묘와 사직에 크게 다행일 것입니다.

그러나 이 상소들은 세종에게 전달되지 않았다. 세종이 아직 정사를 보지 않았던 때였기 때문이다. 5월 28일 정부와 육조에서 "대간(臺諫: 사헌부, 사간원)이 양녕대군을 외방에 돌려보내기를 청하니 허락하소서"라고 다시 청했다.

세종 친정 초의 첫 난제는 양녕대군 문제였다. 양녕대군 이제는 열한 살 때인 태종 4년(1404) 세자로 책봉되어 태종 18년(1418) 폐위될 때까지 14년 동안 왕세자의 자리에 있었다. 4년 전 어리(於里) 문제로 부왕에게 대들었다가 쫓겨났지만 14년 동안의 세자 경력은 그리 만만한 이력이 아니었다. 그에 대한 동정론은 여전히 살아 있었다.

세종은 양녕대군을 쫓아내라는 대간과 의정부, 육조의 요구를 모두 거부했다. 신하들이 비록 양녕을 쫓아내라고 상소해도 자신은 포용하는 모습을 보여주어야 한다는 사실을 잘 알고 있었던 것이다. 6월 1일에도 의정부, 육조, 그리고 대사헌 성엄(成揜)이 양녕을 지방으로 쫓아내야 한다고 장계를 올렸다. 이 문제가 계속 현안으로 오르내리자 6월 3일 세종은 입을 열었다.

"내가 양녕의 일을 깊이 생각했는데 대비의 초상 때도 졸곡을 마치고 돌아갔다. 대사(大事: 부모의 초상)는 인생에 한 번 겪는 일인데, 아들의 마음으로 어찌 차마 보내겠는가."

또한 태종이 세상을 떠난 지 한 달이 다 되어가므로 더 이상 정사를 폐할 수 없었다. 6월 6일, 의정부와 육조에서 이제 정사를 봐야 한다고 상계했다. 그때까지도 세종은 상복을 입고 있었다.

옛날 제왕들은 최복으로 정사를 본 일이 많고, 우리 대행 상왕께서도 태조 초상 때 최복을 입고 정사를 보셨으니 대개 군국(軍國)의 중요한 일을 폐할 수 없기 때문이다.

그래서 세종은 "중요한 일이 있으면 정사를 보겠으니 대언은 상계하라"라고 하달했다. 이때 의정부, 육조에서 상계한 첫 번째 일 역시 양녕에 관한 것이었다.

"전하께서 우애의 마음으로 오랫동안 궐내에 거처하게 하셨지만 만일 간사한 소인(小人)들과 얽히면 반드시 공의(公義)를 피할 수 없을 것이니 후세에 도리어 전하를 그르다 할 것입니다. 일찍이 막아서 그의 성명을 보전하게 하는 것이 나을 것입니다."

이때의 공의는 양녕을 죽여야 한다는 것이었다. 그러니 소인들과 얽히기 전인 지금 쫓아내는 것이 오히려 양녕의 목숨을 길게 보존시키는 상책이란 지적이었다.

"이제 큰일을 당했는데, 졸곡 전에 어찌 차마 돌려보내겠는가. 비록 여러 달 동안 대궐에 머문다 해도 무엇을 할 수 있겠는가. 산릉(山陵)이 끝나면 반드시 돌아갈 것이다."

양녕을 당장 돌려보내라는 청을 거부하자 대신들은 "하늘에 계신 태상의 영혼도 양녕을 돌려보내는 것을 반드시 옳다 할 것"이라면서 오늘은 "기어코 허락을 받겠다"며 물러서지 않았다. 세종은 한발 물러섰다.

"내가 장차 직접 말하여 밖으로 내보내겠다."

그러자 유정현 등은 절하고 물러났다.

양녕대군 이제는 그다음 날인 6월 7일 이천으로 돌아갔다. 양녕대군은 열흘 후인 6월 17일 이천에서 다시 올라와 빈전에 제사를 올리고 돌아갔는데, 양녕의 처리 문제는 계속 난제로 주목받았다.

양녕은 7월에도 한양에 올라왔는데, 이때 여러 물의가 빚어졌다. 수강궁 문을 지키던 갑사 김인의(金仁義)가 허락도 받지 않고 양녕을 들여보냈다. 더구나 김인의가 양녕을 상전(上典)이라고 부른 사실까지 드러났다. 노복(奴僕)이 주인을 상전이라고 일컫고 신하가 임금을 상전이라고 일컬으므로, 벼슬아치인 갑사가 양녕대군을 상전이라고 부른 것은 큰 문제가 될 수도 있었다. 당시 정국의 민감한 부분을 건드린 사건이었다. 세종은 김인의의 직첩을 거둬서 벼슬을 뺏고 곤장 100대와 함께 충군(充軍)시켰다. 장교에서 사병으로 강등시킨 것이다.

이 사건이 채 마무리되기도 전에 무관 7품인 사정(司正) 김인달(金仁達)이 빈전에 있는 동유(湩乳)를 한 그릇 양녕에게 준 사실도 드러났다. 동유는 몽골족이 마시던 마유주(馬乳酒)로, 원나라 세조가 종묘에 제사 지낼 때 쓰던 술이다. 세종은 즉각 김인달의 직첩을 빼앗고 인수부(仁壽府)의 종으로 떨어뜨렸다.

갑사 김인의와 사정 김인달은 모두 무관이었다. 무관들은 무인 기질이 강한 양녕대군에게 우호적이어서 양녕을 지지했다. 유학자들의 눈에는 세자 때 양녕의 행위가 문제로 보였지만 무인들의 눈에는 세자 자리에서 쫓겨날 만한 문제는 아니었다. 사헌부와 사간원에서 김인의와 김인달을 모두 극형에 처해야 한다고 주장했지만 세종은 이들을 죽이지 않았다.

양녕은 억울했다. 광주에 쫓겨가 있던 양녕은 세종 1년(1419) 1월 도주했다. 지방관들은 그 책임을 애첩 어리에게 뒤집어씌웠다. 한편으로는 억울하고 한편으로는 불안해진 어리는 목매 자살했다. 세상을 떠들썩하게 만들었던 어리 사건은 양녕대군의 세자 자리는 물론 어리의 목숨까지 빼앗는 비극으로 끝나고 말았다.

양녕은 이렇듯 꺼지지 않은 불이었다. 상왕 태종이 생존 시에 아무도 양녕과 사통(私通)해서는 안 된다고 엄명을 내렸지만 소용없었다. 세종 1년(1419) 5월, 역리(驛吏) 이동인(李同仁)이 양녕과 사통하다가 발각되었다. 게다가 대궐 소식에 밝지 못한 민간에는 양녕에 대한 동정론이 여전히 살아 있었다.

태종은 세종에 대한 신임이 굳건함을 표시하면서도 양녕을 완전히 내치지 않았다. 어떨 때는 양녕에게 미련이 남아 있는 것 같은 처신을 보이기도 했다. 세종 1년(1419) 2월, 양녕은 양근으로 향했다. 상왕이 양근에서 사냥한다는 말을 들었기 때문이었다. 그런데 뜻밖에도 태종이 양녕이 거주지에서 이탈한 것을 꾸짖기는커녕 반가워하면서 함께 사냥하자고 권하자 양녕은 크게 기뻐했다.

"이렇게 하신다면 제가 어찌 도망가겠습니까?"

양녕은 자신에게 아직 기회가 남아 있는 것으로 보았을 것이다. 심온이 사형당한 지 불과 두 달 후의 일이다. 양녕은 태종이 재위 18년(1418) 6월 자신을 세자 자리에서 내쫓은 후 통곡하면서 자신에게 한 말을 잊지 않고 있었다.

"네가 충녕에게 무슨 죄가 있겠느냐? 너는 일생을 편안히 누릴 것을 알 수 있다."

심온 사건이 발생했을 때 세종이 두려워한 것은 바로 이 때문이었다. 태종이 마음만 먹으면 국왕을 교체하는 것은 결코 어려운 일이 아니었다. 진심으로 반성하는 모습을 보인다면 인간의 권력으로는 바꿀 수 없는 적장자(嫡長子)라는 정통성을 갖고 있는 양녕에게 다시 기회가 올 수도 있었다. 세종은 양녕을 신경 쓰지 않을 수 없었다. 그래서 세종은 재위 5년(1423) 3월 사헌부에 교지를 내렸다.

지금부터는 비록 족친(族親)이라도 전지(傳旨)를 받은 자가 아니면 (양녕과) 교통하지 못하게 하라. 위반자는 크게 징계할 것이다.

세종은 이 교지를 중앙은 물론 지방에도 공문으로 보내 알리게 했다. 하지만 세종의 치세에 불만이 있으면 곧 양녕이 거론되는 것은 여전했다. 세종 6년(1424) 3월에는 청주 호장(戶長) 박광(朴光)이 이렇게 불만을 토로했다.

"양녕께서 즉위하셨으면 백성들이 덕을 입을 수 있었을 것이다."

다른 호장 곽절(郭節)도 마찬가지였다.

"양녕께서 즉위하셨으면 덕을 입을 수 있었을 터인데, 즉위하지 못하셔서 덕을 입지 못했다."

이렇듯 무장들은 양녕을 계속 지지했다. 세종 6년(1424) 10월에는 갑사(甲士) 지영우(池英雨)가 견룡(牽龍: 궁궐을 지키는 숙위군) 노치(盧致)에게 이렇게 말했다.

"내가 들으니 임금께서 철원에 행행(行幸)하셔서 군사를 삼기(三岐)에 모을 때 양녕대군이 수강전에 나가 군사를 장악한다는데 과연 그러한가?"

양녕대군이 군사를 장악해 임금이 되기를 바라는 마음을 발설한 것이다. 양녕이 왕위에 오르기를 바라는 말들이 계속 언급된다는 것은 세종의 치세에 대한 불만이 그만큼 퍼져 있다는 뜻이기도 했다. 그럼에도 불구하고 세종은 양녕을 죽일 수 없었다. 이는 부왕의 유훈을 어기는 일이자 자신의 즉위가 떳떳하지 못하다는 것을 세상에 알리는 일이 되기 때문이었다.

조선은 명나라같이 큰 나라가 아니었다. 중국 역대 왕조의 역사는 왕실 내부의 피 비린내 나는 숙청의 역사라고 해도 과언이 아니다. 그러나 고려와 조선은 달랐다. 고려의 천추태후도 친아들 목종의 정적이었던 현종을 사찰로 보냈지 죽이지는 않았다. 불교가 국교였던 고려나 유교가 국교였던 조선은 왕실에서 자비와 인을 실천했다. 세종은 양녕의 피를 자신의 손에 묻히는 것은 곧 즉위의 정당성을 훼손하는 일임을 잘 알고 있었다. 유교 국가 조선에서 친형의 피를 손에 묻히는 것은 인정(仁政)에 어긋나는 일일뿐더러 부왕의 유지를 어기는 일이기도 했다. 그래서 세종은 양녕을 살려두되 양녕에 대한 사대부들의 지지를 불식시키는 정치를 펼치기로 마음먹었다. 사대부들만 자신을 굳건히 지지한다면 양녕이 위협 요소가 되지 않을 거라 생각한 것이다. 그래서 세종은 사대부들을 위한 정치를 가장 앞머리에 놓았다.

사대부가 나라의 주인이다

수령고소금지법이란 악법

세종은 나라는 임금과 사대부들이 다스리는 것이란 생각이 확고한 군주였다. 사대부들에게 세종은 최고의 군주였다. 사대부들이 세종의 졸기(卒記: 돌아간 이에 대한 평가)에 "해동요순(海東堯舜)", 즉 조선의 요순이라고 쓴 것처럼 사대부들에게 세종 시대는 태평성대를 뜻하는 요순시대였다. 세종은 사대부들이 역모의 죄를 저지르지 않는 한 죽이지 않는다는 원칙을 갖고 있었다. 또한 사대부들의 이익과 상민(常民)이나 천민(賤民)의 이익이 충돌할 때 사대부의 손을 들어준다는 원칙도 갖고 있었다. 세종이 나라는 임금과 사대부가 다스리는 것이란 생각을 갖고 있었다는 사실을 지금의 잣대로 판단하는 것은 무리다. 문제는 나라의 이익과 사대부의 이익이 충돌하는 경우였다. 나라와 상민, 천민의 이익이 같고 이 이익이 사대부의 이익과 충돌할 경우, 임금은 누구의 이익을 선택해야 하는가가 문제였다. 이 문제와 관련, 태종은 종부법(從父法)으로 개정한 데서 볼 수 있는 것처럼 국가의 이익을 선택했지만, 세종은 사대부의 이익을 선택했다.

이렇게 행동한 데는 세종 이도가 조선 임금 중 처음으로 왕후장상의 씨가 따로 있다고 여길 수 있는 왕실에서 태어나고 자란 것도 영향을 미쳤을 것이다. 그러나 양녕의 생각은 달랐다. 양녕은 잡인(雜人)들과 어울린다는 비판을 많이 받았지만, 달리 보면 이는 신분에 크게 개의치 않는 평등 의식을 갖고 있다는 증거일 수도 있다. 그러나 세종은 달랐다. 세종은 사대부, 특히 지방 수령들은 일반 백성들이 침해할 수 없는 법 위의 존재여야 한다고 생각했다. 이른바 수령고소금지법이 바로 그 증거다.

'금부민고소법(禁府民告訴)'이라고 불린 수령고소금지법은 '부민들이 수령을 고소하는 것을 금하는 법'이란 뜻이다. 이 법에 따르면 수령이 역모가 아닌 어떤 불법 행위를 저질러도 백성들은 고소 자체를 할 수 없었다. 사또, 즉 현령이라고 불렸던 조선의 지방관은 행정권은 물론 사법권과 군사권까지 갖고 있어서 소왕국의 임금이나 다름없었다. 중앙에서 멀리 떨어진 지방 수령의 잘잘못에 대해서는 지방민들이 가장 잘 알 수밖에 없었다. 그런데 세종은 왕실에 반역하는 역모 외에는 지방민들이 수령을 고소하는 것 자체를 불법이라며 막은 것이다.

세종은 재위 2년(1420) 9월 예조에 명령했다.

"지금부터 부사(府史), 서리(胥吏)의 무리가 자기가 소속된 관리인 품관(品官)을 고소하거나, 아전이나 백성이면서 그 수령 혹은 감사를 고소하면 종묘사직의 안위나 불법살인에 관계된 일이 아닐 경우 받지 말고 장 100에, 유 3000리의 형으로써 논죄하라."(《세종실록》 10년 5월 26일)

역모가 아닐 경우 벼슬아치를 고소하면 장 100대에 유배 3000리의 중형으로 논죄하겠다는 것이다. 처벌 대상에 백성들은 물론 부사나 서리 같은 아전들까지 포함되어 있었다. 지방관의 불법 전횡을 가장 잘 알게 마련인 부사나 서리 같은 아전들의 고소까지 금지시킨 것이다. 한마디로 사대부가 아닌 하급자가 양반 사대부 벼슬아치를 고소하면 인생을 망치게 되어 있었다.

세종은 수령고소금지법의 철학적 근거를 남송의 주희(朱熹: 주자)가 효종에게 주청한 말에서 찾았다. 세종은 재위 2년(1420)인 영락(永樂) 18년 9월 예조에 내린 수교(受敎: 임금의 가르침)에서 이렇게 말했다.

"주문공(朱文公: 주희)이 효종(孝宗)에게 말하기를, '원컨대 폐하께서는 깊이 중앙과 지방의 사정(司正: 범죄 수사)과 전옥(典獄: 감옥)을 맡은 관원에게 조서를 내리소서. 무릇 옥송(獄訟)에 있어서 반드시 먼저 그 높고 낮음, 위와 아래, 나이 많음과 적음, 그리고 친하고 소원함의 분수를 논한 뒤에 그 곡직(曲直: 곧거나 굽음)의 말을 듣게 해야 합니다'라고 했다."

주희가 남송의 효종에게 수사기관과 판사가 소송을 판결할 때 그 옳고 그름이 아니라 그 신분의 높고 낮음을 우선해야 한다고 주청했다는 것이다. 세종은 주희의 말을 계속 인용했다.

주자영정. 문화재청.

충청남도 공주 충현서원에 소장되어 있는 영정으로, 위 그림 외에도 여덟 점이 더 소장되어 있다. 17세기 중국에서 구해왔거나, 훗날 원본 영정을 모사하여 그린 그림으로 추측된다. 주자는 성리학을 집대성한 주희를 높여 부르는 말로, 조선의 사대부들은 그의 철학을 통치 이념으로 삼았다.

"(주희가 효종에게)‘무릇 아래가 위를 범한 것과 낮은 자가 높은 자를 능멸하고 모욕한 것은 비록 옳더라도 돕지 않을 것이며, 보통 사람보다 그 죄를 더해야 합니다’라고 했는데, 고려의 풍속은 이 뜻에 따라서 백성이 수령을 능멸하여 범한 자가 있으면 모두 쫓아내고, 그의 집은 헐어서 그 자리에 못을 파게 한 뒤에 그쳤다."

조선 사대부들이 주희의 성리학을 떠받든 것은 철저하게 사대부의 계급적 이익이란 관점에서 세상을 바라보았기 때문이다. 주희는 남송의 효종에게 수사나 재판을 하는 데 가장 먼저 고려할 것은 소송 당사자들의 신분이라고 주장했다. 아랫사람이 윗사람을 고소한 것은 비록 내용이 옳더라도 받아들이면 안 된다는 것이다. 조선 사대부들이 주희를 주자(朱子)라면서 ‘만세(萬世)의 도통(道統)’이라며 떠받든 핵심적인 이유가 바로 여기에 있다. 주희는 사대부 계급의 기득권을 철저하게 보호했던 인물이다. 문제는 세종이 주희의 이런 차별적 세계관을 조선에 그대로 적용해 예조에 지시해 수령고소금지법을 법제화했다는 것이다.

세종의 말대로 고려 시대나 태종 때도 아랫사람이 윗사람을 고소할 경우 처벌했지만, 이를 성헌(成憲: 법)으로 만든 군주는 세종이다. 아전이나 백성들의 억울함은 전혀 상관하지 않는 악법 중에 악법이 탄생한 것이다. 그런데 사간원 좌사간 김효정(金孝貞) 등은 세종의 이 수교를 인용하면서 수령고소금지법보다 더 강력한 법을 만들어야 한다고 주장했다.

"지금부터는 무릇 낮은 자가 높은 자를 업신여기거나 아랫사람이 윗사람을 업신여기거나 나이 어린 자가 나이 많은 자를 업신여기면 비록 곧바르더라도 돕지 말고 죄를 주어야 합니다. 만약 아랫사람이 잘못했다면 각기 본율(本律)에다 한 등급을 가중해서 논단하고, 그 정상이 더욱 심한 자는 왕지(王旨)를 받아 엄하게 징치해서 풍속을 순후하게 만들어야 합니다."

단순히 수령에 대한 고소를 받지 않는 선에서 한발 더 나아가 아랫사람이 윗사람과 어떤 일로든 시비가 생기면 옳고 그름을 떠나 무조건 아랫사람을 처벌하는 법을 만들어야 한다는 주장이다.

세종은 이렇게 답했다.

"너희들의 말이 아름답다. 그러나 이는 작은 일이 아니니 갑자기 거행할 수 없다. 내가 다시 생각해보겠다."

이런 법이 시행된다면 억울한 백성들이 기댈 곳은 직접 쇠스랑을 들고 국가 권력에 저항하는 민란밖에 없었다. 그래서 세종도 잠시 유보 조치를 내린 것이다.

이 같은 악법을 제정하고 강력히 시행하는 데 자신의 정치 인생을 건 인물로 허조가 있다. 세종 초 예조판서였던 허조는 임금에게 이렇게 주청했다.

"집과 나라와 천하에는 떳떳한 윤리가 있는데 각기 군신(君臣)과 상하의 구분이 없을 수 없습니다. 근래 아랫사람으로 윗사람의 잘못을 엿보다가 조그마한 틈이라도 발견하면 이를 얽어서 고소하는 일이 많으니, 이런 풍속을 그대로 둘 수 없습니다. 옛날 당 태종 때 종으로 주인의 모반을 고발한 자가 있었는데 이를 받아들이지 않고 목을 베었습니다. 이제부터 노비가 주인을 고소하면 이에 의거하여 처단하기 바랍니다."《문경공 허조 묘지명》)

노비가 주인을 고발하면 무조건 사형시켜야 한다는 주장이다. 허조는 이 말과 함께 주희가 남송의 효종에게 했던 앞의 말을 언급하면서 수령고소금지법을 시행해야 한다고 주청했는데, 세종은 이를 윤허했다. 현재 《민족문화대백과사전》은 허조에 대해 "《소학》,《중용》을 즐겨 읽었고, 효행이 지극했으며, 강직한 성품을 지녔다"라고 평가한다.

수령고소금지법으로 파생되는 문제는 이루 말할 수 없을 정도였다. 그렇지 않아도 행정권, 사법권, 군사권을 가진 수령이 불법을 저질러도 하소연할 곳이 없었다. 인간의 본성은 선하지만 모든 인간은 악해질 수 있다는 전제, 특히 모든 권력은 부패한다는 전제하에 법을 만들지 않으면 큰 폐단이 생기게 마련인데, 행정권과 사법권, 군사권을 갖고 있는 지방관을 성역으로 만들어놓았으니 수많은 문제가 발생할 것은 당연한 결과였다. 가장 큰 문제는 지방관들이 이를 기화로 백성들의 재산을 빼앗는 것이었다.

세종 3년(1421) 10월, 전라도 관찰사 장윤화(張允和)가 청렴치 못하다는 지적이 있다는 보고를 받고 상왕 태종이 병조(兵曹)와 대언사(代言司: 승정원)를 꾸짖었다.

"관찰사로서 공렴치 못하다는 지적이 있는데, 너희들은 어찌하여 주계(奏啓)하지 아니하였느냐?"

조말생이 답했다.

"조금이라도 들은 것이 있다면 어찌 감히 계달하지 않았겠습니까."

장윤화는 한 해 전인 세종 2년(1420) 전라도 관찰사에 임명되었는데, 그전에 형조참의, 이조참의, 병조참의 등 요직을 거쳤다. 수령고소금지법이 없더라도 고소하는 게 쉽지 않을 정도로 중앙에 연줄이 있는 인물이었다. 장윤화의 비행은 쉬쉬하면서 전해지다가 드디어 세종 3년 10월 공론화되었는데, 그 혐의가 막중했다.

> 장윤화는 성질이 험악하고, 또 술에 빠져서 자기가 좋아하거나 미워하는 것으로 시비를 판정해서 지방관의 성적을 매기는 것이 공정하지 않고, 터놓고 뇌물을 바쳐서 권세가를 기쁘게 하고, 공사라는 핑계로 자기 이익만 챙겨서 도내 백성이나 수령들이 모두 미워했다.《세종실록》3년 10월 19일)

수령고소금지법의 폐해는 막심했다. 특히 지방 수령들이 임금에게 진상(進上)한다는 핑계를 대고 재물을 빼앗아도 백성들은 호소할 곳이 없었다. 장윤화의 비행을 조사해보니 물목(物目: 물건의 품목)을 모두 진상이라 일컬으며 배 2척에 나누어 실어 한양으로 수송했는데, 실제로는 모두 자신의 집으로 가져간 것으로 드러났다.

물론 조선의 법 자체는 장윤화 같은 탐관오리에게 너그럽지 않았다. 태조, 정종, 태종 때 만든 부패방지법은 뇌물을 받은 장죄(贓罪)를 극도로 엄하게 처벌했다. 뇌물을 받으면 탐관오리들의 명부인《장오안(贓汚案)》에 이름을 적어서 특별히 관리했는데,《장오안》에 한번 이름이 오르면 자신은 물론 자식이나 사위들까지 벼슬길이 막혔다. 자칫하면 자식들의 인생까지 망치는 것이니 조심하지 않을 도리가 없었다.

그런데 장윤화의 범죄는 사면령이 있기 전에 발생한 일이었다. 새임금이 즉위하거나 나라에 큰 경사나 혹은 큰 우환이 있으면 사면령을 반포하는데, 사면령을 반포한 당일 이전의 일은 발각되었거나 발각되지 않았거나 모두 용서한다고 선포했다. 세종이 사면령을 반포하기 이전의 일이라는 이유로 장윤화를 용서하라고 명하자 사간원 우사간(右司諫) 심도원(沈道源) 등이 상소를 올려 반대했다.

장윤화는 자신이 감사(監司: 관찰사)가 되어 임무를 깨끗하게 수행하는 것을 본받지 않고 사익만 추구하여 직접 탐오죄를 범하고 불법을 자행했으니 유사(有司: 담당기관)에 하명하여 그 범한 죄를 추국(推鞫)해야만 남도(南道: 전라도) 백성의 분한 마음이 통쾌하게 될 것입니다.《세종실록》4년 1월 20일)

심도원은 장윤화가 축재했다는 사실이 이미 서류상으로 명백하고, 현품을 압수한 것도 많으니 모두 몰수해야 한다고 주장했다. 그러나 세종의 생각은 달랐다.

"장윤화는 전에 태상왕의 근신(近臣)이었는데 탐오함이 이와 같으니 나는 이를 심히 미워한다. 그러나 사죄 전에 범한 일이니 죄를 물을 수 없다."《세종실록》4년 1월 20일)

장윤화의 죄는 '발각되었거나 발각되지 않았거나 모두 용서한다'는 사면령을 내리기 전의 일이므로 처벌하지 않겠다는 것이다. 그러나 만약 수령고소금지법 같은 악법이 없었더라면 그전에 이미 발각되었을 행위였다.

이렇듯 수령들의 불법 행위가 계속 문제가 되자 조정에서도 이 문제를 다시 논의하지 않을 수 없었다. 세종 5년(1423) 5월 23일, 좌대언(左代言: 좌승지) 곽존중(郭存中)이 상계했다.

"지봉산군사(知鳳山郡事) 민수산(閔壽山)이 탐오(貪汚)하여 법을 범하였습니다."

이에 세종이 답했다.

"내가 매번 수령을 선발하는 데 신중하려 노력했으나, 이런 탐욕한 무리가 적지 않다. 내가 일찍이 생각건대, 한나라 이래 당나라, 진(晉)나라, 위(魏)나라 및 원위(元魏: 북위)에서 송(宋)나라에 이르기까지 혹은 어사(御史)를 시켜 두루 돌아다니게 하고, 혹은 내관(內官)을 보내 순찰하게 해서 수령들의 득실을 고사(考査)하고 백성들의 질고를 물어 이를 출척(黜陟: 승진과 좌천)의 근거로 삼았다."

세종은 지방관의 불법 행위를 비판했다. 그러나 그 해결책은 수령에 대한 고소를 허용하는 것이 아니라 어사를 파견해서 불법 행위를 저지른 지방관을 징치하는 것이라고 생각했다. 사대부인 지방관의 불법 행위는 같은 사대부인 어사가 징치해야지 백성들의 고소를 허용해서는 안 된다고 본 것이다. 백성들은 절대 정치의 주체가 될 수 없다고 판단한 것이다. 세종의 설명은 계속된다.

"근래 정신(廷臣: 조정의 신하)들이 말하기를 '지금 부민(府民)들이 수령을 기탄없이 고소하는 것을 금지시켜야 합니다'라고 하는데, 예전에 태종께서 낙천정에 행차하셨을 때 허 판서(허조)가 이 계책을 진술하자 태종께서 아름답다고 칭찬해 마지아니하셨는데, 나 역시 이 뜻을 심히 아름답게 여겨 이민(吏民: 아전과 백성)들이 다시는 수령을 고소하지 못하게 하였다."

조정의 신하들은 백성을 통치의 대상으로만 바라보았다. 세종은 이런 사대부들에게 맞장구쳤다. 수령고소금지법 때문에 수령들의 불법 탐오 행위가 잇따르는데도 이 법을 철폐할 생각이 없었다.

"때로는 사람을 보내 백성의 질고를 묻고, 때로는 내신(內臣)을 보내 수령들의 정령(政令)을 살피면 반드시 이민이 수령을 고소하는 일이 없어도 수령들의 득실이 저절로 드러날 것으로 생각한다. 원래 그 폐단은 현명한지 그렇지 않은지를 알지 못하고 등용하는 데 있는 것이다."

가장 큰 문제는 지방관을 뽑을 때 현명한지 그렇지 않은지 알지 못하고 등용하는 데 있지 수령에 대한 고소를 금지시킨 데 있지 않다는 것이다. 이조판서 허조와 좌의정 이원이 맞장구쳤다.

"신들의 직책이 전선(銓選: 관리 선발)을 맡았는데, 사람을 아는 것이 가장 어렵습니다."

'열 길 물속은 알아도 한 길 사람 속은 모른다'는 속담은 그냥 나온 것이 아니다. 간사한 사람일수록 임명권자에게는 입속의 혀처럼 굴게 마련이다. 아랫사람에게 가혹한 인간은 대부분 윗사람에게는 고분고분하다. 그래서 지방관들이 백성들의 재산을 갈취하고 싶어도 할 수 없도록 하는 제도가 중요하다. 그 제도 중 하나가 수령에 대한 고소를 허용하는 것이다. 세종은 이날 왜 감사(監司: 도지사)들이 수령의 불법 행위를 적발하지 못하느냐고 물었다.

"수령으로서 법을 범한 자는 모두 헌사(憲司: 사헌부)에서 발각했는데, 감사는 한 사람도 수령의 죄를 말하는 사람이 없으니 어찌된 일이냐?"

이조판서 허조와 공조참판 황상(黃象)이 대답했다.

"감사는 한 지방을 통솔하는 직책인데, 좌우전후가 다 그 고을 사람이므로 각기 그 사정을 숨겨줍니다. 감사가 살필 때쯤이면 수령들이 먼저 그 소문을 듣고 자신들의 과실을 이미 감춰서 감사들로선 알아낼 수 없습니다."(《세종실록》 5년 6월 23일)

수령이 감사의 눈을 속이기란 그리 어려운 일이 아니었다. 더구나 감사 역시 지방관이기 때문에 수령과 이해관계가 같았다. 게다가 지방관의 잘못이 드러나면 감독 소홀의 책임을 져야 했다. 그래서 어사나 내관이 나타나면 서로 손을 잡고 죄를 감추기 바빴다. 아전이나 백성들의 고소를 허용하는 것이 지방관의 탐오를 막는 가장 손쉬운 방법이었다. 그런데 굳이 이 쉬운 길을 거부하고 다른 길을 찾으니 수령들은 계속 탐오하고 백성들은 계속 질곡에 빠질 수밖에 없었다.

수령고소금지법 때문에 수령의 불법 행위를 고소조차 못 하니 백성들의 불만은 세종에게 직접 향했다. 급기야 세종을 직접 비난하다가 옥에 갇히는 백성들도 생겼다. 세종 6년(1424) 4월 4일 경기도 강음(현재 황해도 금천)의 백성 조원(曹元)이 의금부에 갇혔다. 국왕 하명 사건을 주로 다루는 의금부에서 일반 백성을 구속한 것은 이례적인 일이었다. 조원이 임금을 직접 비판했기 때문에 일이 이렇게까지 심각해진 것이다.

"지금 임금이 착하지 못해 이런 수령을 임용했다."(《세종실록》 6년 4월 4일)

지방관에게 불만을 가진 조원이 세종을 비난했는데, 때마침 궁중 소속의 종이 이를 우연히 듣고 신고해서 구속된 것이다. 일개 백성이 지존(至尊)을 직접 비난한 사건이어서 의금부 및 삼성(三省)에서 모두 나서서 심문한 뒤 세종에게 경과를 보고했다.

"조원이 전지(田地) 송사를 해서 관청의 판결을 기다리고 있는데, 수령이 손님을 만나서 술을 마시느라 빨리 판결하지 않자 분하고 성이 나서 이런 말을 했다고 합니다."

백성이 임금을 직접 욕했으므로 형법에 의하면 대역(大逆)에 해당해 극형 처분을 받아야 했다. 그러나 그 원인을 제공한 자는 지방관이었다. 이런 상황에서 일개 백성이 임금을 욕했다고 임금이 그 백성을 죽일 수는 없었다.

"다시 묻지 마라. 무지(無知)한 소민(小民)이 내게 착하지 못하다 한 것은 바로 어린아이가 우물로 들어가려는 것과 같은 것이니 내가 어찌 죄를 가하겠느냐? 빨리 놓아 보내라."

'어린아이가 우물로 들어가려는 것과 같은 것'이란 말은 맹자(孟子)가 말한 인(仁)의 마음을 뜻한다. 맹자는 "사람은 모두 다른 사람에게 차마 할 수 없는 마음을 갖고 있다"면서 "눈앞에서 어린아이가 우물에 빠지려는 것을 보면 모두 깜짝 놀라 측은한 마음을 가지게 될 것이다"라고 말했는데, 이 마음이 인의예지(仁義禮智)를 뜻하는 사단(四端)의 첫머리인 인의 마음이다. 《맹자》〈공손추(公孫丑) 상〉에 나오는 이 야기인데, 이에 따르면 한 나라의 군주가 사대부도 아닌 일반 백성이 임금을 욕했다고 처형하는 것은 인의 정치라 할 수 없었다. 그러나 지신사 곽존중과 다섯 대언이 모두 반대했다.

"이런 죄를 논하지 않으시면 무엇으로 후인을 징계하겠습니까."

그런데 수사 도중 조원이 의금부 감옥에서 도망갔다가 다시 잡히는 일까지 발생했다. 사간원과 사헌부 관료들이 일제히 상소를 올려 조원의 목을 베야 한다고 주청했지만 세종은 다시 반대했다.

"조원의 말이 내게 미쳐서 누(累)가 되었으니 경 등이 다 치죄(治罪)

하기를 청하는 것은 의리로는 옳다. 그러나 나를 지척(指斥: 지적하여 배척함)한 죄로 조원에게 죄를 가하는 것을 내 마음으로는 차마 할 수 없다. 또한 근래 수재와 한재가 잇달아 백성이 매우 간고(艱苦)한데, 조원이 사는 고을의 관원이 백성들의 이런 괴로움을 생각하지 않고 손님과 마주 앉아 술을 마시면서 전지 소송을 오랫동안 미루고 결단하지 않았다. 조원의 말은 이것을 미워해서 나온 것이니 경 등은 다시 청하지 마라."《세종실록》6년 4월 25일)

사간원과 사헌부에서는 조원을 법대로 처리해야 한다고 계속 주청했으나 세종은 들어주지 않았다.

"조원이 일찍이 절도죄를 받았으니 도(徒) 2년의 형벌에 처하는 것이 옳다. 살고 있던 고을에 정배하여 생업(生業)을 잃지 말게 하라."《세종실록》6년 5월 6일)

도형 2년이라지만 살고 있던 마을에 정배한 것은 사실상 형을 면제해준 것이나 다름없는 것으로, 애민심의 발로였다. 그러나 조원 개인에 대한 세종의 애민심이 아니라 수령에 대한 고소를 금지시킨 구조가 문제의 본질이었다. 수령을 고소하는 것이 가능했다면 조원은 시급한 전지 소송을 오래 제쳐놓고 손님과 술 마시는 지방관을 고소했을 것이다. 그러나 세종은 이 사건 후에도 수령고소금지법을 개정하지 않았다.

지방관의 전횡이 반복되자 억울한 일을 당한 백성들은 목숨을 걸고 자구책을 모색하는 데 나섰다. 이에 대해 세종 10년(1428) 5월 26일 사간원 좌사간 김효정 등은 더욱 강하게 처벌해야 한다고 주청했다.

"귀한 것은 천한 것 위에 군림(君臨)하고 천한 것은 귀한 것을 받들며, 위는 아래를 부리고 아래는 위를 섬기는 것은 곧 하늘의 이치와 백성의 이륜(彝倫: 변하지 않는 인륜)으로 당연한 것이며 나라를 다스리는 도리의 근본입니다."

신분제는 하늘이 내렸다는 것이다. 태종이 종모법(從母法)을 종부법으로 바꾸면서 "하늘이 백성을 낼 때는 원래 귀천의 구분이 없었다"라고 한 윤음은 사라진 지 오래였다. 김효정 등이 이런 말을 한 이유가 있었다.

"요사이 간혹 상민 가운데 수령을 구타하는 자가 있고, 혹은 역리가 조신(朝臣)을 능욕(陵辱)하는 자도 있어서, 보는 자가 한심하게 여기고 듣는 자 중에 놀라지 않는 이가 없습니다. 그 밖에 분수를 범하고 풍속을 어지럽히는 무리를 실로 다 거론할 수 없습니다."

금부민고소법, 즉 수령고소금지법으로 인해 억울한 일이 속출하자 아전들과 백성들이 목숨 걸고 자구책을 구하는 데 나선 것이다. 수령고소금지법을 반포할 때 "노비(奴婢: 남자 종과 여자 종)가 주인을 고소하면 고소 자체를 받지 말고 교형(絞刑: 목 매달아 죽임)에 처하고, 비부(婢夫: 여자 종의 남편)와 노처(奴妻: 남자 종의 부인)가 주인을 고소하면 장 100에 유배 3000리에 처한다"는 법을 함께 반포했다. 그렇잖아도 법의 보호를 받기 힘든 노비들은 이 법의 시행으로 완전히 인권의 사각지대에 놓였다. 신분제 사회에서 아랫사람이 윗사람을 고소하는 것은 거의 대부분 윗사람의 잘못 때문이다. 시비가 발생했을 때 옳고 그름이 아니라 신분의 높고 낮음이 판단 기준이 되다 보니 신분이 낮은 백성들은 목숨 걸고 자구책을 찾지 않을 수 없었다.

백성들의 반발이 계속되자 사대부들은 계속 형벌을 강화할 것을 주장했다. 사간원의 김효정은 세종 10년(1428) 6월 6일 조참(朝參) 때 다시 같은 내용을 상계했다.

"요사이 역리가 조관(朝官)을 능욕하고, 상민이 수령을 구타해서 상하게 하는 일이 있었습니다. 이뿐만이 아니라 대상(大相: 재상)의 아내가 시골 백성에게 욕을 보고, 옛 관장(官長: 지방관)의 아들이 향리(鄕吏)에게 굴욕을 당하기도 했습니다."

김효정은 이런 일이 발생한 원인에 대해서는 전혀 언급하지 않고 일이 발생한 현상만 지적하며 강하게 처벌할 것을 주장했다. 그러자 백성들 사이에서 난언(亂言)이 들끓었다. 난언이란 백성들이 임금이나 나라를 직접 욕하는 것이다. 수령고소금지법 때문에 건국 30여 년 만에 조선이 백성들 사이에서 부정의 대상으로 전락하는 조짐이 보였다. 후대인들이 생각하는, 세종 시대가 백성들에게 태평성대였다는 것은 만들어진 이미지에 불과하다.

이런 사건이 빈발하자 세종은 곤혹스러워졌다. 임금이 사대부도 아닌 일반 백성을 직접 처벌할 수도 없고, 그렇다고 무조건 방치할 수도 없었다. 세종 11년(1429) 4월 25일, 매일 하는 약식 조회인 상참(常參) 후에 세종이 난언에 대해 입을 열었다.

"외방(外方: 지방)에서 혹 난언하는 자가 있으면 증인까지 모두 한양에 모이게 해서 그 옥사(獄事)를 성립시키지만, 대개 치죄(治罪)하기에는 부족하다. 근래 외방에 난언하는 자가 있어서 내가 그 수령에게 추국(推鞫)을 명한 것이 오래되었는데 아직도 보고하지 못하는 것은 수령이 임금과 관계된 일이라 감히 가볍게 의논하지 못하고 오래 미루고 판결하지 못하기 때문임이 분명하다. 지금부터 무지한 백성이 난언했다고 서로 고발하더라도 내버려두고 묻지 않는다면, 고소하는 사람이 저절로 없어질 것이다."

이렇듯 백성들이 임금을 욕했다고 입건되는 사례가 빈발했다. 백성들이 임금을 욕하는 것을 들은 다른 백성들이 상을 노리고 고발하는 사례까지 더해졌다. 평생 임금의 행차 한 번 구경하지 못하는 백성들이 임금을 직접 비난하는 것은 매우 드문 일이었다. 벼슬아치들에게 억울한 일을 당한 백성들이 자신들의 억울한 사정을 임금이 알기만 하면 나쁜 벼슬아치를 벌하고 도와줄 것이란 믿음을 갖고 있어야 왕조가 안정되는 법이다. 그러나 수령고소금지법 때문에 그럴 수 없었던 백성들은 임금을 직접 비난했다. 그렇다고 임금의 신분으로 사대부도 아닌 일개 평민을 처벌할 수는 없었다. 곤혹스러운 세종은 난언한 백성들을 그냥 내버려두자고 했지만, 신하들은 극력 반대했다. 이는 당연한 일이었다.

"임금에게 관계된 말을 인신(人臣)으로서 어찌 멋대로 방치할 수 있겠습니까?"

수령고소금지법은 일부 백성들이 세종의 치세 자체를 부정하는 큰 부담으로 돌아왔다. 힘없는 백성들이 수령을 고소하는 것은 거의 예외 없이 수령의 잘못 때문이었다. 특히 불공정한 재판 끝에 형을 받거나 재산을 빼앗긴 백성들이 격하게 반응했다. 백성들은 부패한 수령에 대한 소송 자체를 금지하는 악법을 만든 임금을 비난했다. 무조건 사대부의 편을 든 이 악법은 계속 물의를 일으켰고, 드디어 세종 13년 (1431) 의정부와 6조에서 수령고소금지법의 타당성을 논의하지 않을 수 없는 지경에 이르렀다. 수령들이 부모를 욕보이거나, 함부로 요역

(徭役)을 보내거나, 백성들의 토지를 침탈하는 일이 계속 일어나는데도 고소할 수 없게 하니 백성들의 원성이 들끓을 수밖에 없었다. 보고를 들은 세종은 이렇게 말했다.

"이런 일들을 고소할 수 없게 하는 것은 실로 원통한 것을 억누르는 것이다. 그러니 백성에게 수령은 크고 작은 분수는 있지만 군신(君臣)의 의리가 있겠는가? 옛사람이 '임금이 비록 그 부모를 죄 없이 억울하게 죽여도 신하는 그 원한을 속에 품을 수 없다'라고 한 것은 군상(君上)이기 때문이다. 비록 법을 굽혀 곤장으로 욕보여도 어찌 군상을 고소할 수 있겠는가? 그러나 만약 토지나 노비 등의 송사를 잘못 판결했다면 반드시 밝게 판결할 것을 기대하게 되는데, 고소하지 않는다면 어떻게 억울함을 펼 수 있겠는가?"《세종실록》13년 3월 12일)

세종은 크게 잘못된 임금관을 갖고 있었다. 이는 유학 경전과도 배치되는 말이었다. 태종은 재위 5년(1405) 8월 세자 이제(양녕대군)에게 고대 은(殷)나라의 걸(桀)과 주(周)나라의 주(紂)왕이 독부(獨夫)가 된 이유를 물었다. 독부란 일부(一夫)라고도 하는데, 백성에게 버림 받은 임금을 뜻한다.

《맹자》〈양혜왕(梁惠王) 하〉에는 제(齊) 선왕(宣王)이 맹자에게 이렇게 묻는 장면이 나온다.

"은나라 탕(湯)이 하나라 걸(桀) 임금을 쫓아내고, 주나라 무(武)가 은나라 주(紂) 임금을 정벌했다는데 그런 일이 있었습니까?"

맹자가 "그런 일이 있었습니다"라고 대답하자 제 선왕이 따지듯 물었다.

"신하가 임금을 시해하는 것이 옳습니까?"

신하는 임금을 해칠 수 없다고 대답할 것 같았지만 맹자의 답은 달랐다.

"인을 해치는 자를 적(賊)이라 하고, 의를 해치는 자를 잔(殘)이라 하는데, 잔적(殘賊)한 사람은 일부(一夫: 한 사내)라고 이릅니다. 일부인 주(紂)를 죽였다는 말은 들었어도 임금을 시해했다는 말은 듣지 못했습니다."

인의(仁義)를 해치는 자는 임금이 아니라 한 사내에 불과하다는 것이다. 《상서(尙書)》〈주서(周書)〉의 '태서(泰誓)' 주석에 "탕이 걸을 정벌하고, 무가 주를 정벌한 것은 혁명이다"라는 말이 나온다. 멀리 갈 것 없이 조선 왕조의 자리에서 이성계가 고려의 우·창(禑昌)왕을 죽인 것을 혁명이라고 주장하는 것과 같은 맥락이다.

〈태서(泰誓) 하〉 본문에 "나를 어루만져주면 임금이지만 나를 학대하면 원수다(撫我則后°虐我則讎)"라는 말이 있다. 임금이 올바르고 자신의 부모가 그를 때는 임금이 부모를 죽여도 원망할 수 없을지 몰라도 유학 경전의 뜻은 그렇지 않다. 유학 경전은 임금이 인의를 실천할 때만 임금으로 여긴다고 했다. 옳고 그름이 아니라 신분으로 죄를 따지는 체제는 이미 인의를 크게 해친 것으로, 혁명의 대상이다.

태종 5년(1405) 태종이 걸과 주가 독부가 된 까닭을 묻자 세자 양녕이 이렇게 답했다.

"인심을 잃었기 때문입니다."

태종이 흡족해하면서 말했다.

"나와 네가 인심을 잃으면 하루아침도 이 자리에 있지 못할 것이니 어찌 소홀히 할 수 있겠느냐?"

태종은 세종과 달리 임금 자리가 무한한 권력을 행사할 수 있는 자리라고 생각하지 않았다. 인심을 잃으면 쫓겨날 수 있는 유한한 자리라고 봤다. 더구나 세종의 "임금이 부모를 죽여도 신하는 원한을 품을 수 없다"는 말과 "수령이 백성에게 군신의 의리가 있겠는가?"라는 말은 서로 모순이다. "임금이 부모를 죽여도 신하는 원한을 품을 수 없다"는 말은 논외로 치더라도 수령과 백성들이 군신의 의리가 있는 관계가 아니라면 고소를 허용해야 이치에 맞다. 게다가 백성들이 항의하는 수령의 잘못은 대부분 토지나 노비 소송 등 재산에 관련된 것이었다. 수령의 그릇된 판결로 재산을 잃은 백성들은 수령을 넘어서서 임금까지 욕했다. 더 이상 이 악법을 그대로 둘 수 없는 지경에 이르렀다. 백성들이 목숨을 걸고 저항했기 때문이다.

세종 13년(1431) 6월 20일, 드디어 조정에서 이 문제를 다시 의논하기에 이르렀다. 수령고소금지법을 고치면 안 된다고 주장하는 의정부 찬성(贊成) 허조도 회의에 참석했다. 세종은 허조에게 "내가 일찍이 생각하니 (수령 고소를 금지해야 한다는) 경의 말이 아주 옳다"라고 말한 후 이런 문제를 제기했다.

"가령 수령이 백성의 노비를 빼앗아 다른 사람에게 주어도 다시 수리하지 않는 것이 옳겠는가? 민생들이 살려고 하는데 임금이 없으면 어지러우므로 반드시 임금을 세워서 다스리게 한 것인데, 억울함을 호소하는 것을 받지 않고 어떻게 나라를 다스리는 데 해롭지 않겠는가?"

세종은 비로소 이 법 때문에 백성들이 왕조 자체를 부정적으로 보고 있다는 사실을 깨달은 듯했다. 국가 권력이 억울함을 당한 백성 편에 서지 않고 잘못을 저지른 윗사람 편에 서면 백성들은 그런 국가를 부정하게 마련이다. 고려는 그래서 망했다. 맹자의 "들판 백성의 마음을 얻으면 천자가 된다"는 말이 백성들의 가슴에 와닿는 지경에 이른 것이다. 그래서 세종은 백성들의 억울함을 관청에서 해결해줘야 하지 않겠느냐고 물은 것이다. 그러나 허조는 극력 반대했다.

"고려가 500년 동안 유지된 것은 오로지 윗사람을 능멸하는 풍습을 끊었기 때문입니다. 부민(府民)이 수령을 대함에 있어 아들이 아버지를 대하고 신하가 임금을 대하는 것과 같으니 절대로 범할 수 없었습니다. 그 허물과 악함을 고소하게 하는 것은 신자(臣子)가 군부(君父)의 허물을 들추는 것과 같습니다."

허조는 고려의 역사를 거꾸로 설명했다. 《고려사(高麗史)》〈식화지(食貨志)〉는 백성들의 토지를 권력 있는 자들이 다 차지해서 "조종의 법이 다 무너졌으며, 이에 따라 나라도 망하고 말았다(祖宗之法盡壞, 而國隨以亡)"라고 설명했지 윗사람을 능멸하는 풍습을 끊어서 500년을 유지했다고는 하지 않았다. 허조는 과거 세종이 그랬던 것처럼 조정에서 때때로 관리를 보내 수령이 불법 행위를 저지르는지 살피면 된다고 주장했다. 이 문제의 심각성을 절감한 세종이 허조에게 물었다.

"이미 고소를 금지하는 법을 세워놓고, 또 조관(朝官: 조정 관리)을 파견해서 백성들에게 고소하게 하는 것은 실로 모순이다. 때때로 조관을 파견하는 것은 특별한 한때의 법으로, 《육전(六典)》에 싣기에 적합하지 않다. 옛사람들은 옛날 일에서 배우지 않는 것을 경계했는데, 법을 세우는 데 근거가 없으면 그 폐단을 장차 어찌하겠느냐?"

수령고소금지법을 그대로 유지하는 대신 조관을 파견하는 것을 대안으로 삼으려면 그에 대한 근거가 있어야 한다는 지적이다. 세종의 물음에 허조는 답변하지 못했다. 판서 권진(權軫)이 대신 답했다.

"백성들의 고소를 금지하는 것은 곧 관리가 두려워하고 꺼리는 마음을 없게 하는 것입니다. 이렇게 하면 앞으로 일부러 판결을 그르게 하는 자가 있을 것입니다."

권진의 말은 당시 벌어지고 있는 현상을 정확하게 지적한 것이었다. 각종 송사를 아무렇게나 판결해도 아무런 제재를 받지 않으면 오결(誤決)이 속출하게 마련이다. "일부러 판결을 그르게 하는 자"라는 말은 뇌물을 받고 잘못된 판결을 내리는 자가 있다는 뜻이다. 그러나 조정 대신들은 여전히 이 악법을 폐지하는 데 소극적이었다. 판서 신상(申商), 정흠지(鄭欽之), 대사헌 신개(申槪) 등이 아뢰었다.

"비록 부민들의 고소는 금지했지만 자기의 억울한 것을 청원하고 그릇 판결한 것은 다른 관아로 보내 개정하는 것이 이미 관례가 되었습니다."

고소는 금지했지만 청원은 할 수 있고, 다른 관아에 보내서 처리할 수도 있었다. 그렇다 해도 세종은 수령고소금지법을 더 이상 유지해서는 안 된다고 판단했다. 자칫 백성들이 민란을 일으킬 수도 있었다. 고려 왕조 때가 더 나았다고 생각할 수도 있었다. 세종이 말했다.

"자기의 억울함을 호소하는 것을 받아들이지 말자는 의논은 내 마음과 맞지 않다."

허조 등이 나간 다음에 세종이 대언 등에게 물었다.

"허조의 말이 어떠한가?"

지신사 안숭선(安崇善)이 답했다.

"필부필부(匹夫匹婦: 평범한 남녀)가 스스로 자신의 말을 다하지 못하게 되면 백성과 임금이 다 같이 그 공을 이루었다고 할 수 없습니다(匹夫匹婦不獲自盡, 民主罔與成厥功). 아랫사람들의 정상이 위에 전달되지 못하면 나라를 다스리는 체통이 크게 어그러지게 마련입니다."(《세종실록》 13년 6월 20일)

"필부필부가 스스로 자신의 말을 다하지 못하게 되면 백성과 임금이 다 같이 그 공을 이루었다고 할 수 없습니다"라는 안숭선의 말은 《서경(書經)》〈함유일덕(咸有一德)〉편에 나오는 말이다. 〈함유일덕〉은 소수의 임금이 아니라 만백성의 임금이 되는 길을 적은 글인데, 안숭선이 인용한 구절 바로 앞부분에 이런 말이 나온다.

> 임금은 백성이 아니면 부릴 사람이 없고, 백성은 임금이 아니면 섬길 사람이 없다. 자신은 크고 남은 작다고 하지 마라(后非民罔使 民非后罔事 無自廣以狹人).

안숭선은 경전에서 말하는 대로 백성들의 시각에서 세상을 바라보라고 권고했다. 임금은 크고 백성들은 작다고 여기지 말라는 뜻이다. 유학 경전인 《서경》은 신분제를 절대적 가치로 여긴 세종과 사대부들의 생각이 유학의 본뜻과 다르다고 지적한다.

수령고소금지법에 대한 미련을 버리지 못한 세종이 물었다.

"그릇 판결한 것을 고친 후에 그 죄는 논하지 않는 것은 어떠한가?"

안숭선 등이 아뢰었다.

"만약 옳고 그름을 가려서 판결을 고친다면 이미 성헌이 있는데 어찌 죄를 면하겠습니까? 그 죄를 논하지 않으면 청탁 받아 그릇 판결하는 풍습이 일어날 것입니다."

세종은 현행 법 조항의 제정과 개정을 논의하는 상정소(詳定所)에 이 문제를 논의시켰다. 닷새 후 집현전(集賢殿)에서 백성들이 수령을 고소할 수 있는 옛 법전이 있다는 사실을 찾아내 보고했다.

"《지정조격(至正條格)》의 중통(中統: 원 세조의 연호, 1260~1264)을 살펴보니 황제의 명령에 '남의 죄를 고하는 자는 모두 연월을 명확하게 적고, 사실을 지적하여 진술하되 의심스러우면 하지 못하게 할 것이고, 무고(誣告: 죄 없는 자를 고소함)한 자는 반좌율(反坐律)에 해당한다'고 했습니다."《세종실록》 13년 7월 4일)

《지정조격》은 중국 원(元)나라 순종(順宗) 지정(至正, 1341~1370) 연간에 만든 법률로, 원나라의 지배 아래 있던 고려에서도 시행됐다. 이 조항에 따르면, 정확한 근거가 있을 때는 고소를 받되 남을 고소했다가 무고로 드러나면 그 죄를 대신 받는 반좌율로 다스린다. 《지정조격》을 근거로 삼은 것은 수령에 관한 부분이 있었기 때문이다.

"《지정조격》에 따르면, 자신이 속한 관아의 관사(官司: 담당자)를 고소할 때는 곧바로 그 상사(上司)에 나가서 고소하는 것을 허용하고, 그 외에는 모두 차례를 넘어서 높은 관사에 고소할 수 없습니다. 만일 억울하고 그릇된 것이 있어서 여러 번 고소했는데도 심리하지 않거나 판결이 공정하지 못하면 또한 상사에 나아가 고소할 수 있다고 되어 있습니다."

허조의 말이 거짓이란 사실이 다시 드러난 것이다. 그제야 세종이 말했다.

지정조격, 한국학중앙연구원.

원나라 최후의 법전으로 고려 후기부터 조선 초까지 영향을 미쳤다. 세종은 《지정조격》의 법률 조항을 근거로 수령고소금지법이란 악법을 개정했다. 현존하는 원나라의 유일한 실물 법전으로, 2002년 경주 손씨 종가에서 한국학중앙연구원의 조사로 발견되었다.

"옛날에도 주사(主司: 담당 관아)를 고소하는 법이 있었구나. 어찌 위를 능멸하는 것을 금하는 것에 구애되어 억울한 일을 고소도 하지 못하게 하겠느냐?"

비로소 수령고소금지법이란 악법을 개정할 수 있게 되었다. 그러나 사실 《지정조격》에서 해당 사항을 찾았기 때문에 개정할 수 있었던 것은 아니다. 태조 이성계가 반포한 《육전》에도 수령을 고소할 수 있다는 조항이 있었다. 다만 왕가에서 태어나 선천적으로 계급 의식에 젖어 있던 세종이 《육전》의 규정을 무시한 채 악법을 제정하고 시행해왔던 것일 뿐이었다.

세종이 수령고소금지법을 개정하기로 결심했지만 사대부들의 반대가 극심해서 실제로 개정에 나서는 것은 쉽지 않았다. 수령고소금지법 개정은 차일피일 미뤄지다가 2년 후인 세종 15년(1433) 10월 20일에야 본격적으로 개정안이 논의되기 시작했다. 세종은 개정 법률안에 대해 생각하고 있는 바가 있었다.

"고소장을 받아들이되 관리가 잘못 판결한 것은 논죄하지 않는 것이 좋으니 이것으로 교지(敎旨)를 기초(起草)하는 것이 마땅하다."

수령에게 잘못이 있을 경우 고소를 받아들여 옳고 그른 것을 다시 판단하되, 비록 오류가 있더라도 처벌하지는 말자는 절충안이었다.

사흘 후인 10월 23일 상참을 받고 정사를 보는데, 허조가 다시 법 개정을 반대하고 나섰다.

"부민(部民)의 억울함을 호소하는 고소장을 받아서 소송 내용을 자세히 듣고 판단하면 귀하고 천한 것의 구분이 없어질까 두렵습니다."

그러나 법 개정에 대한 세종의 결심은 확고했다.

"고금천하(古今天下)에 어찌 소민(小民)들이 억울한 것도 말하지 못하게 하는 이치가 있겠는가? 경의 뜻은 좋지만 일을 시행하기는 꺼려진다."

허조가 물러나자 세종이 지신사 안숭선에게 말했다.

"허조는 고집불통이다."

안숭선이 말했다.

"정치하는 도리는 아래의 정상을 위에 전달하는 것입니다. 천하에 어찌 억울함을 호소하는 것을 받지 않는 정치가 있겠습니까?"

세종이 웃으며 말했다.

"너의 말이 내 뜻에 꼭 맞다. 지금부터 소송을 받아 처리하되, 그 고소장 가지고 관리를 죄 주지 않으면 두 가지가 모두 완전할 것이다. 이를 하교하라."

세종은 다음 날 비로소 형조에 전지해 수령고소금지법의 개정을 명했다.

"무릇 낮고 천한 것이 존귀하고 높은 것을 범하는 것은 불가하므로 부민(部民), 아전 등이 그 관리를 고소하지 못하게 한 것은 진실로 좋은 법으로 아름다운 뜻이 있다. 다만 《육전》에 따르면 자기의 억울함을 호소하면 그 고소장을 받아서 분간하라고 되어 있다. 지금부터는 자기의 억울함을 호소하는 고소장을 받아서 바른 것에 따라 판결할 것이지만 (잘못 판결한) 관리도 처벌하지 않아서 귀하고 낮은 것의 분수도 완전하게 하라. 그 나머지 낮고 천한 것이 존귀하고 높은 것을 고소하는 것을 막는 것은 모두 《육전》에 의해 시행하라." (《세종실록》 15년 10월 24일)

드디어 수령고소금지법이란 악법이 길고도 긴 여정 끝에 겨우 폐기되었다. 비록 불법 행위를 저지른 지방관은 여전히 처벌받지 않았지만 아전이나 백성들의 고소는 가능해졌다. 상정소의 도제조 황희(黃喜), 맹사성(孟思誠) 등이 말했다.

"교지의 뜻이 진실로 타당해서 한마디도 보탤 수 없습니다."

허조는 여전히 반대 의사를 갖고 있었다.

"신이 원한 바는 억울함을 호소하는 고소장을 받지 말아서 아래와 위의 구분을 오롯이 하려는 것입니다. 두 번 아뢰었어도 윤허를 얻지 못했으니 이 교지를 반포하지 않을 수 없습니다. 그러나 거의 중(中)은 얻었다고 할 수 있습니다."

허조는 수령에 대한 고소를 허용한 것은 잘못이지만 잘못 판결한 지방관을 처벌하지는 않는다고 했으니 중은 얻었다고 한 것이다.

제조 정초(鄭招)는 허조와 의견이 달랐다. 관리가 오판한 것이 착오에 의한 것이면 죄를 줄 수 없지만 고의에 의한 것이라면 죄를 주지 않을 수 없다고 주장했다.

"심지어 고의로 법을 굽힌 정상이 드러난 자를 죄 주지 않을 수는 없습니다. 뇌물을 받아 그 죄가 사형에 해당하는 자나 힘으로 강간(强奸)한 자, 풍헌관(風憲官: 풍기 문란 단속 관리)이 검거해서 문안(文案)이 이미 만들어져서 상부에 전해진 자는 어찌 죄 주지 않을 수 있겠습니까?"《세종실록》15년 10월 24일)

고의로 법을 굽혀 판결했다는 것은 대개 뇌물이나 청탁을 받았다는 뜻이다. 게다가 그 죄가 사형에 해당하거나 여성을 강간한 자, 또는 이미 상부에 보고된 경우, 어찌 처벌하지 않을 수 있느냐는 지적이다.

그러나 세종은 수령에 대한 고소를 허용하면서도 지방관을 처벌하지 않는 선에서 이 악법의 개정을 마무리지었다. 절반의 정의가 실현된 것이다. 그런데 이때도 자신과 직접 관계된 경우만 고소할 수 있도록 허용했다. 자신의 신상이 드러날 것을 감수하고 수령을 고소하는 것은 쉬운 일이 아니었다. 그래서 세종 19년(1437) 5월 20일, 사간원에서 상소를 올려 이 법의 내용을 보완할 것을 주청했다. 당사자가 아니더라도 문제를 제기할 수 있게 하자는 것이었다. 이에 대한 세종의 반응은 부정적이었다.

"자기와 관계되지 않았는데도 비밀리에 수령의 허물과 악한 일을 기록해서 고소하는 자는 과연 착한 사람의 행위겠는가?"《세종실록》19

세종은 또한 수령에 대한 고소가 "과연 모두 지극히 공정한 데서 나왔겠는가?"라는 말을 덧붙였다. 수령의 허물과 악한 행위라는 구체적 혐의를 고소하는 것을 "착한 사람의 행위겠는가?", "지극히 공정한 데서 나왔겠는가?"라는 엉뚱한 질문을 던져 부정한 것이다.

세상에는 높고 존귀한 사람과 낮고 천한 사람이 존재하고, 낮고 천한 사람은 높고 존귀한 사람을 무조건 떠받들어야 한다는 것이 세종의 생각이었다. 이런 신분제 옹호 사상만 없었더라면 세종은 실제로도 성군이 되었을 것이다. 그러나 세종에게 신분제는 골수에 박힌 사상이었다. 그래서 부친 태종이 만든 노비해방법인 종부법을 개정하는 것까지 생각하게 된 것이다.(2권 2부의 〈조선 개창의 완성, 노비종부법〉 참조)

종부법에 대한 양반들의 반발

태종이 세상을 떠나자 사대부들은 태종이 개정한 종부법을 종모법으로 환원할 때가 되었다고 판단했다. 태종은 신분제 사회인 조선에서 노비제 자체를 없앨 수는 없지만 노비의 숫자는 점차 줄이고 자유민인 양인의 숫자는 늘려야 한다고 생각했다. 가장 좋은 방법은 양인과 천인이 혼인한 양천교혼(良賤交婚)으로 낳은 자식의 신분을 양인으로 만드는 것이었다. 이렇게 하면 노비의 숫자는 점차 줄어들고, 양인의 숫자는 점차 늘어날 것이 분명했다. 양천교혼의 경우, 대부분 아버지가 양인이고 어머니가 천인이었다. 자식의 신분을 결정할 때 모친의 신분을 따르는 종모법을 실시하면 노비의 숫자가 대폭 늘어나는 반면 부친의 신분을 따르는 종부법을 실시하면 노비의 숫자는 대폭 줄어들고 양인의 숫자는 대폭 늘어난다. 양인의 신분이 되니 자식도 좋고 납세자가 많아져 나라도 좋을 게 분명했다.

사실 조선의 신분제는 종모법이라기보다는 종부종모법(從父從母法)이라고 해야 한다. 부모 중 한쪽이 천인이면 자식은 무조건 천인으로 삼았다. 양반 사대부는 노비를 재산 증식의 중요한 원천으로 삼았기 때문에 종모법을 고수하려 했다. 한번 노비가 되면 자자손손 영원히 노비가 되므로 양반 사대부들에게 노비는 영원히 상속되고 계속 증식되는 중요한 재산이었다.

태종은 종모법이 문제 있다고 생각해서 예조판서 황희에게 그 문제점을 조사하게 했다. 태종 14년(1414) 예조판서 황희가 이렇게 보고했다.

"아버지가 양인이면 아들도 양인이어야 하니 종부법이 이치에 맞습니다."

종부법으로 개정해야 한다는 보고에 태종은 즉각 맞장구쳤다.

"경의 말이 대단히 옳다."

태종은 종모법을 종부법으로 개정하라고 직접 윤음을 내려 반포했다.

"하늘이 백성을 낼 때는 본래 천인(賤口)이 없었다. 전조(前朝: 고려)의 노비법은 양인과 천인이 서로 혼인하면 천한 것을 우선해 어미를 따라 천인으로 삼아서 천인의 숫자가 날로 증가하고 양민의 숫자는 날로 감소했다."《태종실록》14년 6월 27일)

태종은 이튿날부터 공사(公私) 여종이 양인에게 시집가서 낳은 자식들은 종부법에 의거해 양인으로 만들라고 명령했다. 링컨의 노예 해방(1863년)보다 449년 먼저 실시한 조선판 노예 해방 선언이었다. 종부법으로의 개정으로 조선의 신분제는 혁명적 변화를 맞이했다. 모친의 신분 때문에 눈물 흘리던 수많은 천인들이 구제받은 것은 물론이고 양인의 숫자가 대폭 증가해 국가의 재정도 튼튼해졌다. 양반 사대부들은 큰 불만을 가졌지만 태종의 위세에 눌려 받아들일 수밖에 없었다.

그러나 태종이 세상을 떠나고 사대부들의 이익을 앞세우는 세종이 즉위하자 양반 사대부들은 적극적인 종모법 환원 운동에 나섰다. 세종 4년(1422) 상왕 태종이 세상을 떠나자 사대부들은 세종에게 종모법으로의 환원을 요청했다. 여기에 앞장선 인물이 수령고소금지법을 절대 고치면 안 된다고 주장했던 이조판서 허조다. 세종 6년(1424) 8월 10일, 이조판서 허조는 세종에게 상계해서 종모법으로의 환원을 주장했다.

"공사(公私)의 계집종이 양민 남편에게 시집가서 낳은 자식은 아비를 따라 양민이 되지 못하게 해야 합니다."

허조는 "집과 나라와 천하에는 떳떳한 윤리가 있는데 각기 군신(君臣)과 상하의 구분이 없을 수 없습니다"라면서 노비가 주인을 고소하지 못하게 하고, 부민들이 수령을 고소하지 못하게 해야 한다고 주장했다. 그의 논리대로라면 "아버지가 양인이면 아들도 양인"이라는 황희의 말이 맞았다. 그의 논리에 따르면 군신 관계에서 군(君)은 높고 신(臣)은 낮고, 양(陽)인 남성은 높고 음(陰)인 여성은 낮다. 따라서 둘 사이에서 낳은 자식은 높은 남자의 신분을 따르는 것이 논리적으로 맞다. 그래서 자식들이 아내의 성이 아니라 남편의 성을 따르는 것이다. 모든 것을 높고 낮은 존비(尊卑)로 따져서 수령의 불법도 부민들은 고소할 수 없다고 주장한 허조는 이 문제만은 거꾸로 어머니의 신분을 따르는 종모법을 시행해야 한다고 주장했다. 그의 논리대로라면 허조도 아버지 허귀룡(許貴龍)의 성을 따라 허씨가 될 것이 아니라 어머니인 이씨의 성을 따라 이씨가 되어야 했다. 결국 핵심은 양반 사대부들의 특권 유지와 재산 증식에 있었던 것이다.

이때까지만 해도 세종은 종모법으로 환원해야 한다는 허조의 요청을 거부했다. 부왕이 개정한 종부법에 쉽게 손댈 수 없다고 생각한 것이다. 왕비 심씨의 친정 어머니 안씨는 아직도 천인들의 명부인 천안에 올라 있었다. 부왕이 장모를 천인으로 두었다는 이유로 태종이 세상을 떠난 후에도 장모를 계속 천인으로 두었던 세종이다. 사위는 지존이지만 그 장모 안씨는 천안에 이름이 올라 있는 여종이었다. 세종 8년(1426) 5월 17일, 여러 대신들이 이 문제를 제기했다.

"공비(恭妃: 세종의 부인 심씨) 전하는 국모인데 어머니 안씨는 몸이 관가의 천인이니 심히 옳지 못합니다."

대신들이 나서서 천안에서 세종의 장모 안씨의 이름을 삭제하자고 청하자 마지못한 듯 천인의 명부에서 이름을 삭제했다. 그러나 세종은 왕비의 어머니에게 알맞은 봉작(封爵: 관작을 주는 것)은 여전히 내리지 않았다. 봉작이 없으면 일반 백성 같은 서인(庶人)에 불과했다. 사위가 왕이고 딸이 왕비인데 그 생모가 서인일 수는 없었다. 정부 육조의 판서들이 모두 안씨에게 봉작을 내려야 한다고 주청하자 세종은 이렇게 말했다.

"태종께서 시행하신 일을 내가 바꿀 순 없다. 또한 천안에서 삭제했고 안씨는 이미 왕비의 어머니인데, 비록 봉작이 없더라도 무엇이 혐의스럽겠는가?"《세종실록》8년 5월 18일)

신하들이 거듭 권하자 비로소 봉작을 내렸다. 심온의 부인 안씨는 무려 8년 동안 천인으로 있다가 겨우 봉작을 받았다. 이처럼 세종은 태종이 실시한 것은 손대선 안 된다는 원칙을 갖고 있었다.

태종의 종부법은 태종이 세상을 떠난 후에도 여러 후속 조치가 필요했다. 각지의 역(驛)을 관장하는 아전인 역리들이 개인 소유의 여종인 사천(私賤)과 혼인해서 자식을 낳는 경우도 적지 않았다. 세종 6년(1424) 11월 2일 의정부, 육조에서 이들의 신분에 대해 논의한 후 세종에게 보고했다.

"역리로서 갑오년(태종 14년) 6월 이후 사천을 취해서 낳은 자식은 모두 아비의 신분을 따르게 해야 합니다. 양인 백성이 역녀(驛女: 역에서 일하는 여성)를 얻어 낳은 자식은 교지에 의해 아비를 따라 양민이 되게 하고, 그중 어미를 따라 그대로 역자(驛子) 노릇을 하는 자는 조역백성(助役百姓)이라 일컬어 그대로 거주하는 곳의 역에 속하게 해야 합니다."《세종실록》6년 11월 2일)

역에 소속되어 일하는 역리는 양인으로, 과거나 군공(軍功)을 통해 관직에 나갈 수 있었다. 역리들이 개인의 여종을 취해서 자식을 낳을 경우, 그 자식의 신분은 태종 14년(1414)에 개정한 종부법에 의해 양인이 되어야 했다. 또한 역리가 역에서 일하는 천인 여성을 취해 낳은 자식도 모두 양인이 되어야 했다. 단, 어머니의 신분을 따라서 그대로 역에서 일할 경우, '조역백성', 즉 '역을 돕는 백성'이란 신분을 주었다. 조역백성은 양인이지만 천인의 역을 돕는 백성이라는 뜻으로, 이를 신량역천(身良役賤)이라고 했다. 신분은 양인인데 천인의 일을 한다는 뜻이다.

태종이 종부법으로 개정한 재위 14년(1414) 6월 28일 이후 여종들이 양인에게 시집가서 낳은 자식은 양인이 되었다. 당연히 그 여종의 주인들은 자신의 재산을 빼앗겼다고 여겨 불만스러워했고, 이 때문에 많은 분쟁이 발생했다. 세종 7년(1425) 8월 18일 병조는 종부법에 따라 백성들에게 군역을 부과하는 기준과 이들의 신분을 둘러싼 소송의 처리 방법에 대해 보고했다.

"(태종 14년) 6월 28일 이후 공사비자(公私婢子: 공사 여종의 아들)로서 양인에게 시집가서 낳은 아이는 모두 아비를 따라 양민으로 삼아 전조(前朝: 고려) 때 백성의 신분을 판정하던 예와 같이 호적에 붙여 군역(軍役)을 정했습니다. 그러나 마음으로 추측해서 호적에 붙이는 것은 주의하지 않으면 훗날 양인과 천인이 서로 소송할 때 분별하기 어려워질 수 있습니다."

태종 14년 6월 28일 이후 여종이 양인과 혼인해 낳은 자식은 국가에 세금을 납부하고 군역을 지는 당당한 자유민이었다. 그런데 여종의 주인들이 계속 시비를 걸었다. 이들은 태종 14년 6월 28일 이전에 혼인했다면서 그 소생을 자신의 재산이라 주장했다. 병조는 이런 경우 어떻게 처리할 것인지 보고했다.

"한양은 한성부에서, 지방은 각 고을에서 갑오년 6월 28일 이후부터 갑진년(세종 6년) 12월 이전까지 양인 남편에게 시집간 자를 조사했는데, 관청의 여종은 삼절린(三切隣: 사방의 가까운 이웃)에게, 개인의 여종은 원래 그 주인에게 출가한 연월을 조사해서 그 기한(갑오년 6월) 후에 혼인한 것이 명백한 자는 곧 호적에 붙여서 나이 15세가 차기를 기다렸다가 군역을 정하고, 3년마다 군적을 고쳐서 세 벌을 작성해 소재지의 고을과 본조(本曹: 병조)와 도관찰사영(都觀察使營)에 각각 간직해야 할 것입니다."(《세종실록》7년 8월 18일)

여종의 주인에게 물으면 6월 28일 이전에 혼인했다고 주장할 것이 분명하므로 병조는 양반들의 입장에서 보고한 것이었다. 이뿐만 아니었다.

"또 이제부터는 공사 비자(婢子: 여종)가 양인 남편에게 출가할 때 공천(公賤: 관청의 여종)은 각사(各司)나 각 고을에, 사천(私賤: 개인의 여종)은 원래 주인에게 보고한 뒤 출가하는 것을 허락해야 할 것입니다."

개인의 여종이 양인에게 시집간다는 데 주인이 허락할 리 없었다. 병조가 내놓은 대책은 결국 여종이 양인에게 시집가는 것을 막아야 한다는 것이나 다름없었다. 양인을 늘려 군역 부과 대상자를 늘려야 하는 병조가 국가의 이익은 내팽개치고 종의 주인인 사대부의 이익만 대변한 셈이다.

여종들은 자식만은 노비로 만들지 않기 위해 눈물겨운 노력을 기울였고, 사대부들은 조금이라도 노비를 늘리기 위해 온갖 묘안을 짜냈다. 남편은 천인이지만 자신의 자식은 양인과 간통해서 낳았다면서 증인을 내세워 소송하는 여종도 있었다. 형조는 세종 11년(1429) 이런 경우는 소송 자체를 받지 말아야 한다고 주청했다. 세종이 의정부와 여러 관청에 이를 의논하라고 명하자 모두 "소송 자체를 받지 말아야 한다"고 주장했다.

노비의 자식이지만 종부법에 따라 양인 신분이 되면 벼슬길에 나설 수도 있었다. 양반 사대부들은 천첩 소생 자식들의 벼슬길을 막기 위해 갖은 노력을 기울였다.

세종의 모호한 태도

이 문제와 관련, 가장 중요한 것은 세종의 의지였다. 세종이 장모를 의정부의 여종으로 계속 놔두었던 것처럼, "종부법은 부왕께서 만든 것이니 절대 고칠 수 없다"라고 했다면 신하들은 종부법에 대해 더 이상 왈가왈부할 수 없었을 것이다. 그러나 세종의 태도는 모호했다. 때로는 종부법을 충실히 따르는 듯한 태도를 취했다.

재위 10년(1428) 10월, 세종은 병조에 명해서 2품 이상 관원의 천첩(賤妾) 소생들은 갑사(甲士)에 응시하는 것을 허용하고, 3품 이하 관원의 천첩 소생들은 한정된 품계에 서용할 수 있다는 공문을 작성하게 했다. 갑사는 임금의 경호를 맡는 최정예 부대인데, 아버지가 2품 이상 고위 관직에 있으면 어머니가 비록 천인이더라도 갑사 시험에 응시할 수 있게 허용하라는 뜻이었다. 그러자 좌사간 김효정이 반대하는 상소를 올렸다.

"이러한 사람들(천첩 소생들)을 양반의 자제와 함께 시험을 보게 해서 금위(禁衛)의 직위에 충당하는 것은 그 불가한 점이 한두 가지가 아닙니다. 얼마 전까지 종으로 있던 자가 지금 그 주인과 더불어 관직에 오른다면, 이는 신발에 관(冠)을 씌우는 격입니다. 적서(嫡庶)의 구분은 하늘이 섬으로써 땅이 열린 것처럼 어지러워질 수 없는 것인데, 이제 모두 드러나는 관직을 제수한다면 존비(尊卑)의 질서를 잃고 명분(名分)이 어지러워질 것입니다. 관직을 얻고 이름을 얻은 자는 몇 해 안에 반드시 양반 집과 결혼하려 들 것이니, 비록 후회하고 바로잡으려 한들 어찌 미치겠습니까?"《세종실록》10년 10월 18일)

부친이 2품 이상 고위직을 지냈어도 어머니가 천첩이면 어떠한 벼슬도 허용해서는 안 된다는 주장이다. 김효정은 이렇게 덧붙였다.

"하물며 예부터 우리 동방의 예의와 염치가 없어지지 않은 것은 오직 상하(上下)와 존비(尊卑)의 구분이 정해져 있었기 때문입니다. 태종조 때 이런 무리 중 특지(特旨: 임금의 특별명령)로 서반(西班) 5, 6품 직위를 받은 자도 있으나 그 숫자가 많지 않아서 손꼽아 헤아릴 수 있기에 혼란스럽지 않았던 겁니다. 엎드려 바라건대 전하께서는 빨리 이 명을 거두시어 여망(興望: 많은 사람들의 기대)에 부응하소서."

김효정에게 여망은 사대부의 기대일 뿐이었다. 김효정 같은 사대부들은 사람을 높고 낮음(尊卑)으로 나누고, 사대부들만이 세상을 다스릴 수 있다는 특권 의식으로 가득 차 있었다. 이들은 사대부가 아니면 벼슬에 나가는 것을 결코 허용해서는 안 된다고 주장했다. 이들에게 태종이 만든 종부법은 눈엣가시였다.

태종은 공신의 자식들을 양반들로 구성된 충의위(忠義衛)에 소속시켰다. 그런데 종부법이 제정된 이후에는 본처에게서 낳은 자식이 없을 경우 첩 소생 자식들도 충의위에 근무할 수 있게 허용했다. 충의위는 국왕을 측근에서 호위하는 부대로, 일정 기간 근무한 후 다른 관직으로 옮겨가는 경우가 많았다. 그래서 공신의 자식들에게 과거를 거치지 않고도 벼슬을 주기 위한 기관이라는 말을 듣기도 했다. 충의위에서 종4품에 이르면 다른 관직으로 갈 수 있었고, 그대로 충의위에 머물러 있으면 정3품까지 올라갈 수 있었다. 따라서 충의위에 여종의 아들이 근무하게 될 경우, 다른 벼슬길에 나갈 수도 있었다. 그래서 대간들이 여러 차례 상소를 올려 충의위에 여종의 아들들이 근무하는 것을 금지시켜야 한다고 주장한 것이다. 양반들이 특히 문제 삼은 것은 사천(私賤), 즉 사대부가 여종의 아들들이 충의위에 근무하는 것이었다. 세종은 재위 12년(1430) 2월 이 문제를 언급했다.

"요즈음 대간들이 상소하여 청하는 말이 내 생각에는 고집이라 여겨진다. 갑오년(태종 14년)부터 2품 벼슬아치가 천첩에게 낳은 아들은 영구히 양민이 되는 것을 허락하고 품계를 제한하여 관직을 받게 했다. 또 태종 때부터 공신이 공천(公賤: 관청 소속의 여종) 소생에게 낳은 아들은 충의위에 소속되게 했는데, 유독 사천(私賤: 개인 소속의 여종) 소생에게 낳은 아들만 소속되게 하지 않는 것이 옳으냐. 공천(公賤)이 사천(私賤)이 되기도 하고 사천(私賤)이 공천(公賤)이 되기도 하니, 공천과 사천이 무엇이 다르냐. 평민이 천인에게 장가들어 낳은 자식도 아비를 따라 양민이 되는데, 하물며 공신(功臣)으로서 후사가 없어 제사가 끊어지려 할 때에야 더 말해 무엇하겠느냐. 다행히 천첩의 아들이라도 있으면 반드시 충의위에 붙여서 그를 공신의 후사로 삼는 것은 너무나 당연한 일이다."(《세종실록》 12년 2월 19일)

세종은 공신의 자제들은 비록 모친이 천인이어도 종부법에 따라 양인으로 만들어 벼슬길에 진출할 수 있게 하려고 노력했다. 그러나 이에 반발하며 종부법의 취지를 흔들고 종모법으로 환원시키려는 양반 사대부의 시도는 끈질겼다. 그런데도 세종은 "종부법은 태종의 성헌"이라고 못 박지 않고 문제 제기를 허용하는 듯한 태도를 보였다. 양반 사대부는 당연히 계속 문제를 제기했다. 재위 14년(1432) 3월 15일 세종은 이 문제를 언급함으로써 종부법 개정 논의의 물꼬를 텄다.

"즉위 이래 늘 조종(祖宗: 조상 임금)이 만드신 법을 고치지 않으려고 마음먹어서 부득이한 일이 있는 경우에만 몇 번 고쳤다. 그러나 노비에 대한 일은 아직 고치지 않았다. 공사비(公私婢: 관청과 개인의 여종)로 양인 남편에게 시집가서 낳은 자식들을 양인으로 삼는다는 법(종부법)에 대해서 대신들이 옳지 않다고 많이 말했으나 내가 듣지 않은 것은 이런 까닭이다."(《세종실록》14년 3월 15일)

세종의 견해는 중요했다. 종부법은 부왕이 만든 법이므로 고치지 못하겠다고 선언했다면 양반 사대부들도 더 이상 개정을 요구하기가 어려웠을 것이다. 그러나 세종은 스스로 종부법 개정의 단초를 열어 놓았다.

"이제 다시 생각하니, 공사 여종이 여러 번 그 남편을 바꾸어 양인과 천인이 뒤섞여 판명하기 어려운 경우가 있다. 이로 인해 그 아비가 아비가 되지 못한다면 윤상(倫常)이 패하게 되니, 어떻게 하면 위로는 태종께서 만드신 법을 어기지 않고 아래로는 인륜의 바른 길이 파괴되지 않을 것인지 각자 충분히 의논해서 보고하라."(《세종실록》14년 3월 15일)

사실 이 문제는 3년 전인 세종 11년(1429)에 이미 정리된 터였다. 여종이 양인과 간통해서 낳았다면서 증인을 내세워 소송하는 경우, 소송 자체를 받지 않기로 정리했기 때문이다. 양반 사대부들은 세종의 속내가 종부법을 개정하는 데 있다고 판단하고 즉각 반색하고 나섰다. 맹사성이 이렇게 주장했다.

"천인들이 어미의 신분을 따르게 하는 법은 또한 한 시대의 좋은 법규(法規)입니다. (사대부들이) 어찌 자기의 노비를 늘리기 위해서 이 법을 세웠겠습니까. 대개 천한 여자는 날마다 그 남편을 바꿔서 행위가 금수(禽獸)와 같아, 그 소생은 다만 어미만 알 뿐 아비는 알지 못하기 때문에 어미의 신분을 따르는 법이 생긴 것입니다. 아비의 신분을 따라 양인이 되는 법을 개정해서 어미를 따라 천인이 되는 법으로 돌아가는 것이 상책입니다."(《세종실록》 14년 3월 15일)

종모법으로 다시 돌아가자는 말이었다. 종부법 개정을 주장하는 논리는 천한 여인들은 날마다 남자를 갈아치운다는 비논리적인 것밖에 없었지만, 이는 핑계를 위한 핑계에 불과했다. 그런데 세종은 이 문제가 대단히 중요하다면서 다시 생각해보겠다고 말했다. 그러고는 태종 14년 종부법으로 개정할 당시 대언으로서 법을 개정하는 데 깊숙이 관여한 전 판서 조말생을 불러 태종이 종부법을 세운 본뜻을 물었다. 조말생의 보고는 매우 중요했다. 태종의 속뜻을 전해줄 수 있기 때문이었다. 조말생은 이렇게 보고했다.

"지난 갑오년에 신이 대언이 되었는데 하루는 태종께서 편전(便殿: 국왕이 평상 시 정사를 보던 곳)에서 '아비를 따라 양민으로 하는 법(從父爲良法)을 세우고자 한다'라고 말씀하셨습니다. 이숙번(李叔蕃)이 옳지 않다고 극력 개진했지만 태종께서는 듣지 않고 신에게 (법령을) 집필하라

고 명령하시고 친히 하교하여 법을 세우셨습니다."(《세종실록》14년 3월 15일)

종부법으로 개정할 당시 담당 승지였던 조말생의 보고에 따라 종부법은 태종이 강력한 의지로 제정한 법임이 밝혀졌다. 이때 세종이 "태종의 강력한 의지로 만드신 법을 내가 바꿀 순 없다"면서 장모를 계속 여종으로 두었던 마음으로 선언했다면 종부법은 계속 유지되었을 것이고, 조선 사회 역시 크게 달라졌을 것이다. 그러나 세종은 사대부의 이익을 우선시하는 임금이었다. 세종은 재위 14년 3월 25일 이 문제에 대해 다시 의논할 때 태종이 종부법을 만든 취지는 훌륭하다며 말문을 열었다.

"이 법을 세운 것은 오로지 하늘이 민(民)을 낼 때는 본래 귀천(貴賤)의 차별이 없었는데도 전조(前朝: 고려)에서 천한 자는 어미를 따른다는 법(賤者隨母法)을 세워서 양민의 자손인데도 천인이 되게 한 것은 진실로 하늘의 이치에 맞지 않으니 (종모법은) 만세에 통용할 만한 법이 아니었다. 그래서 태종께서 대신들과 함께 심사숙고하여 드디어 아비를 좇아 양민이 되는 법(종부법)을 세우셨으니, 이는 만세의 아름다운 법이다."

종부법이 "만세의 아름다운 법"이라면 만세의 아름다운 법을 만세토록 유지하는 것이 임금의 당연한 의무다. 그런데도 세종은 원래 아비가 천인인데도 자식을 양인으로 만들기 위해 아비를 부인하는 경우가 문제된다는 맹사성의 견해에 동조하는 것처럼 말했다. 그러면서 이 문제를 해결하기 위한 나름의 대책을 내놓았다. 세종은 본 주인의 허락이 있을 경우에만 여종이 양인에게 시집가는 것을 허용한다면 본 주인이 허락하지 않을 게 분명하다고 생각했다. 그래서 절충안을 제시했다. "각 마을의 이정(里正: 리의 책임자)에게 신고해서 문안을 작성한 후에 시집가게 허락하라"라는 절충안이었다. 그러나 이는 양반 사대부들이 바라는 바가 아니었다. 양반 사대부들의 목적은 여종이 낳은 자식을 자신들의 소유로 해서 재산을 늘리는 데 있었으므로 당연히 이를 거부했다. 맹사성이 다시 반대의 목소리를 높였다.

"비록 이정이나 이장(里長)에게 신고하더라도 그 아비를 아비로 하지 않는 폐단은 그치지 않을 것입니다. 아비를 따라 양민이 되게 하는 법은 아비를 존중하는 뜻에서 나왔으니 천리와 인정에 합치하는 천하고금의 확론(確論)입니다. 태종께서 옛것을 개혁하고 새로운 제도를 정하실 때 종부법을 세우신 것은 진실로 한 시대의 성대한 법전입니다. 그러나 사내 종이 양녀(良女)에게 장가들어 낳은 자녀가 홀로 아비를 따르지 않는 것은 사리에 통하지 않습니다. 사내 종이 양녀에게 장가들어 낳은 자녀 또한 아비를 따라 천인이 되게 하여 천륜(天倫)을 존중하게 하소서."

그야말로 반대를 위한 반대였다. 사내 종이 양녀에게 장가가는 경우는 극히 드물었다. 양천교혼의 경우, 양인 남성이 천인 여성과 혼인하는 것이 대부분이었다. 세종은 "그 말은 옳지 않다"면서 "국가가 법을 세우는데 어찌 남종이 양녀에게 장가들게 규정할 수 있겠는가"라며 반대했다. 그러면서 세종은 주인이 허락하지 않았는데도 여종이 양인에게 시집가서 낳은 자식들과 사내 종이 양인 여성에게서 낳은 자식들을 모두 공노비로 만들자는 절충안을 제시했다.

그러나 대신들은 이 또한 반대했다. 이들의 목적은 여종이 낳은 자식을 자신들이 갖는 것이었지 나라에 바치려는 것이 아니었기 때문이다. 맹사성 등이 다시 반대의 목소리를 높였다.

"만약 그런 법을 세운다면 사비(私婢: 개인의 여종)는 자녀가 속공(屬公: 공노비)되는 것을 즐거워해서 모두 양인을 남편으로 얻어 그 자녀를 다 공천(公賤: 공노비)이 되게 할 것이니, 100년이 지나지 않아 사천(私賤: 사노비)이 거의 없어질 것입니다."

맹사성이 내놓은 대안은 이랬다.

"양인과 천인 사이의 통간(通奸: 간통하는 것)을 일절 금지하고, 범법으로 낳은 자녀는 각자 주인에게 돌려주게 하면, 여종은 양인 남편이 자기에게 무익하다는 것을 알고 반드시 즐겨하지 않을 것입니다."

맹사성은 신분이 다른 부모가 낳은 자식은 노비로 만들어 모친의 주인에게 돌려주자고 제안했다. 세종은 이 문제에 단안을 내리지 못하고 양반 사대부들의 주장에 자꾸 귀를 기울였다. 법 개정을 다루는 상정소는 종부법을 고수하는 세종의 태도가 약화된 것을 간파하고 이튿날(3월 26일) 종모법으로의 환원에 대해 보고했다.

"선덕(宣德) 7년(1432) 7월 초1일 이후에 공사(公私) 여종으로서 양인 남편에게 시집가는 것을 일절 금지하고 영(令)을 범하는 자는 율에 의거하여 처벌해야 합니다. 범법으로 낳은 자녀는 아비를 따라 양인이 되게 할 수 없으니, 각각 그 주인에게 돌려주어야 합니다. 영락 12년 6월 28일 이후부터 선덕 7년 6월 그믐날 이전에 공사 여종이 양인 남편에게 시집가서 낳은 자녀는 이 범위에 포함하지 않게 하소서."

종부법을 종모법으로 개정하자는 주장이었다. 세종은 "조종의 성헌" 운운하며 반대하지 않고 이를 받아들였다. 이렇게 조선의 신분제는 종모법으로 돌아갔다. 태종 14년부터 세종 14년까지 불과 18년 동안만 노비 해방 기간이었던 셈이다.

조선은 다시 종모법이란 악법이 횡행하는 나라가 되었다. 종모법은 이후 조선의 사회 발전을 가로막는 주범이 되었다. 이는 백성과 국가 모두에 손해였다. 국가로선 군역과 세금을 부담할 양인의 숫자가 대폭 감소했다. 국가가 가난해지고 백성들은 천인으로 전락하는 가운데 노비를 소유한 양반 사대부들만 부유해진 것이다. 군역 자원이 부족해지자 조선의 국방은 크게 약화되었고, 급기야 선조 때 일본군이 쳐들어왔을 무렵에는 정규 군대가 거의 존재하지 않게 되었다. 게다가 종모법으로 원한을 품은 노비들이 일본군에 대거 가담하는 체제 이반 현상이 광범위하게 발생했다.

세종은 공비(公婢: 관청의 여종)가 출산할 경우 100일의 휴가를 더 주고, 재위 16년(1434)에는 남편에게도 30일간 출산 휴가를 주었다. 이것만 가지고 세종이 노비에게도 신경 썼던 군주라고 평가하기는 어렵다. 종부법을 따랐으면 양인이 되었을 사람을 노비로 만들어놓고 휴가를 며칠 더 준 것을 가지고 애민군주라고 볼 수는 없다. 종모법으로의 환원은 세종이 만백성의 어버이가 아니라 양반 사대부들의 이해를 대변하는 데 충실했던 사대부 군주임을 보여주는 징표다. 종모법은 이후 조선 사회에 수많은 문제점을 불러일으키며 사회와 역사를 크게 후퇴시킨 하책(下策) 중 하책이었다.

독서경영의 시대

호학군주, 경연군주

　사실 전시(戰時) 상황이었다면, 세자위에서 양녕이 교체되지는 않았을 것이다. 승패가 모든 것을 좌우하는 전시에는 무인(武人) 군주가 필요하다. 양녕은 부왕 태종처럼 사냥을 좋아했다. 조선 왕가에 흐르던 무장의 피는 양녕에게도 흐르고 있었다. 충녕에게는 이런 면이 부족했다. 태종 또한 창업 초기의 군주는 문무를 겸비해야 한다고 생각했다. 그래서 양녕이 수없이 물의를 일으키는데도 세자를 교체하는 것을 망설였는지도 모른다. 태종이 양녕을 매 사냥이나 군사훈련인 강무(講武)에 데려간 것은 사냥과 무예를 좋아하는 양녕을 위로하기 위함이기도 했지만, 군주에게 꼭 필요한 군사 지휘를 훈련시키기 위한 목적도 있었다.

재위 11년(1411) 9월, 태종은 세자 양녕을 데리고 동교에 가서 매 사냥을 구경했는데, 그다음 달 강무 때도 양녕을 데려가려 하자 신하들이 반대했다. 사간(司諫) 정준(鄭悛)이 말렸다.

"군주가 도성 밖으로 나가시면 세자가 감국(監國: 임금의 권한을 대행하는 것)하는 것이 옛날부터 내려온 제도입니다."

"경 등의 말이 옳다. 그러나 강무는 종묘에 바치는 제물을 마련하기 위한 것이자 군사를 연습시키는 법도를 익히기 위한 것이다. 나는 세자에게 사냥을 하면서 무예 익히는 법을 보게 하려는 것이다."

태종은 문무겸전을 높이 평가했다. 그런데 충녕은 무예를 싫어했다. 그래서 세종이 즉위한 직후 상왕 태종은 하연(河演)을 시켜 정부와 육조에 일렀다.

"주상은 사냥을 좋아하지 않아서 몸이 비대하고 무거우니 때때로 사냥에 나서 철에 따라 몸을 잘 조리해야 한다. 문무(文武) 중 하나를 폐할 수는 없으니 나는 주상과 함께 강무하려고 한다."(《세종실록》 즉위년 10월 9일)

왕위를 물려준 후에도 태종이 군사권을 갖고 있었던 것은 절대 권력을 계속 유지하려는 의도도 있었지만 세종에게 군사에 관한 일을 가르쳐주려는 목적도 있었다. 태종이 강무를 중시한다는 것을 아는 세종은 태종을 열심히 쫓아다니며 강무에 참여했다. 세종 역시 강무가 중요하다는 것은 알지만 양녕과 달리 사냥이 즐겁지 않았다. 강무는 쉬운 일이 아니었다. 무예에 능한 태종도 세종 2년(1420) 8월 등산 곶이에 있는 강무장에서 매를 팔에 올린 뒤 하늘로 날리다가 말에서 떨어져 다쳤을 정도다. 태종이 이 정도이니 무예를 싫어하는 세종은 말할 것도 없었다.

태종은 자신의 후사는 문무를 겸비해야 하지만 그중 하나를 선택해야만 한다면 말 위의 군주가 아니라 동벽(東碧: 도서관)의 군주여야 한다고 생각했다. 충녕(세종)은 독서광이었다.《국조보감(國朝寶鑑)》에 세종이 자신의 독서 습관에 대해 한 말이 실려 있다.

"나는 궁중에 있으면서 손을 놀리고 한가롭게 앉아 있었던 때가 없었다."

늘 손에 책을 들고 있었다는 뜻이다.

"나는 어떤 책이든 보고 나면 잊어버리지 않는다."

충녕은 기억력도 좋았다. 충녕이 얼마나 독서를 좋아했는지는《구소수간(歐蘇手簡)》에 대한 일화만으로도 알 수 있다.《구소수간》은 송나라 구양수(歐陽脩)와 소식(蘇軾)의 편지 모음집이다. 충녕이 병에 걸렸는데도 손에서 책을 놓지 않자 주위에서 걱정이 많았다. 이 말을 들은 태종은 환관을 시켜 충녕의 방에 있는 책을 모두 거둬 오게 했다. 환관이 갑자기 들이닥쳐 책을 거둬 가는 와중에 충녕은 책 한 권을 병풍 사이에 숨겨두었는데, 그 책이 바로《구소수간》이었다. 충녕은 이 책을 "천백 번이나 읽었다"라고 전한다.

'독서군주 세종, 호학(好學)군주 세종'의 탄생이었다. 세종은 수많은 유학 경전을 읽었다. 그래서인지 경연(經筵)을 중시했다. 임금과 신하가 한자리에 앉아 경서를 강독하고 학문과 시국 현안을 토론하는 경연은 세종에게 꼭 맞는 자리였다.

경연이 국왕과 신하들의 공부 공간이라면, 서연(書筵)은 세자와 신

경연학사지서 현판. 국립중앙박물관.
세종은 왕과 신하가 한자리에 앉아 경전과 역사를 강의하고 토론하는 경연을 즐겼다. 위 현판은 경연청에 근무한 학사들의 사무실인 경연학사지서에 걸려 있던 것이다.

하들의 공부 공간이다. 서연은 세자의 교육을 관장하는 세자시강원에서 담당했는데, 양녕은 서연을 싫어했다. 사부(師傅)라는 말은 세자시강원의 사(師)와 부(傅)를 더한 말인데, 사와 부는 모두 정1품 정승이 겸임하는 자리였다. 사부 다음 관직인 이사(貳師)도 종1품이었으니, 당대 최고 벼슬아치들과 학자들이 세자를 가르쳤던 것이다. 세자시강원의 사부들은 미래 권력에 아부하지 않았다. 이들은 차기 임금을 잘 교육시키는 것이 사직에 충성하는 길이라고 믿었다.

세자시강원의 빈객(賓客) 이래(李來)는 깐깐한 스승이었다. 사냥을 즐긴 양녕은 매를 좋아했다. 하루는 이래가 동궁에 도착했는데, 세자가 경전을 읽는 대신 매를 부르고 있었다. 이래가 세자를 꾸짖었다.

"저하께서 매를 부르는 소리를 들었습니다. 이것은 세자로서 할 소리가 아닙니다. 오직 학문에 뜻을 두시고 다시는 그런 소리를 하지 마십시오."

이에 양녕은 손사래를 치며 변명했다.

"내가 평생 매를 보지 못했는데 어찌 매 부르는 소리를 내겠습니까?"

이래가 다시 꾸짖었다.

"사냥할 때 팔뚝에 걸고 토끼를 쫓게 하는 것이 매입니다. 저하께서 보지 못했을 까닭이 있습니까?"

이래가 얼마나 엄격했는지, 양녕은 주위 사람에게 이렇게 말했다.

"빈객 이래만 보면 머리가 아프고 마음이 산란하다. 꿈에 나타나면 그날은 반드시 감기라도 든다."

게다가 태종은 세자를 강하게 키우고 싶어 했다. 태종 15년(1415), 세자가 거처하는 세자전(世子殿)에 잡인들이 들락거린다는 말을 들은 태종은 세자 사부 이래와 변계량 등을 불러 꾸짖었다.

"경 등은 이미 재상이 되었는데 무엇을 꺼려 세자를 바른 길로 이끌지 못하는가?"

이래는 크게 자존심이 상했다. 자신이 훗날의 출세를 위해 세자에게 아부하는 것 아니냐는 뜻이었기 때문이다. 이래는 세자 앞에 가서 흐느꼈다.

"전하의 아들이 저하(邸下)뿐인 줄 아십니까?"《태종실록》 15년 1월 28일)

세자는 부왕이 어떤 사람인지 몰랐지만 이래는 태종이 어떤 사람인지 정확히 알고 있었다. 어리 문제만 아니었다면 양녕이 사냥을 좋아한다는 이유로 쫓겨나지는 않았을 것이다.

양녕은 서연을 싫어한 반면 세종은 경연을 좋아했다.

경연에서 주로 배우는 것은 유학 경전인데, 모든 학문에는 양면성이 있다. 유학도 마찬가지다. 유학은 원래 제자백가(諸子百家)의 한 가지다. 유학은 한나라 때부터 국교가 됐지만 춘추전국시대에는 제자백가라는 수많은 학파 중 하나에 불과했다. 유가(儒家)의 주된 주장은 하·은·주(夏殷周)라고 불리는 삼대(三代)로 돌아가자는 것이다. 춘추전국시대의 혼란을 하·은·주의 마지막 왕조인 주(周)나라로 돌아감으로써 끝낼 수 있다고 본 것이다.

이는 단순히 과거로 돌아가자는 복고 사상이 아니었다. 하·은·주세 왕조는 모든 백성이 같은 면적의 농지를 소유하는 토지 제도를 갖고 있었다. 주나라의 정전제(井田制)도 그중 하나인데, 사방 900무(畝) 정도의 토지를 우물 정(井) 자로 나누면 100무짜리 땅 아홉 구획이 생기는데, 여덟 구획은 각각 여덟 가구가 한 구획씩 맡아 농사를 짓고, 남은 한 구획은 공동으로 경작해 국가에 세금으로 내는 제도였다. 공자나 맹자가 과거로 돌아가자고 주장한 것은 바로 모든 백성이 비슷한 경제적 지위를 누리던 하·은·주 시대로 돌아가자는 의미였다.

진시황은 유학자들이 하·은·주라는 이상 사회를 설정해놓고 현실 정치를 비판한다면서 유학 경전을 불사르고, 유학자들을 구덩이에 묻어 죽이는 분서갱유(焚書坑儒)를 단행했다. 이렇게 탄압받던 유학은 한나라가 들어서면서 국가의 주류 사상이 되었다. 임금과 신하가 함께 경서와 역사서를 읽고 시국 현안을 토론하는 경연이 한나라 때 시작된 것은 이 때문이다.

그러나 유학은 국교가 된 이후, 크게 변질되기 시작했다. 특히 남송 때 성리학은 공자, 맹자의 사상에서 혁명적인 부분이 거의 사장된 채 사대부들의 기득권을 옹호하는 유학으로 변질됐다.

세종이 경연에서 공부하는 유학은 거의 성리학, 즉 주자학으로, 이는 세종에게 그릇된 신분 차별 사상을 심어주었다. 유학자들은 조선 개창 직후부터 군주들에게 성리학 사상을 심어주는 좋은 기회로 경연을 활용했다. 조선을 개창한 지 넉 달 후인 태조 1년(1392) 11월 12일, 사간원에서 매일 경연을 열자고 주청했다. 이성계는 거부했다.

"수염이 이미 허옇게 되었으니 유생들을 모아서 강론을 들을 필요가 없다."

이성계는 이미 편전에서 유경(劉敬)이 《대학연의(大學衍義)》를 강론하고 있으니 따로 경연을 할 필요가 없다고 했다. 새 왕조를 개창하기 위해 유학을 받아들였지만 이를 신봉할 필요는 없다고 생각한 것이다. 더욱이 그의 종교는 불교이지 유교가 아니었다. 그러나 사간원은 포기하지 않았다. 이틀 후 다시 상소를 올려 매일 경연을 열어야 한다고 주장했다.

신 등이 들으니 군주의 마음은 다스림이 나오는 근원입니다. 군주의 마음이 바르면 만사가 이에 따라 바르게 되고, 군주의 마음이 바르지 못하면 여러 욕심이 공격하게 되니 그 착한 성품을 기르고(存養) 자신의 허물을 반성하는(省察) 공부를 지극하게 하지 않을 수 없습니다.《태조실록(太祖實錄)》1년 11월 14일)

왕조 국가에서 군주의 마음이 바른 상태여야 만사가 다 바르게 된다는 지적이다. 무엇보다 군주의 바른 마음이 중요한데, 그를 위해서 끊임없이 공부하고 수양해야 한다는 것이다. 그런데 사간원의 상소 중 태조 이성계의 마음을 움직인 구절이 있었다.

> 창업 군주는 자손의 모범이 됩니다. 전하께서 경연을 중요하게 여기지 않으시면 후세 왕들이 이를 빙자해 그 흐름이 반드시 공부하지 않는 데 이를 것이니, 이것이 어찌 작은 일이겠습니까? 전하께서 경연에 나오셔서 《대학(大學)》을 강론하게 하소서.

창업 군주가 경연에 힘쓰지 않으면 후대 왕들이 이를 핑계로 공부하지 않고, 환관이나 궁첩들과 노닥거릴 것이라는 뜻이니, 창업 군주로서 두렵지 않을 수 없었다. 그래서 이성계는 후세를 위해 매일 경연에 나가기로 했다. 이때 사간원에서 태조에게 《대학》을 공부해야 한다고 주청했는데, 여기에는 까닭이 있었다.

"《대학》은 맨 처음에 제왕의 정치하는 순서로 시작하고 그다음에 제왕이 학문하는 근본을 다루는데, 자신의 몸과 마음으로부터 시작하지 않는 것이 없으니 이것이 이른바 벼리(綱)입니다."

《대학》에서 말하는 큰 학문이란 천하를 태평하게 만드는 평천하(平天下)를 이루는 방법이다. 밝은 덕이 천하에 밝혀지면 평천하가 되는데, 그러기 위해서는 먼저 나라를 다스리는 치국(治國)을 해야 하고, 나라를 다스리려면 먼저 집안을 가지런히 하는 제가(齊家)를 해야 하고, 집안을 가지런히 하려면 먼저 몸을 닦는 수신(修身)을 해야 한다. 천하에 밝은 덕이 펼쳐지는 평천하는 '수신 → 제가 → 치국'의 과정을 거쳐야 궁극적으로 세상이 모두 평안한 평천하의 단계에 도달할 수 있다. 이성계가 말년에 불행에 빠진 것은 집안을 가지런히 하는 '제가'에 실패했기 때문이라는 점에서 《대학》에서 말하는 학문의 순서는 올바르다고 볼 수 있다.

평천하로 나아가기 위해서는 먼저 자기 몸을 닦는 수신을 해야 했다. 《대학》은 수신에 이르는 방법도 순서적으로 서술했다. 몸을 닦으려고 하는 자(修其身)는 먼저 마음을 바르게 해야 하고(正其心), 마음을 바르게 하려는 자는 먼저 뜻을 성실하게 해야 하고(誠其意), 뜻을 성실하게 하려는 자는 먼저 지극한 지식에 도달해야 하고(致其知), 지극한 지식에 도달하려는 자는 사물의 이치를 깨달아야 한다(在格物). '정심(正心) → 성의(誠意) → 치지(致知) → 격물(格物)'의 과정을 거쳐야 수신(修身)의 단계에 이를 수 있다는 것이다. 사물의 이치를 궁구해 안다는 뜻의 격물치지(格物致知)는 바로 여기에서 나온 말이다. 사물의 이치를 궁구해서 알게 되면 수신의 단계에 이르고, 비로소 '제가 → 치국 → 평천하'에 도달할 수 있다.

《대학》에서 말하는 내용이 그릇된 것은 아니지만, 성리학자들이 자신들의 계급적 이익을 위해 견강부회(牽強附會)한 면이 있었다.

《논어(論語)》〈위령공(衛靈公)〉에서 공자는 이렇게 말했다.

"가르치는 데는 계급이 없다(有教無類)."

공자는 그가 살던 시대에 존재하던 신분제 자체를 거부하지는 않았지만 신분을 절대적인 것이라고 생각하지도 않았다. 누구나 노력하고 능력만 갖추면 지배층이 될 수 있다고 생각했다. 그래서 "가르치는 데는 계급이 없다"라고 말한 것이다.

조선의 성리학자들이 '주자'라며 떠받들던 남송의 주희에게 공자의 이 말은 당혹스러운 것이었다. 그는 사대부와 서민의 구분은 하늘이 만든 것이고, 세상은 사대부가 다스리는 것이라고 생각했기 때문이다. 그래서 주희는 《논어집주(論語集註)》에서 공자가 말한 '류(類)', 즉 계급을 모호하게 해석했다.

> 사람의 본성은 다 착하지만 그 류(類)에 선한 자와 악한 자가 다른 것은 기질과 습관이 오염되었기 때문이다. 가르칠 때는 사람이 다 착함으로 돌아오는 것이 가능하기 때문에 그 '류'의 악함을 다시 의논해서는 안 된다.

주희는 '류'의 실체를 정의하지 않은 채 선한 자와 악한 자라는 식으로 모호하게 분류했다. 공자의 원뜻대로 해석하면 사대부 계급이 세상을 지배해야 한다는 성리학의 기본 전제가 무너질 것이기 때문이다. 세종이 수령고소금지법이나 종모법 같은 악법을 만든 것은 이런 그릇된 신분관의 모순을 간파하지 못한 결과였다.

이처럼 경연은 양날의 검이었다. 군주가 바른 마음을 갖는 것이 세상이 바르게 되는 길이라는 말은 맞지만, 그 바른 세상이 사대부만이 지배할 수 있는 세상이라는 말은 그른 것이다. 군주는 만백성의 어버이여야지 사대부만의 어버이여서는 안 된다. 사대부와 일반 백성 사이에 다툼이 있을 때 군주의 판단 기준은 옳고 그름이어야지 신분이 되어서는 안 된다. 왕궁에서 나고 자란 세종은 이것을 몰랐다. 경연이 갖고 있는 이중적 의미를 잘 알지 못했던 것이다.

세종은 즉위년(1418) 10월 7일 경연에 처음 참석했다. 이 첫 경연에 대해서는 《세종실록》보다 《국조보감》에 더 자세히 기록되어 있다. 이

때도 역시 《대학연의》가 교재였다. 호조참판 겸 동지경연사(同知經筵事) 이지강(李之剛)이 아뢰었다.

"임금의 학문은 바른 마음(正心)을 근본으로 하는데, 임금의 마음이 바른 연후에 백관이 바르게 되고, 백관이 바른 연후에 만민(萬民)이 바르게 됩니다. 바른 마음의 요체가 오롯이 이 책에 있습니다."

세종이 답했다.

"그렇다. 경서(經書)의 구두점이나 따지는 것은 학문에 도움이 되지 않는다. 반드시 마음에 관한 공부를 높여야 유익함이 있을 것이다."

군주가 가져야 할 가장 중요한 요소인 '바른 마음'은 나라 안의 모든 백성이 모두 나의 애민(愛民)이라는 마음인데, 세종은 사대부만 지나치게 중시했다.

같은 해 11월 7일 경연에서는 송나라 왕안석(王安石, 1021~1086)과 사마광(司馬光, 1019~1086)에 대해 논의했다. 송나라는 "삼용(三冗: 세 가지 쓸데없는 일)"이라 불리는 과도한 군사비(冗兵), 관료 체제 유지비(冗官), 황실의 낭비(冗費) 때문에 재정난에 빠져 있었고, 빈부 격차가 심했다. 신종(神宗)은 이를 해결하기 위해 개혁정치가 왕안석을 등용해 각종 개혁 정책을 실시했다. 대지주와 대상인으로부터 가난한 농민과 중소 상인을 보호, 육성함으로써 부국강병을 이루려는 정책이었다. 그런데 정도전(鄭道傳), 조준(趙浚) 등의 토지 개혁 사상을 실천해 새 나라를 개창했는데도 조선의 사대부들은 사마광에게는 우호적이고 왕안석에게는 부정적인 견해를 갖고 있었다. 사마광은 체제 내 기득권 유지 세력의 대표이고, 왕안석은 체제 내 개혁 세력의 대표였기 때문이다. 이때 지경연사(知經筵事) 변계량이 두 사람에 대한 자신의 견해를

세종, 사대부의 나라를 만들다

피력했다.

"온인(溫仁)하고 근후(謹厚)한 것은 사마온 공이 으뜸입니다. 선유(先儒: 주희)는 왕안석을 소인이라고 했습니다. 그러나 그의 문장(文章)과 정사(政事)와 마음 씀씀이를 보면 모두 보통 사람이 미칠 수 없는 경지이니 오로지 소인으로 지목할 수는 없을 듯합니다."

주자가 소인이라고 비판한 왕안석에 대해 변계량이 "오로지 소인으로 지목할 수는 없을 듯합니다"라고 옹호한 것은 상당한 의미가 있다. 이때까지만 해도 주희의 사상이 유일사상이 아니었음을 보여주는 증거이기 때문이다.

세종이 답했다.

"왕안석은 소인 중에서 재주가 있는 자다."

왕안석과 사마광은 중국사에서 진보와 보수의 대결을 표상하는 인물로 유명하다. 이를 희풍(熙豊)과 원우(元祐)의 대결이라고도 말하는데, 희풍은 왕안석을 등용한 신종의 연호인 희령(熙寧, 1068~1077)과 원풍(元豊, 1078~1085) 시대를 뜻하고, 원우는 사마광이 집권한 철종(哲宗)의 연호인 원우(1086~1094)를 뜻한다. 주희는 기득권 계층인 사대부의 시각으로 왕안석이 이끈 희풍의 당을 소인의 당, 사마광이 이끈 원우의 당을 군자의 당이라고 표현했다. 일반 백성들의 생활을 안정시키는 데 주력했던 왕안석은 소인으로 몰리고, 사대부들의 이익을 대변한 사마광은 군자로 추앙하는 것이 주희의 관점이자 성리학의 관점이었다. 이런 분류에 따르면 고려 말 새 왕조의 개창을 주장했던 세력은 소인의 당이고, 고려 왕조의 존속을 주장했던 세력은 군주의 당이라 해야 한다.

세종은 왕안석을 소인으로 바라보는 성리학의 시각에서 벗어나지 못했다. 이것은 수령고소금지법이나 종모법으로의 환원처럼 백성들의 이익에는 반하지만 사대부들의 이익을 옹호하는 수구적인 정책을 단행한 철학적 배경으로 작용했다.

여기에서 또한 조선 경연 체제의 단점을 알 수 있다. 모든 사상의 장단점을 따지는 토론이 아니라 성리학은 옳다는 전제에서 논의가 진행되다 보니 한계가 있을 수밖에 없었다. 또한 대부분의 성리학자가 극도의 친명 사대주의자라는 점 역시 큰 문제였다.

그러나 임금이 경연에 참석해 당대 제일의 학자들과 경전과 국사에 대해 논의하는 것은 단점보다 장점이 많았다. 세종은 조선 임금들 중에서 경연에 가장 열심히 참여했던 군주다.《국조보감》은 세종의 경연 참석 태도에 대해 이렇게 설명했다.

> 임금이 학문을 좋아해서 게으르지 않았다. 매일 편전에서 정사를 보고 나와서 경연에 임했다. 상왕을 모시고 잔치할 때 외에는 경연을 잠시도 그만둔 적이 없다.

조선의 경연이 고려 말 정도전, 조준 같은 학자들이 참석해 경전을 토론하고 시국 현안을 논의하는 자리였다면 상황은 크게 달라졌을 것이다. 그러나 정도전 등이 제거된 후 조선의 유학자들은 친명 사대주의와 신분제를 주자학의 이념이라고 보고 임금도 이를 따라야 한다고 주장했다. 정도전이 북벌을 추진한 것처럼 명나라는 조선의 국익에 따라 정벌할 수도 있는 나라라는 생각을 유학자들은 꿈에도 하지 않

경연일기. 국립중앙박물관.
경연에서 강의하고 토론한 내용을 기록한 공식 일지. 강독한 책의 제목과 범위, 왕과 신하들의 토론, 현실 정치에 대한 의견 등이 모두 기록되어 있다.

았다. 신분제도 마찬가지였다. 유학자들은 명나라의 모든 제도를 따라야 한다고 주장했지만, 정작 명나라에서 실시하는 종부법은 따르지 않았다. 자신들의 계급적 이익을 위해 친명 사대주의를 주장하고, 종모법을 주장한 것이다. 세종은 사대부들의 이런 자기모순을 간파하지 못했고, 이 때문에 많은 문제를 초래했다.

경연의 여러 풍경

세종과 유학자들의 생각이 일치했던 것만은 아니다. 경연에 참석하는 유신(儒臣)들이 유학 경전에 관심이 많았다면 세종은 역사에 관심이 많았다. 세종 즉위년(1418) 11월 경연에서 《대학연의》를 강론하다가 당나라 문종(文宗) 때 이훈(李訓), 정주(鄭注)와 환관들이 대립했던 '감로(甘露)의 변'에 대해 논의할 때였다.

중국은 고려나 조선과 달리 환관들의 세력이 강력해서 많은 사건이 발생했는데, 감로의 변도 그중 하나다. 이훈과 정주 등은 환관들을 제거하기 위해 좌금오 청사(左金吾廳事) 뒤 석류 나무에 감로(甘露)가 내렸다면서 당 문종에게 구경하러 가자고 청했다. 감로는 천하가 태평하면 하늘이 내려주는 단 이슬을 말한다. 환관들이 문종을 모시고 오면 이훈 등이 매복한 병사들에게 신호를 보내 환관들을 모두 죽여버릴 계획이었다. 그런데 환관들이 이상한 낌새를 눈치채고 거꾸로 이훈과 정주 등을 멸족시킨 사건이 바로 감로의 변이다. 조선 사대부들이 환관의 발호를 경계하면서 자주 인용하던 일화이기도 하다.

세종은 감로의 변을 언급하면서 "만약 일이 성공했다면 어떻게 되었겠는가?"라고 물었다.

탁신(卓愼)이 대답했다.

"이훈은 실로 간사한 인물이지만 만약 환관을 제거했다면 이 역시 통쾌한 일이었을 겁니다."

정초의 견해는 달랐다.

"이훈의 일이 성공하지 못한 것이 당나라의 복입니다. 동탁(董卓)의 일이 거울이 될 만합니다. 이훈이 동탁과 어찌 다르겠습니까?"

동탁은 후한(後漢) 때 권신으로, 대장군 하진(何進)이 십상시(十常侍) 장양(張讓) 등 환관들을 제거하려다 되레 죽임을 당하자 군사를 이끌고 낙양으로 진군해 환관들을 제거하고 정권을 장악했다. 그는 장양 등이 끼고돌던 소제(少帝)를 폐하고 진유왕을 헌제(獻帝)로 세우고 상국(相國) 자리에 올랐는데, 후한은 이때부터 유명무실한 지경으로 추락하고 위·촉·오(魏蜀吳) 삼국시대에 접어들었다. 그래서 세종 또한 "그렇다"라고 정초의 견해에 동조했던 것이다. 환관 세력을 제거한 것만 가지고 높이 평가할 수는 없다는 뜻이었다.

세종은 《대학연의》 강독을 5개월 반 만에 끝내고 나서는 "읽기를 끝냈으나 다시 읽고 싶다"라고 말했다. 《태종실록》 13년(1413) 10월 조에 따르면 세자 양녕은 《대학연의》를 6년 만에 끝냈다. 세종이 《대학연의》를 좋아한 데는 이유가 있었다. 《대학》이 유학 경전인 것과 달리, 송나라 유학자 진덕수(眞德秀)가 편찬한 《대학연의》에는 수많은 역사 사례가 실려 있어서 경전이자 역사서라고 해도 과언이 아니다. 이렇듯 유학 경전과 역사 사례를 함께 배울 수 있기 때문에 세종이 선호했던 것이다.

세종은 즉위 초부터 역사에 대한 선호가 남달랐다. 그래서 경연에서 역사를 강론하고 싶어 했다. 실제로 즉위년 11월에는 "《자치통감(資治通鑑)》을 강론하고자 하는데 어떠한가?"라고 묻기도 했다. 북송(北宋)의 사마광이 편찬한 《자치통감》은 주(周)나라부터 후주(後周)까지 16개국의 역사를 294권으로 편찬한 방대한 역사서다. 조선의 유학자들은 사마광을 극도로 높이고 그와 다투었던 왕안석을 극도로 폄하했다. 그래서 세종은 사마광이 지은《자치통감》을 강독하자고 하면 유신들이 응하지 않을까 생각한 것이다. 그러나 류관(柳觀)이 반대했다.

"《자치통감》은 책의 권수가 너무 많으므로 모두 볼 수 없을까 우려됩니다."

교재를 선택하면 끝까지 완독해야 하기 때문에《자치통감》을 선택할 경우 경연은 역사 전문 강좌가 되기 십상이었다. 경연관 김익(金益)은《자치통감》대신《근사록(近思錄)》을 강독하자고 청했다. 남송의 주희와 여동래(呂東萊)가 편찬한《근사록》은 주자학의 입문서다. 태종이 살아 있는 상황에서 세종은 굳이 유신들과 다퉈가면서까지《자치통감》을 강독하자고 고집하지 않았다. 그래서《근사록》을 강독하는 데 동의했다.

그러나 세종은 재위 2년(1420) 윤1월부터《자치통감강목(資治通鑑綱目)》을 강독하는 것으로 유신들과 절충했다.《자치통감강목》은 주희와 그 문인 조사연(趙師淵) 등이 294권의《자치통감》을 59권으로 요약한 요약본이다. 세종은《자치통감》의 세계에 빠져들었다. 집현전 학사들에게《자치통감》에 주석을 단《통감훈의(通鑑訓義)》, 일명《사정전훈의(思政殿訓義)》를 편찬하게 했을 정도다.《해동야언(海東野言)》은《자치통감》주석본의 모든 구절을 세종이 손봤다고 전할 정도로 세종은《자치통감》에 정통했고, 그만큼 역사에 밝았다.

세종은 친정에 나선 뒤 경연에서 본격적으로 역사서를 강독하려 했다. 재위 7년(1425) 11월 29일, 세종은 대제학 변계량에게 경연에서 사학(史學)을 강독할 만한 자를 뽑아서 보고하라고 명했다. 역사에 밝은 학자를 뽑아 올리라는 지시였는데, 변계량이 보고한 학자는 셋이었다. 직집현전(直集賢殿) 정인지(鄭麟趾), 집현전 응교(應敎) 설순(偰循), 인동(현재 구미) 현감 김빈(金鑌)이 그들이다. 정인지와 설순은 한양에 있으니 별 문제가 없지만 인동에 있는 김빈이 문제였다. 세종은 김빈에게 즉시 집현전 수찬(修撰)을 제수해 한양으로 올라오게 했다. 김빈은 역사에 밝다는 이유로 지방관에서 하루아침에 경관(京官: 한양의 벼슬아치)이 되었다. 세종은 이들 세 학자에게 여러 사서(史書)를 나누어 읽고, 자신이 역사에 대해 물을 때 자문하게 했다. 김빈이 역사에 밝다는 이유로 경관을 제수받자 신하들 사이에서 역사 공부 열풍이 일었다. 세종도 이런 효과를 노리고 김빈을 집현전 수찬에 제수한 것이다. 이에 앞서 세종이 예문제학(藝文提學) 윤회(尹淮)에게 집현전 신하들에게

자치통감강목, 국립중앙박물관.
세종 2년(1420) 경연청에서 실제로 사용한 《자치통감강목》. 세종은 경연에서 신하들과 함께 읽고 토론할 책으로 《자치통감》의 요약본인 《자치통감강목》을 가장 선호했다.

역사서를 읽게 하려는 뜻을 밝힌 적이 있었다.

"내가 집현전 선비(儒士)들에게 여러 역사서를 나누어주어 읽게 하려 한다."

유학자인 윤회가 반대했다.

"안 됩니다. 무릇 경학(經學)이 먼저이고 사학은 그다음입니다. 오로지 사학만 닦게 해서는 안 됩니다."

세종은 불만을 토로했다.

"내가 경연에서 《좌전(左傳)》, 《사기(史記)》, 《한서(漢書)》, 《강목(綱目)》, 《송감(宋鑑)》에 실린 고사(古事)를 물으니 모두 알지 못했다. 지금 유학자(儒者)들이 경학을 닦았다고 하지만 그 이치를 궁구(窮究)하고 마음을 바르게 가진 선비(正心之士)가 있다는 말을 듣지 못했다."

세종은 신하들이 유교 경전만 읽고 역사서를 읽지 않는 것에 불만을 느꼈다. 그래서 역사에 밝은 학자들을 따로 뽑고 김빈을 경관으로 끌어올렸던 것이다.

집현전 출신의 서거정(徐居正)은 《필원잡기(筆苑雜記)》에서 세종이 《좌전(左傳)》과 《초사(楚辭)》를 백 번도 더 읽었다고 말했다. 《춘추좌씨전(春秋左氏傳)》의 준말인 《좌전》은 좌구명(左丘明)이 공자가 저술한 역사서 《춘추(春秋)》에 주석을 붙인 주석서다. 세종은 유학의 종주(宗主)인 공자의 진짜 사상을 알려면 그가 직접 쓴 《춘추》를 읽어야 한다고 생각했다. 그래서 《춘추》와 그 주석서인 《좌전》을 백 번도 더 읽은 것이다.

전한(前漢)의 유향(劉向)이 편찬한 《초사》는 굴원(屈原)과 송옥(宋玉) 같은 초나라 사람들의 글을 모은 책인데, 이 역시 역사서라고 해도 과언이 아니다. 굴원의 생애 자체가 역사이기 때문이다. 굴원은 전국시대 초나라 왕족의 후손으로, 초 회왕(懷王) 때 사람이다. 당시 제(齊), 초(楚), 연(燕), 조(趙), 한(韓), 위(魏), 진(秦) 등 전국(戰國) 칠웅(七雄)은 각각 합종연횡하면서 세력을 확장했다. 지금의 중국 남중서부 안휘성, 호북성, 산서성 등에 자리 잡고 있던 초나라는 대체로 동쪽에 있는 지금의 산동반도에 있는 제(齊)나라와 연합할 것인지, 지금의 섬서성 등 북쪽에 있는 진(秦)나라와 연합할 것인지를 두고 논란이 거셌다. 동쪽의 제나라와 연합해 진나라에 대항해야 한다는 것이 합종설(合從說)로, 바로 굴원이 주창한 외교 노선이었다. 그러자 진나라는 굴원의 합종설에 맞서 장의(張儀)를 파견해 진나라와 연합해야 한다는 연횡설(連橫說)을 주장했다. 초 회왕은 근상(靳尙) 같은 측근들의 말을 중시해 연횡설을 받아들이고 합종설을 주장한 굴원을 쫓아냈다. 이후 회왕은 중심을 못 잡고 우왕좌왕하다가 끝내 진나라에서 객사하는 신세로 전락했다. 회왕이 죽은 뒤 장남 경양왕(頃襄王)이 즉위했지만 회왕을 객사하게 한 장본인인 막내 자란(子蘭)이 영윤(令尹: 재상)이 되어 정권을 장악하자 굴원은 또다시 유배 가는 신세가 되었다. 잇따른 불행에 좌절한 그는 결국 멱라강에 뛰어들어 자결했다.

세종은 제왕의 가장 중요한 덕목 중 하나가 굴원같이 능력 있고 덕 있는 인재들이 억울하게 쫓겨나지 않게 하는 것이라고 생각했다. 그리고 능력과 덕을 겸비한 인재를 발탁하는 안목은 역사서를 통해 길러진다고 봤다. 재위 23년(1441) 6월 28일, 세종은 정인지 등에게 이렇게 말했다.

"무릇 정치를 하려면 반드시 전대(前代) 치란(治亂)의 자취를 보아야 하고, 그 자취를 보려면 오직 사적(史籍)을 상고해야 한다."

정치를 하려면 반드시 앞선 시대의 다스려지고 어지러워졌던 자취를 살펴봐야 한다는 말이다. 이는 앞선 왕조의 사례에서 무엇이 잘되고 무엇이 잘못되었는지를 파악해서 현실에 적용해야 한다는 의미다. 이날 세종이 이런 말을 한 이유가 있었다.

"진실로 사람이 학문에 있어서 박람(博覽: 책을 널리 봄)하기가 어려운데, 하물며 임금이 만기(萬機)를 보살피는 여가에 어찌 박람할 수 있겠는가? 경(卿)이 역사서들을 상고하고 열람해서 그 선하고 악한 것 중에서 선을 권장하고 악을 징계할 만한 것을 뽑아 책으로 만들어 편하게 읽게 함으로써, 후세 자손으로 하여금 영원한 거울이 되게 하라."

세종은 《자치통감》처럼 역사서에 거울 감(鑑) 자를 붙이는 이유를 잘 알고 있었다. 역사는 자신을 비추는 거울이다. 또한 역사서를 읽는 것은 착한 일을 권장하고 악한 일을 징계하는 수단이기도 했다.

세종은 편찬 명령을 내리면서 책 제목까지 내려주었다. 《치평요람(治平要覽)》이 그것이다. 중국 주나라부터 원나라까지의 역사를 수록했는데, 세종은 중국 역사만 알아서는 안 된다고 생각했다.

"동방의 건국도 오래되었으니 흥폐존망(興廢存亡) 또한 알지 않을 수 없다. 아울러 편찬해서 넣되 너무 번잡하게 하지도 말고 너무 간략하게 하지도 마라."

유학자들은 대부분 중국사만 중시했는데 세종은 달랐다. 세종은 우리 역사도 중시했다. 만약 세종이 주체적인 관점과 신분제 해체 사상을 가진 학자들과 경연에서 어우러졌다면 완벽한 군주가 되었을 것이다. 세종은 국왕의 학문이 유학에 국한되어서는 안 된다는 생각을 갖고 있었기 때문이다.

이런 생각을 가지고 있던 세종은 경연에서 풍수학(風水學)을 강론하려고 했는데, 유학자들의 반대가 극심했다. 세종이 풍수에 관심을 갖게 된 것은 태종과 부인 원경왕후 민씨의 무덤인 헌릉 때문이었다.

세종 15년(1433) 7월 22일 전 서운장루(書雲掌漏) 최양선(崔揚善)이 헌릉에 대해 올린 상서 때문에 조정이 갑론을박으로 들끓었다. 헌릉을 안장한 주산에 벌의 허리처럼 잘록한 봉요(蜂腰)가 있었는데, 여기에 천천(현재의 경기도 광주)으로 가는 큰길이 있어서 사람들이 많이 오갔다. 최양선은 이 길이 헌릉의 맥을 끊기 때문에 길을 막고 다시 덮어 산맥으로 만들어야 한다고 주장했다. 그러자 행부사직(行副司直) 고중안(高仲安)과 이양달(李陽達) 등이 반박하는 상소를 올려 봉요에 길을 내는 것은 해롭지 않다고 반박했다.

서로 상반된 주장 앞에서 세종은 헷갈렸다. 백성들을 위한다면 고중안, 이양달의 주장을 받아들여야 했다. 길이란 사람이 다니기 편한 곳에 생기게 마련인데, 헌릉이 있다고 해서 길을 막으면 백성들을 위하는 정치라 할 수 없었다. 그러나 왕가의 계승자로서 헌릉의 봉요에 길이 있는 것이 좋지 않다는데 그냥 묵과할 수도 없었다. 여러 의견을 들어보았으나 대체로 봉요에 길이 있는 것이 해롭지 않다고 말했지만 다른 의견도 있었다. 세종은 자신이 경연에서 직접 풍수를 배워 의혹을 해소하기로 했다.

"역대 성왕들을 보면 두루 통하지 않은 곳이 없어서 천문과 지리도 그 이치를 강구하지 않은 곳이 없었다."

세종은 집현전 유신들을 데리고 이양달 등과 풍수의 이치를 강론하겠다면서 풍수에 밝은 자를 널리 선택해서 보고하게 했다. 지신사 안숭선 등이 즉각 반대했다.

"경연은 오직 성현의 학문을 강론함으로써 다스림의 근원을 밝히기 위한 것입니다. 풍수학은 잡기(雜技) 중에서도 가장 황당하고 어지러운 것이니, 경연에 참여시킬 수 없습니다."

'성현의 학문'이란 유학 경전을 뜻한다.

세종은 "비록 그렇더라도 그 근원을 궁구하지 않을 수 없다"며 뜻을 굽히지 않았다. 이 문제는 태종의 무덤인 헌릉으로 인해 불거졌기 때문에 유신들도 무작정 반대만 할 수는 없었다. 자칫 왕실의 존폐에 관한 민감한 문제가 될 수도 있었기 때문이다. 그래서 안숭선 등은 풍수에도 밝고 경학에도 밝은 신하를 선택해서 강론하게 하되, 유학에 밝은 유신(儒臣)을 제조(提調)로 삼아 총괄하게 하자고 제안했다. 이에 따라 예문제학 정인지가 제조가 되고, 집현전 부교리 이명겸(李鳴謙) 등이 학관(學官)이 되어 경연에서 풍수를 강독하게 했다.

풍수를 강독함으로써 경연을 모든 국정 현안을 연구하고 그 대책을 수립하는 장으로 만들겠다는 세종의 의지는 관철됐다. 경연이 실생활과 동떨어진 공자의 지당한 말씀이나 주자의 경전 해석만 논의되는 자리가 되어서는 안 된다는 것이 세종의 생각이었다. 서당이나 양반가의 사랑방에서라면 몰라도 임금과 신하들이 모이는 경연은 모든 국정 현안이 연구되고 논의되고 결정되는 자리여야 했다. 세종은 경연을 국정의 모든 현안이 논의되는 장소로 만들었고, 실제로 그렇게 운영되었다. 문제는 경연에서 백성들의 이해를 대변하는 사대부를 찾기 힘들다는 점이었다.

집현전을 만든 뜻

세종은 타고난 책벌레였다. 《국조보감》에는 세종의 독서 습관에 대한 언급이 나와 있다.

세종은 잠저(潛邸: 즉위 전 사저)에 있을 때는 물론 즉위 후에도 손에서 책을 놓지 않았으며, 진선(進膳: 식사) 때도 반드시 책을 좌우에 펼쳐놓았다.

세종에게 독서는 남은 시간에나 하는 소일거리가 아니라 일상이었다. 세종의 〈신도비 지문(誌文)〉은 세종이 사고(四鼓: 오전 2~4시)에 일어나 평명(平明: 해 돋을 무렵)에 조회를 받는 등 숨 쉴 틈 없이 정사에 매진하다가 내전(內殿: 왕비의 거처)에 들어가서도 서적을 보는 등 조금도 나태하지 않았다고 말한다.

그러나 세종은 직접 글을 짓고 책을 쓰는 집필에는 전혀 신경 쓰지 않았다. 집현전 출신인 서거정은 《필원잡기》에서 세종이 이렇게 말했다고 전했다.

"독서는 유익하지만 글씨를 쓰거나 글을 짓는 것은 임금으로서 유의할 필요가 없다."

세종은 독서를 통해 방대한 지식 체계를 쌓고 이 지식을 국정에 반영하는 것이 국왕의 할 일이라고 생각했다. 글 짓는 것은 관련된 신하들에게 맡기면 된다고 생각했다. 세종은 또한 국가가 한 단계 도약하기 위해서는 군주뿐만 아니라 모든 벼슬아치가 독서가가 되어야 한다고 생각했다. 모든 벼슬아치가 방대한 독서와 사색을 통해 얻은 지식으로 업무를 수행해 나가야 한다고 생각했다. 그중에서도 나라의 미래를 짊어지고 나갈 젊은 관료들을 지식인으로 양성하는 것이 중요하다고 보았다. 과거 급제를 끝으로 학문과 담 쌓는 것이 아니라 급제 후에도 계속 학문을 연구하게 만드는 체제를 갖추는 것이 중요하다고 생각했다. 그래서 만든 것이 집현전이다.

《신당서(新唐書)》〈백관지(百官志)〉에 집현전서원(集賢殿書院)이란 항목이 있다. 집현전서원은 일종의 국립도서관이자 학술연구기관이다. 《신당서》와 《당육전(唐六典)》 등에 집현전서원의 유래가 나와 있다. 당나라 전성기 때인 현종 개원(開元) 5년(717) 전국의 모든 서적을 수집해 건원전(乾元殿)에서 정리했는데, 그 후 건원전을 여정수서원(麗正修書院)으로 삼았다가 개원 13년(725) 4월 여정수서원을 집현전서원(集賢殿書院)으로 개칭하고 5품 이상을 학사(學士), 6품 이하를 직학사(直學士)로 삼고 재상 한 명을 학사지원사(學士知院事)로 삼아서 총괄하게 했다. 당나라 집현전은 전국의 도서를 모아놓은 국립도서관일 뿐만 아니라 서적을 수찬하고 학술을 연구 전파하는 학술기관의 역할을 수행하는 한편, 경세치용(經世致用)하는 인재들을 기르는 교육기관의 역할도 담당했다. 집현전은 문치를 표방한 송나라 때도 그대로 이어졌다. 송나라는 개국 초기에 사관(史館), 소문관(昭文館), 집현전서원을 합쳐 삼관(三館)으로 삼고 숭문원(崇文院)이란 이름을 내렸는데, 이것이 곧 송나라의 국립학술연구기관이다.

집현전은 세종이 처음 만든 것이 아니다. 《고려사》 인종 16년(1138) 5월 조에 연영전(延英殿)을 집현전(集賢殿)으로 바꾸었다는 기록이 나

경복궁 수정전. 문화재청.
근정전 서쪽, 경회루 남쪽에 위치한 전각으로, 세종 때는 바로 이곳에 집현전을 설치했다. 임진왜란 때
불탔다가 고종 때 중건되어 왕의 편전으로도 사용되었다. 보물 제1760호로 지정되었다.

오는 것처럼, 고려 때도 집현전이 있었다. 그러나 《태종실록》 17년
(1417) 1월 조에 "집현전은 그 이름만 있을 뿐 실상이 없다"라고 기록
돼 있는 것처럼 이름뿐인 유명무실한 기관이었다. 세종은 유명무실한
집현전을 젊은 관료들을 재교육하는 기관으로 탈바꿈시키기로 마음
먹었다. 세종의 이런 생각에 구체적 동기를 부여한 인물이 좌의정 박
은이다.

세종 1년(1419) 2월 16일, 좌의정 박은이 주청했다.

"문신(文臣)을 선발해 집현전에 모아 문풍(文風)을 진흥시켜야 하니

다. 문과는 어렵고 무과는 쉽기 때문에 자제(子弟)들이 무과로 달려가니, 지금부터는 무과도 《논어》, 《맹자》, 《중용》, 《대학》 등 사서(四書)를 통달한 후에 응시할 수 있도록 허락해야 합니다."

세종은 이 건의를 아름답게 여기고 받아들였으나 집현전에 대한 후속 조치가 나오지 않았다. 이후 열 달 동안 아무런 후속 조치가 없자 그해 12월 세종이 직접 이 문제를 거론했다.

"일찍이 집현전을 설치하자는 의견이 있었는데 왜 다시 아뢰지 않는가? 선비(儒士: 유사) 10여 명을 가려 뽑아 매일 모여서 강론하게 하라."

그 결과, 세종 2년(1420) 3월 16일 집현전이 재탄생했다. 이전에는 고려 때의 제도를 그대로 따라서 수문전(修文殿), 집현전(集賢殿), 보문각(寶文閣)을 두었다. 이 기관들의 대제학과 제학은 2품 이상으로 임명하고 직제학, 직전, 직각은 3, 4품으로 임명했으나 문제는 관청도 없고 맡은 직무도 없는 명목상의 관청이고 관직이라는 점이었다. 그래서 세 기관을 집현전 하나로 통일하고 영전사(領殿事) 두 사람은 정1품, 대제학 두 사람은 정2품, 제학 두 사람은 종2품으로 삼아 겸직시켰다. 또한 의정부의 정1품 정승이나 종1품 찬성 등 최고위직을 포진시킴으로써 집현전의 위상을 대폭 높였다. 겸임이 아닌 전임으로는 정3품 부제학, 종3품 직제학, 정4품 직전(直殿), 종4품 응교(應敎)부터 정8품 저작(著作)과 정9품 정자(正字)까지 고르게 포진시켰다. 이들은 모두 경연에 참석하는 경연관(經筵官)을 겸임시켰다.

왕조 국가에서 경연관을 겸임한다는 것은 큰 영광이다. 특히 젊은 문신의 경우, 자신의 학문 실력을 임금 앞에서 직접 펼칠 기회가 열리는 것이니 출세의 지름길이 될 수도 있었다. 물론 박학하지 않고 학문에 깊이가 없으면 곧 밑천이 드러나 탈락할 수밖에 없었다. 집현전에 적을 두고 있으면 밤새 공부하지 않을 도리가 없었다. 조선 초기 학문이 뛰어난 선비들을 뜻하는 '집현전 학사'라는 말은 이렇게 탄생했다.

집현전 학사에게 요구되는 자질은 학문만이 아니었다. 학문은 기본이고 착한 행실을 함께 갖추고 있어야 했다. 뛰어난 학문과 착한 행실을 '재행(才行)'이라고 하는데, 착한 행실의 기초는 부모에게 효도하고 나라에 충성하는 것이었다. 《예기(禮記)》 〈예운(禮運)〉 편에 대동사회에서는 벼슬아치를 뽑을 때 "어질고도 능력이 있는 자를 뽑는다(選賢與能)"라는 말이 있는데, 집현전 학사들의 선발 기준이 바로 그런 것이었다.

집현전 학사들은 경연관을 겸임하고 임금의 자문에 대비해야 하니 자나 깨나 공부하는 것은 물론 한시도 긴장을 늦출 수 없었다. 손에서 책을 놓지 않는 군주와 한자리에 앉아서 학문과 정책을 토론해야 하니 자연히 공부하지 않을 수 없었다. 고위 관료들은 젊은 집현전 학사들에게 뒤지지 않기 위해 또한 열심히 공부하지 않을 수 없었다. 이렇게 세종은 자신은 물론 모든 신하가 공부에 매진하지 않을 수 없는 조정을 만들었다.

그런데 이렇게 일상적으로 공부에 매진하다 보면 큰 흐름을 놓칠 수 있었다. 매일매일 현안에 대한 연구에 몰두하다 보면 나라가 나아가야 할 큰 길에 대한 관점을 놓칠 수도 있었다. 그래서 세종은 젊은 학자들이 공무에 대한 부담 없이 공부만 할 수 있는 제도를 마련해야겠다고 생각했다. 이것이 바로 사가독서(賜暇讀書) 제도다. 사가독서는 관청에 나오지 않고 집에서 독서에만 전념하는 제도다.

세종은 재위 8년(1426) 12월 집현전 부교리(副校理) 권채(權採), 저작랑(著作郎) 신석견(辛石堅) 등을 불러 이렇게 말했다.

"내가 너희들을 집현관원으로 제수한 것은 연소하여 장래가 기대되므로 오직 독서를 시켜 실효가 있게 하려는 것이었으나 각자 직무 때문에 아침저녁으로 독서에 전념할 겨를이 없었다. 지금부터는 집현전에 출근하지 말고 집에서 오직 독서에 전념함으로써 성과를 나타내 내 뜻에 부응하라. 독서 규범에 대해서는 변계량의 지휘를 받으라."《세종실록》8년 12월 11일)

변계량의 지휘를 받게 한 것은 사가독서가 봉급 받고 놀라는 뜻이 아님을 분명히 한 것이다. 사가독서는 요즘의 교수 안식년제와는 사뭇 다른 제도였다. 사가독서의 '사목(事目: 세부 규칙)'에 따라 그달 그달 자신이 읽은 것을 보고해야 했다.《국조보감》성종(成宗)조에 전하는 사가독서 사목을 보자.

각자 자신이 읽은 경사(經史)의 권수를 매 계절의 첫 달에 적어서 아뢴다. 매달 세 차례 제술(製述: 논문 저술)하되 예문관 관원의 월과(月課)와 동시에 제술하고 성적을 매겨서 시상하는 것도 예문관의 규례대로 시행한다.

1년에 네 차례씩 매 계절의 첫 달에 자신이 읽은 경전과 역사서를 적어서 보고하고 매달 세 차례씩 그간 읽은 것에 대한 논문을 제출하고 평가받아야 했다. 출근하지 않는다고 해서 쉬는 것이 아니라 출근할 때보다 더 열심히 독서할 수밖에 없었다. 대신 사가독서하는 선비들은 "정조(正朝: 새해 첫날)와 동지(冬至), 큰 경사와 큰 하례 때 이외에는 조정 행사에 한 번도 참석하지 마라"라고 해서 조정의 모든 행사에 참석하지 않아도 되도록 면제시켜주었다.

변계량의 지휘를 받게 한 것도 이유가 있었다. 변계량이 태종 때 젊은 유생 한두 명을 선발해 고요한 곳에서 독서하게 하자고 청한 적이 있었기 때문이다. 이때 변계량은 젊은 유생 한두 명을 선발해《중용》과《대학》에 대한 주석과 각 학자들의 문답집을 깊게 연구하게 하자면서 그중 한 명으로 권채가 좋겠다고 추천했다. 권채는 권근(權近)의 조카다. 태종은 이때 두 가지 책만 읽으면 다른 책은 공부하지 못할까 우려해서 따르지 않았다.

세종 12년(1430) 5월, 권채가 경연의 검토관(檢討官)이 되자 세종은 "그대들은 글을 읽은 지 이미 오래다.《중용》과《대학》에 익숙해졌느냐, 그렇지 못하였느냐?"라고 물었다.

권채가 대답했다. "《중용》과《대학》은 변계량의 말을 좇아서 3년 동안 읽었고, 지난해 봄부터는 비로소《논어》,《맹자》,《오경(五經)》을 읽었습니다. 그러나 신은 본시 성품이 날래지 못해서 학문이 정숙하지 못합니다."

여기서 '읽었다'는 것은 경전의 본문만을 뜻하는 것이 아니었다. 이들 경전에 대한 역대 선유(先儒)들의 해석과 주석까지 모두 폭넓게 읽었다는 뜻이었다. 세종이 말했다.

"《두시》(杜詩: 두보의 시) 같은 것은 풍월을 읊조리는 것이므로 유자(儒者)의 정식 학문이 아니지만 읽지 않는 것이 불가하다. 그대들은 더욱 학문에 힘써서 두보의 시와 한유(韓愈), 유종원(柳宗元) 등의 책들도 모두 익히는 것이 좋을 것이다."

　두보와 한유, 유종원은 모두 당나라 때 문학가다. 시성(詩聖) 두보의 시는 우국충정의 시라 불릴 정도로 그릇된 시대를 아파하는 구절이 많다. 한유는 불교 신자였던 당 헌종을 비판하는 상소를 올렸다가 좌천된 적이 있고, 유종원은 당 순종 때 개혁정치가인 왕숙문(王叔文)과 가까이 지내다가 왕숙문이 실각하면서 지방으로 좌천되어 끝내 중앙에 복귀하지 못했다. 이들은 모두 나라에 대한 충성심으로 학문하고 행동했던 인물들이다.

　당나라의 한유, 유종원과 송나라의 구양수(歐陽修), 소순(蘇洵), 소식(蘇軾), 소철(蘇轍), 증공(曾鞏), 왕안석 등을 당송팔대가(唐宋八大家)라고 하는데, 세종은 유학 경전만 보지 말고 이런 인물들의 책도 폭넓게 보면서 공부하라고 권고했다.

　세종은 집에서 독서하게 되면 각종 집안일에 시달릴 것을 우려해 재위 24년(1442) 신숙주(申叔舟), 성삼문(成三問) 등 여섯 명을 한양 북부의 진관사(津寬寺)에 들어가 독서하게 했는데, 이것이 고적한 산사에 올라가 독서하는 상사독서(上寺讀書)다. 이때 학사들의 독서 장소는 독서당(讀書堂)이라 불렸다.

　집현전 학사들이 수양대군이 즉위한 데 대거 반발해서 단종 복위 기도 사건(사육신 사건)에 다수 가담한 것은 폭넓은 학문을 통해 부모에 대한 충성, 나라에 대한 충성과 의리를 숭상하는 세계관을 갖게 되었기 때문이다. 집현전과 사가독서 출신 중에서 충신과 인재가 많이 나온 것 또한 출세를 위한 학문이 아니라 진정 자신과 세상을 위한 학문이 무엇인지 고민한 학문 체제가 있었던 덕분이다.

세종은 독서를 바탕으로 한 지식 경영으로 나라를 이끄는 군주만이 성공할 수 있다고 생각했다. 그래서 군주로서 자신이 끊임없는 독서로 만민의 모범을 보이고, 여러 신하에게도 독서에 매진할 것을 요구했다. 단순하게 요구만 한 것이 아니라 독서에 몰입할 수 있는 체제를 만들었다. 그 결과, 조선은 끝없이 공부하는 지식인이 성공하는 사회가 되었고, 이에 맞춰 천하의 인재들이 경쟁하듯 공부에 힘썼다. 단순히 출세를 위해 공부한 것이 아니라 부모에게 충성하고 나라에 효도하며 강자에게 강하고 약자에게 따뜻한 진유(眞儒)가 되기 위해서 노력했다. 비록 신분제라는 계급 의식 속에 갇혀 있기는 했지만 그 안에서나마 진정한 지식인이 되기 위해서 노력했다. 그렇게 조선은 공부하는 나라가 되어갔다.

신분제를 둘러싼 충돌

태조의 핏줄이라도 서자라면

세종 14년(1432) 4월 4일, 사간원의 상소를 읽은 세종의 얼굴이 굳어졌다. 사간원의 상소는 이선(李宣)의 과거 응시를 막아달라는 내용이었다.

과거 제도를 설치한 것은 인재를 뽑기 위함입니다. 또한 적자와 서자를 구분하는 것은 명분(名分)을 바로잡기 위함입니다. 이 중 하나라도 마땅한 바를 잃어서 부정(不精)한 사람을 뽑아 쓰면 명분이 문란해질 것입니다. 우리 나라는 거자(擧子: 과거 응시자)의 성명을 기록할 때 반드시 보결(保結: 보증서)을 받고 나서 응시하는 것을 허가하는 등 선비를 취하는 법이 엄격합니다. 지금 이선이 나라에서 치르는 시험에 응시했으니, 선비를 엄중하게 선발하는 도리에 어떠하겠습니까? 이선이 이미 3품에 이르렀는데 하필이면 급제한 후에야 세상에 쓰인 것을 보일 수 있겠습니까? 엎드려 바라건대 그가 과거에 응시하는 것을 금지시켜서 명분을 바르게 하시면 공도(公道)에 큰 다행이겠습니다.

세종은 이 상소에 불만이 많았다.
"지금 상소를 보았는데, 그 뜻을 모르겠다."
물론 세종이 진짜 상소의 뜻을 몰라서 하는 말이 아니라는 사실은 세종은 물론 사간원도 알고 있었다. 사간원 우헌납(右獻納) 이사증(李師曾)이 답했다.
"이선은 관직이 3품에 이르렀으니 비록 과거에 급제하지 않더라도 세상에 쓰인 것이 스스로 드러났습니다. 적자와 서자의 구분을 바르게 하지 않을 수 없습니다."
"너희들의 뜻을 나는 아직도 모르겠다."
세종은 사간원에 교지를 내렸다.

너희들은 용서할 수 없는 죄를 지었으니 다시 말하지 말고 집으로 돌아가라.

사간원의 간원들을 모두 집으로 돌려보낸 것이다. 그런데 이것으로 끝이 아니었다. 세종은 의금부에 전지를 내려 수사를 지시했다.
"간원(諫員: 사간원 관리)들이 이선이 서얼이라는 이유로 과거에 응시하지 못하게 하자고 청했다. 임금의 자손을 서얼이라 칭하고 그 벼슬길을 막으려 했으니 그 정상을 국문해 보고하라."

세종은 지신사 안숭선에게 명했다.

"내일 아침 직접 의금부에 가서 국문하라."

사간원의 간원들은 임금에게 간쟁하는 것이 주요 임무 중 하나다. 사간원에서 상소를 올렸다고 의금부에 하옥시켜 국문하는 것은 이례적인 일이었다. 세종이 화를 낸 데는 까닭이 있었다. 바로 이선의 신분 때문이었다.

이선은 본관이 개성으로, 그의 아버지 이등(李登)은 태조 이성계와 찬덕 주씨(贊德 周氏) 사이에서 난 의령옹주(義寧翁主)의 남편 계천위(啓川尉)다. 이등의 아버지 이덕시(李德時: 이개로 개명)는 개국 원종공신이다. 이등이 태조 이성계의 사위이니 이선은 태조의 외손주다. 왕조를 개창한 태조 이성계의 피가 흐르는 왕족인데도 서자라는 이유로 과거 응시 자격을 박탈하려고 하자 세종이 화를 낸 것이다.

세종이 이선 문제로 화를 낸 것은 이번이 처음이 아니었다. 이선은 당초 전 지평주사(知平州事) 평득방(平得邦)의 딸과 혼인하기로 약조했는데, 나중에 평득방이 혼인 약조를 파기했다. 집이 가난하다는 이유에서였다. 세종은 재위 1년(1419) 2월 이 소식을 듣고 화를 냈다.

"이승의 아들 이선은 태조께서 사랑하시던 외손자이고, 그 어미는 비록 천하지만 나의 누이(吾妹)이니 나 역시 그를 사랑한다."

그 어미 의령옹주는 세종에게 고모가 되는데 왜 누이(妹)라고 했는지 알 수 없지만, 세종은 평득방을 의금부에 가두고 그 사유를 문초하게 했다. 평득방 등이 혼약을 파기한 것은 이선의 가계가 천인이기 때문이었다. 이등의 부친 이덕시는 궁궐에 소속된 노비인 내노(內奴) 신분이었다. 그는 조선 왕조 개창에 한몫한 공으로 의성고 별감(義成庫別監)이 되었고, 그 아들 이등은 장군이 되었다. 그런데 정종 2년(1400) 7월, 장군들이 모여서 군사에 관한 일을 논의하던 장군방(將軍房)에서 장군방 방주(房主) 박동미(朴東美)와 장무(掌務) 김성미(金成美)가 이등의 계보가 내료(內僚: 환관이나 궁중의 종)라는 이유로 함께 앉아서 논의하는 회좌례(會坐禮)를 행하지 않았다. 이에 크게 분노한 태상왕(태조)이 정종에게 말해 장군방을 혁파한 일도 있었다. 이후 장군방은 태종이 재위 6년(1406) 호군방(護軍房)으로 부활시켰지만, 창업 군주의 핏줄까지 차별할 정도로 사대부들의 특권 의식은 뿌리 깊음을 보여준 사건이다.

이선은 세종 때 종친과 외척 등을 관장하는 돈녕부(敦寧府) 주부 등의 벼슬을 역임했는데, 장군이었던 부친과 달리 학문을 좋아했다. 그래서 왕족이 받는 벼슬에 만족하지 않고 정식 과거를 치러 실력을 입증받으려다가 사간원의 저지를 받은 것이다. 과거에 응시하려면 사대부 집안의 적자임을 증명하는 보결이 있어야 하는데, 이것이 없다는 이유였다. 세종은 다음 날 상참을 받고 정사를 보다가 이 사안을 언급했다.

"간원들이 이선이 선왕의 서얼이라는 이유로 과거 응시를 막은 것을 나는 매우 그르게 여긴다. 과거는 인신(人臣)이 벼슬길에 나가는 문으로서 비록 국가가 중하게 선발하지만, 이선은 선왕의 자손이니 과거에 응시하는 것을 반드시 막을 수는 없다. 하물며 임금의 자손이니 비록 서자라 하더라도 인신의 서자와 같게 논할 수 없다. 내가 태조, 태종의 마음을 깊이 본받아 그를 매우 사랑해서 보살폈고, 선 또한 배우기를 좋아하여 게을리하지 않으므로 내가 그의 급제를 바란 지 오

래다."《세종실록》14년 4월 5일)

세종의 질책에 의정부 찬성 허조가 답했다.

"간원들의 상소가 잘못되었습니다."

그래서 이선은 과거에 응시할 수 있었고, 급제했다. 크게 기뻐한 세종은 이선에게 쌀 10석을 내렸다. 이선은 이후 요직 중의 요직인 이조참의를 거쳐 예조참판과 공조판서를 역임하고 문종 때 학문에 뛰어난 학자만 역임할 수 있는 예문관 대제학까지 역임했다.

세종이 상참 후 이선에 대해 "임금의 자손이니 비록 서자라 하더라도 인신의 서자와 같게 논할 수 없다"라고 한 말은 이중적인 의미가 있다. 임금의 서자를 인신의 서자와 같게 대할 수 없다는 말은 왕가는 특수하다는 뜻이다. 이 말은 인신의 서자는 차별받는 것이 마땅하다는 의미를 내포하고 있다. 이 사건은 국왕의 서손까지도 신분제의 틀 속에 넣어 차별하려던 사대부들의 생각과 왕가는 특수하다는 세종의 생각이 서로 부딪친 사건이었다. 그러나 이 사건은 세종이 속한 왕가의 특수성만 인정하는 것으로 정리될 사건이 아니었다. 왕가는 물론 사대부가의 서자도 능력만 있다면 과거 응시 자격을 주고 벼슬에 등용하는 것이 나라를 위해 바람직한 방향이었다. 숭명 사대주의 유학자들이 추종하는 명나라는 서자를 차별하지 않는데, 조선만 서자를 차별하는 것은 그들의 주장에 어긋난다고 꾸짖어야 했다. 그러나 세종은 서자에 대한 차별을 제도적으로 혁파하는 대신 왕가의 서자들만 차별에서 벗어나게 하는 것으로 만족했다. 그래서 사대부가의 서자들은 능력이 있는데도 신분제 때문에 계속 신음해야 했다.

무관과 기술직은 천인도 가능하다

세종은 태조 6년(1397) 4월 10일 태어났다. 조선 왕조에서 세종은 왕족으로 태어나 왕이 된 첫 번째 인물이다. 태조, 정종, 태종은 모두 왕가가 아닌 민간에서 태어나 왕후장상(王侯將相)의 씨가 따로 있지 않은 격동기를 온몸으로 겪으며 새 왕조를 개창하고 왕위를 물려받았다. 그러나 세종 이도는 태어날 때부터 왕족이었다. 게다가 두 살 때 부친 방원이 무인난(왕자의 난)에 승리하면서 사실상 임금이 되었다. 왕후장상의 씨가 따로 있는 환경에서 나고 자란 것이다. 그래서 세종은 가문과 신분을 중시했는데, 이 점이 부친과 달랐다.

태종은 재위 15년(1415) 이렇게 말했다.

"만약 경제(經濟)의 재주가 없다면 비록 문벌이 있어도 치체(治體: 나라를 다스리는 법도)에 무슨 이익이 있겠는가?"

문벌보다 중요한 것이 세상을 구하는 경제의 재주라는 말이다. 태종은 부마를 간택할 때도 높고 귀한 가문을 선호하지 않았다. 태종은 재위 15년 막내 딸 정선궁주(貞善宮主)의 부마를 간택할 때 대언 등에게 4, 5품 이하 사부(士夫)의 집 아들 중에서 골라 아뢰라고 명령했다. 태종은 이때 이렇게 말했다.

"문벌의 가문은 교만하고 부귀한 것이 습관이 되어 망하지 않은 자가 적다."

대대로 귀한 가문의 자손은 교만해서 망하기 십상이란 뜻이다. 조선을 개창한 후에도 마찬가지였다. 태종의 장녀 정순공주의 남편인

청평군 이백강(李伯剛)의 부친은 이거이(李居易)였고, 둘째 딸 경정공주의 남편인 평양군 조대림(趙大臨)의 부친은 조준이었다. 이거이는 조영무(趙英茂)에게 "상왕 정종을 다시 모셔야 한다"라고 말해서 사형 위기에 몰렸다가 이성계의 도움으로 겨우 살아났고, 조대림은 목인해(睦仁海)의 무고를 받아 사형 위기에 몰렸다가 겨우 살아났다.

그래서 태종은 정선공주의 부마를 선택할 때 4, 5품 이하 사대부 집 아들 중에서 간택하라고 명한 것이다. 그래서 간택된 인물이 우의정 남재(南在)의 손자 남휘(南暉)였다. 남재는 동생 남은(南誾)과 함께 형제가 모두 개국 일등공신이었지만 남은은 제1차 왕자의 난 때 정도전 측 핵심 인물로 제거되어서 태종의 자리에서 보면 허물이 있었다. 남재는 정도전과 자신이 아무런 관계도 없음을 밝히기 위해서 정종이 즉위한 직후 대궐 뜰에 서서 크게 외쳤다.

"지금 곧 정안공(靖安公: 이방원)을 세자로 세우는 것이 마땅하다."

방원에 대한 충성을 과시한 것이다. 태종은 문벌 가문의 자손들 중 망하지 않은 자가 적다면서 남재의 손자를 간택한 이유를 설명했다.

"특별히 관직이 낮은 집안 중에서 과부의 아들 같은 자를 부마로 삼으려 한다. 이 아이가 비록 의정(議政: 남재)의 손자이기는 하지만 의정은 이미 늙었고 그 아비가 일찍 죽어서 과부 어머니 아래 자라났으니, 단연코 교만하거나 방종하지 않을 것이다."

태종은 이렇게 덧붙이기도 했다.

"지금 벼슬이 낮은 집에서 (부마를) 구하면 거의 교만한 버릇이 없을 것이다."

이것이 남재의 손자 남휘를 막내 부마로 삼은 이유다.

태종은 신분제 자체를 부정하지는 않았지만 신분보다는 능력을 중시한 임금이었다. 태종 때는 천인 출신도 정2품 판서까지 올라갈 수 있었다. 그 대표적 인물이 박자청(朴子靑)이다.(2권 2부의 〈천인도 출세하던 시대, 박자청과 장영실〉 참조) 태종은 재위 8년(1408) 사대부들의 격렬한 반대를 무릅쓰고 황희석(黃希碩)의 보종(步從) 출신 박자청을 정2품 공조판서로 승진시켰다. 나라 안의 건축물과 공사를 총괄하는 공조판서 자리를 수행하기에 박자청이 가장 뛰어난 능력을 갖고 있다고 본 것이다.

세종도 신분보다 능력을 중시하는 태종의 인재 등용관을 일부 계승했다. 특히 태종이 살아 있을 때는 세종도 신분보다는 능력을 중시해서 인재를 발탁하고 승진시켰다. 즉위년(1418) 8월 세종은 박자청을 종1품 의정부 참찬으로 승진시켰다. 남의 가인 출신이 종1품까지 올라간 것이니 사대부들에게 큰 충격이었다. 사헌부 대사헌 허지(許遲)가 지신사 하연에게 불평을 털어놓았다.

"의정부는 도리를 논하고 국가를 경영하는 관서여서 그 직임이 가볍지 않은데 지금 박자청을 의정부 참찬에 임명했으니 성조(聖朝: 성스러운 조정)에서 관직을 선발하는 뜻이 어떠한 것입니까?"

인간의 도리를 논하고 국가를 경영하는 최고기관인 의정부 참찬에 천출을 임명한 것이 옳은 처사냐는 반발이었다. 지신사 하연이 세종에게 허지의 말을 아뢰자 세종이 답했다.

"박자청은 사람됨이 질박하고 곧으며 일에 열심이므로 상왕께서 신임하시는 것이다."

이때 태종은 대사헌 허지를 불러 사대부들 사이에서 더 이상 반대

여론이 나오지 않게 하기 위해 타일렀다.

"박자청은 토목의 역사를 감독하는데, 탄핵을 받으면 일이 더뎌질 것이니 놓아두고 논하지 마라."

대사헌 허지는 "명령대로 하겠습니다"라고 답했지만 사대부들의 뒷말은 점점 거세졌다. 사헌부는 벼슬아치들의 불법을 탄핵하는 것이 임무인데, 사대부들은 신분제를 지키는 것도 사헌부의 주요 임무라고 생각했다. 박자청을 탄핵하는 사론(士論: 사대부들의 여론)이 들끓자 대사헌 허지가 앞장서서 나섰다. 세종은 허지가 상왕에 대한 불공죄(不恭罪)를 범했다며 사제(私第: 집)로 돌려보냈다. 사헌부 집의 박관(朴冠) 등이 허지를 쫓아낸 조치에 집에 돌아가 대죄를 청하는 것으로 항의하자 세종이 말했다.

"나는 박자청에 대해 논한 것을 그르다고 한 것이 아니라 허지가 면전에서는 복종하고 물러나온 후에 다시 말한 것이 잘못이라고 하는 것이다."

세종은 상왕과 관련된 일에 대해서는 사헌부도 예외로 두지 않았다. 박자청을 상왕이 중용한 사실을 제쳐두더라도 실제로 박자청의 일솜씨는 당대 제일이었다. 그러나 사대부들의 반발이 거세어서 영의정 유정현과 함께 책임을 맡기는 식으로 일을 맡겼다. 세종 2년(1420) 박자청에게 살곶이 다리를 놓게 하면서 영의정 유정현과 함께하게 한 것은 이 때문이었다.

같은 해 9월 원경왕후 민씨를 헌릉에 장사 지낼 때였다. 한강 남쪽 헌릉에 장사 지내려면 재궁이 한강을 건너야 했다. 이에 시신을 배에 싣다가 잘못될 것이라는 우려가 많았다. 자칫 배가 뒤집혀 시신이 강으로 떠내려갈 경우 수습할 방도가 없었기 때문이다. 박자청은 배 다리인 부교(浮橋)를 만들자고 청했다. 부교는 한강을 오가는 배들을 모아놓고 그 위에 널을 깔아 건너게 하는 다리다. 태종은 박자청의 실력에 대한 믿음이 있었으므로 동의했지만, 그 외의 사람들은 모두 "안될 일이다"라며 부정적인 태도를 보였다. 결국 박자청은 마전도(麻田渡: 현재의 서울시 송파구 삼전동)에 부교를 설치했다.

왕비의 재궁을 실은 큰 가마가 평지처럼 부교를 지나 한강을 건너자 온 나라 사람들이 칭찬하면서 감탄했다. 사대부들도 그 솜씨만큼은 인정하지 않을 수 없었다. 박자청은 상왕이 세상을 떠난 이듬해인

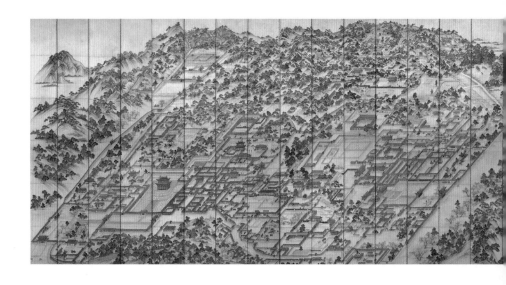

동궐도, 동아대학교 박물관.
창덕궁은 조선 전기 최고의 건축가로 손꼽히는 박자청의 대표 건축물 중 하나다. 동궐도는 창덕궁과 창경궁의 전경을 그린 그림으로 전각과 다리는 물론 조경까지 실제와 같은 모습으로 세밀하게 묘사했다.

세종 5년(1423) 11월 9일 세상을 떠났는데, 사대부인 사관들이 쓴 그의 졸기는 박하기 이를 데 없다.

박자청은 사람됨이 각박하고, 은혜가 적었으며, 남을 시기하고 이기는 것을 좋아했고, 다른 재능은 없었다. 다만 토목의 공을 감독하고 관장해서 사졸에서 1품의 지위에 이르렀다가 이때 졸하니, 그의 나이 67세. 부음이 들리니 3일간 정사를 철폐하고, 종이 100권을 보내고, 장사를 관에서 주관했다.《세종실록》5년 11월 9일)

세종은 관원을 보내 제사를 지내고 치제문(致祭文)을 낭독하게 했다. 세종은 이 치제문에서 박자청이 태조와 태종을 섬겼음을 칭찬하면서 자신과의 관계에 대해서도 회고했다.

내가 즉위한 이후에도 경은 또한 힘을 다한 것이 많다. 여러 대에 걸쳐 벼슬하면서 길이 한마음으로 섬겼으니 마땅히 오래 살 것이라 여겼는데, 어찌 작은 병이 낫지 않았는가? 실로 애석함을 금할 길 없어 사람을 보내어 대신 치제하노라. 수명의 길고 짧음은 기한이 있는 것이지만 옛사람이 덧없이 가는 것을 슬퍼하노라. 죽음과 삶은 간격이 없으니 마땅히 위문의 특전을 후히 더하노라.

세종은 관례에 따라 3일간 정사를 폐했다. 박자청의 졸기에 아들 박질(朴質)이 있다고 나오는데, 더 이상 기록이 없는 것으로 보아 부친의 벼슬을 계승하지 못하고 몰락한 것으로 보인다.

세종은 특권 의식이 강했지만 부왕의 영향으로 뛰어난 능력이 있다면 사대부 출신이 아닌 사람들도 등용할 수 있다고 보았다. 특히 군사와 과학, 기술 분야는 사대부가 아닌 상민이나 천인 출신도 중용할 수 있다고 보았다. 세종 때 천인 출신으로 중용된 무장으로는 윤득홍(尹得洪), 송희미(宋希美)가 있다. 윤득홍은 정2품 중추원사(中樞院使)까지 올라갔고, 송희미는 2품 동지총제(同知摠制)까지 올랐다.

세종 즉위 초, 왜구들이 다시 창궐했다. 세종 1년(1419) 5월 23일, 윤득홍은 병선 두 척을 이끌고 서해안에서 500여 리(191.4km) 떨어진 백령도로 향했다. 이 무렵 왜구는 조선의 서남해는 물론 중국 해안에도 출몰하면서 해적질을 하고 있었는데, 백령도에 출몰할 것이라는 정보가 있어 윤득홍이 출전한 것이다. 윤득홍은 23일 미시(未時: 오후 1~3시)까지 백령도에서 처치사와 만나기로 약속했다. 윤득홍이 가장 먼저 도착하고 다른 병선들이 아직 도착하지 않은 가운데 신시(申時: 오후 3~5시)가 되자 적선이 두 척 나타났다. 윤득홍은 공격을 개시했다. 그러자 대마도에서 조선으로 귀화한 평도전(平道全: 다이라도오젠)이 병선 두 척을 거느리고 협공했다. 윤득홍은 왜구 열세 명을 베고 여덟 명을 사로잡았고, 평도전은 세 명을 베고 열여덟 명을 사로잡았다. 나머지는 바다에 빠져 죽고, 남은 왜적선은 남쪽 바다로 급히 도주했다.

세종은 진무 김여려(金汝礪)를 보내 윤득홍과 평도전에게 술을 하사하고, 각각 옷을 한 벌씩 내렸다. 또한 같이 싸운 군사들의 이름을 적어 올리게 했다. 전투 중에 죽은 두 군사에게는 직접 부의를 보내고 복호(復戶: 세금을 면제해줌)시켜주고는 소재지의 수령에게 매장하고 표목(標木)을 세워서 나라를 위해 죽은 뜻을 기렸다.

이때 윤득홍이 백령도에서 생포한 왜구 중에 호감청(胡鑑淸) 등 명나라 사람이 두 명 있어서 요동으로 보내줬다. 이는 군사 문제이므로 상왕의 소관이었다. 상왕은 윤득홍을 정3품 좌군첨총제(左軍僉摠制)로 승진시켰다가 세종 2년(1420) 총제(摠制)로 승진시키고 이어 경기 수군 절제사로 임명했다.

"지금 윤득홍을 총제로 삼은 것은 그 재주를 쓰려는 것이다."

세종이 친정하던 재위 5년(1423) 10월 3일, 윤득홍은 전라도 처치사로서 고도(孤島)에 숨어 있던 왜구의 배 열네 척과 싸워 큰 승리를 거두었다. 세종은 집현전 수찬(修撰) 김돈(金墩)을 윤득홍에게 보내 옷 한 벌과 술 160병을 내려서 병사들과 나누어 마시게 했다. 이듬해 9월에도 윤득홍은 서여서도에 정박한 왜구의 배 열두 척과 맞붙어 큰 승리를 거두었다. 세종은 윤득홍에게 집현전 수찬 권채를 보내 안장 갖춘 말과 옷 한 벌을 하사하고 술 160병을 보냈다.

윤득홍은 전정리(錢定理)를 보내 전과를 보고했는데, 사헌부에서 그 내용에 시비를 걸었다. 전정리가 보고한 전과 중에 왜적을 잡는 데 공이 없는 인물이 포함되어 있다는 지적이었다. 사헌부는 윤득홍을 비난하는 속내를 드러냈다.

"윤득홍은 해안 출신의 미천하고 낮은 사람(沿海微劣人)인데 단지 바다에서 있었던 작은 공 때문에 임금의 은혜를 지나치게 입어 지위가 2품에 이르렀습니다."

태종에 이어 세종 역시 해안 출신의 '미천하고 낮은' 윤득홍의 재주를 높이 샀다. 재위 19년 12월에는 종2품 동지중추원사(同知中樞院事)를 내렸다. 세종 23년(1441) 2월 윤득홍은 나이 70이 되어 사임하려고 했으나 세종이 허락하지 않았다. 윤득홍은 세종 30년(1448) 77세의 나이로 사망했는데, 그의 졸기는 "항상 여러 도의 병선(兵船) 및 조운(漕運)의 일을 관장하였다"라고 평했다.

세종이 나이 70이 넘은 윤득홍의 사직을 받아들이지 않은 이유는 그가 바다에 관한 한 꼭 필요한 군사 전문가이자 해양 전문가였기 때문이다. 윤득홍은 비록 해안 출신의 미천하고 낮은 신분이었지만, 그 때문에 군사 및 해양 전문가로서 2품 벼슬까지 오를 수 있었다.

세종 때 2품 동지총제까지 오른 송희미도 무장이다. 송희미는 세종 4년(1422) 전라도 수군 도안무처치사(水軍都安撫處置使)를 맡았다가 세종 8년(1426) 동지총제로 승진했다. 세종은 사신들이 북경에 갈 때 무장들을 부사(副使)로 삼아 함께 가게 하는 경우가 많았다. 세종은 재위 9년(1427) 송희미를 사은사의 부사로 삼아 북경으로 보냈고, 재위 17년(1435) 3월에는 윤득홍을 명나라 태황태후의 책봉을 하례하는 사신으로 보냈다. 여기에는 명나라의 군세를 잘 살펴보라는 뜻이 담겨 있었다. 조선은 겉으로 명나라를 사대했지만 안에서는 언제 충돌할지 모르는 긴장감이 계속되고 있었다. 세종은 명나라 사신들을 극진히 대접해서 분쟁을 방지하는 한편 송희미, 윤득홍 같은 무장들을 북경에 보냄으로써 만일의 사태에 대비했다.

그런데 세종은 재위 12년(1430) 1월, 조선에 온 일본 상인들과 문제가 생긴 경상도 우도처치사(右道處置使) 송희미를 파면시켰다. 일본 상인들이 처치사의 본영(本營)에 기거하고 있다가 자신들의 배를 타고 바다로 나가 물고기를 잡으려 했다. 진무 김용(金湧)이 이들을 왜구로 판단하고는 출전해 모두 살해하고 송희미에게 보고했다.

"도적질하러 온 왜구입니다."

송희미는 김용의 보고를 자세히 살피지 않고 왜구를 격퇴했다고 조정에 보고했다. 나중에 왜구가 아니라는 것이 밝혀지자 세종은 왜인들이 보는 곳에서 김용의 머리를 베어 왜인들을 위로했는데, 송희미도 이 사건으로 파면시킨 것이다. 그런데 사간원 좌사간 유맹문(柳孟聞) 등이 송희미를 너무 가볍게 처벌했다면서 사형시켜야 한다고 주청했다.

"송희미는 낮고 천한 데서 일어나 별다른 공이나 재능도 없이 단지 활을 조금 잘 쏘는 작은 재주로 임금의 특별한 은혜를 입어 지위가 2품에 이르러 외방을 수어(守禦)하는 중한 직책을 받았습니다. 그런데 왜적의 배가 국경에 이르렀다는 말을 듣고도 즉시 직접 가지 않고 진무만을 보냈습니다. 엎드려 바라기를, 송희미의 죄를 형률에 의해 처단하셔서 전형(典刑: 형벌)을 바르게 하소서."《세종실록》12년 1월 4일)

세종은 주장(主將)이 진무를 보낸 것을 그르다고 할 수 없다면서 송희미를 더 이상 처벌하지 않았다.

세종은 이듬해인 재위 13년(1431) 송희미를 나라 최북단의 경원절제사(慶源節制使)로 삼아 북방 강역을 지키게 했다. 재위 17년(1435)에는 송희미가 변방을 오래 지켰다는 이유로 종2품 가정대부(嘉靖大夫)로 승진시키기도 했다.

그러나 송희미의 잘못이 드러나자 세종은 용서하지 않았다. 세종은 재위 19년(1437) 여진족이 경원성을 공격했을 때 나가서 싸우지 않았고, 150여 명의 백성들이 잡혀간 사실을 숨기고 보고하지 않았다는 이유로 송희미와 판관 이백경(李伯慶), 도진무 조석강(趙石岡)에게 자결을 명령했다. 경원 사람 서득귀(徐得貴) 등 472명이 사형만은 면하게 해달라고 상언하자 세종은 판관 이백경, 도진무 조석강의 사형은 감해주었지만 송희미는 끝내 사형시켰다. 천민 출신으로 고위직에 오른 인물들의 실수는 용납하지 않았던 것이다. 특출한 능력이 있으면 중용했지만 그 실수는 용서하지 않았다.

세종이 천인을 중용한 또 다른 분야는 기술직이다. 이와 관련, 가장 잘 알려진 인물이 동래 관노(官奴) 출신으로 종3품 대호군(大護軍)까지 오른 장영실(蔣英實)이다. 일개 관노에 불과한 장영실을 발탁한 임금은 태종이었다. 세종은 재위 15년(1433) 9월 영의정 황희와 좌의정 맹사성에게 장영실에 대해 설명했다.

"장영실은 그 아비가 원래 원나라의 소주·항주 사람이고, 어미는 기생인데, 공교(工巧)한 솜씨가 보통 사람보다 뛰어나서 태종께서 보호하셨고, 나 역시 그를 아낀다."(《세종실록》 15년 9월 16일)

세종은 장영실의 아버지를 중국 남부의 소주·항주 사람이라고 말했는데, 어떻게 장영실의 어머니와 만나게 되었는지는 알 수 없지만 동래에서 만난 것으로 보아 국제무역을 했던 것으로 추측할 수 있다. 그런데 아산 장씨 족보에는 장영실이 전서(典書: 정3품) 벼슬을 한 장성휘의 아들이라고 기록돼 있어서 조금 다르다. 장영실의 부친은 관노가 아니지만, 태종이 종부법을 시행한 재위 14년(1414) 이전에 태어나 어머니의 신분을 따라 관노가 된 것으로 보인다.

세종은 부친이 발탁한 인물들을 신분에 상관없이 모두 중하게 여겼다. 재위 3년(1421) 세종은 장영실을 명나라에서 천문을 관장하는 사천감(司天監)으로 유학 보냈다. 사천감은 역법(曆法)인 '수시력(授時曆)'

을 만들어 배포하는 관청으로, 절기에 밝을 수밖에 없었다. 원나라 세조 때인 1280년경 곽수경(郭守敬, 1231~1316) 등이 만든 수시력은 달과 태양의 움직임을 모두 고려한 태음태양력(太陰太陽曆)이다. 1태양년(太陽年)을 365.2425일로 삼고 1삭망월(朔望月)을 29.530593일로 삼았다. 1년을 365.2425일로 삼은 것은 1582년에 제정되어 현재까지도 사용되고 있는 그레고리력(Gregorian calendar)과 비슷한 것으로, 서양에 비해 300년 이상 앞선 역법이다.

세종이 장영실을 명나라에 유학 보낸 것은 정확하게 시간을 측정하는 시계를 만들기 위함이었다. 농사를 짓는 데에는 무엇보다 시간을 정확히 측정하는 기술이 꼭 필요했다. 1년 만인 세종 4년 귀국한 장영실은 세종 7년(1425) 물시계를 만들어 세종의 기대에 부응했다.

"기이하다. 장영실이 중한 보배를 성취하였으니 그 공이 둘도 없다."

크게 기뻐한 세종은 장영실의 관노 신분을 면하게 하고 실첨지(實僉知)라는 벼슬을 주었다. 관노에서 벼슬아치로 그 신분이 바뀐 것이다.

그러나 관노 출신의 장영실을 기술직에 임명하려 하자 사대부들이 크게 반발했다. 세종이 장영실을 상의원에 배속시키려고 하자 극도의 계급론자인 이조판서 허조가 앞장서서 반대했다.

"기생의 소생을 상의원에 임명할 수는 없습니다."

반면 병조판서 조말생은 "이런 무리는 상의원에 더욱 적합합니다"라며 찬성했다. 이조판서와 병조판서의 견해가 각각 다르자 세종은 유정현에게 물었는데, 유정현은 "상의원에 임명할 수 있습니다"라고 찬성했다. 세종은 장영실을 상의원 별좌(別坐)로 임명했다.

세종 15년(1433) 9월 장영실이 보다 정확한 물시계인 자격루를 만들자 세종은 장영실을 정5품 행사직에서 정4품 호군(護軍)으로 승진시키기 위해 영의정 황희 등에게 견해를 물었다. 태종이 종모법을 종부법으로 개정하는 데 찬성했던 만큼 황희는 장영실의 승진에도 당연히 찬성했다.

"김인(金忍)은 평양의 관노인데 다른 사람보다 날래고 용맹하므로 태종께서 특별히 호군에 제배하셨습니다. 이런 무리로 호군 이상의 직책을 받은 자가 많은데 유독 장영실만 불가하겠습니까?"《세종실록》 15년 9월 16일)

황희의 이 말에서 조선 초기에는 노비 출신 중에서 정4품 호군 이상의 벼슬을 받은 자가 많다는 사실을 알 수 있다. 정4품 호군이 된 장영실은 종3품 대호군(大護軍)까지 승진했다. 관노 출신으로는 파격적인 출세였다.

그러나 장영실의 말년은 불우했다. 세종 24년(1442), 임금이 타는 가마인 난여(鸞輿) 제작을 감독했는데, 이 난여가 부서지면서 대호군 장영실은 의금부에 하옥되었다. 의금부의 조사 결과, 장영실은 대호군 조순생(趙順生)에게 난여가 튼튼한지 봐달라고 부탁했는데, 조순생이 "절대로 부러지거나 부서지지 않을 것"이라고 말해서 안심했다는 사실이 밝혀졌다. 정상 참작의 여지가 있었지만, 의금부는 장영실에게 곤장 100대를 쳐야 한다고 주청했다. 세종은 2등을 감형(減刑)해 처벌하게 했다. 이후 실록에서는 장영실에 대한 기록을 찾을 수 없다.

한편, "절대로 부러지거나 부서지지 않을 것"이라고 말한 대호군 조순생은 처벌받지 않았다. 조순생은 개국 일등공신 한산군(漢山君) 조인옥(趙仁沃)의 손자이고 지돈녕부사(知敦寧府事) 조뇌(趙賚)의 아들로, 공신의 후손은 죄를 용서해주는 것이 관례였다.

이렇게 말년은 불우했지만 동래의 관노 출신인 장영실이 전문 기술 능력을 인정받아 종3품 대호군까지 올라간 사실 그 자체가 당시가 역동적인 시대였음을 보여준다. 태종, 세종 시대에는 박자청, 윤득홍, 송희미, 장영실뿐만 아니라 곽추(郭樞)의 종이었다가 2품까지 오른 전흥(田興)이나 동산을 관리하던 우인(虞人) 출신으로 첨지중추원사에 오른 한방지(韓方至) 등 천인 출신으로 고위직에 올랐던 인물들이 많았다.

앙부일구. Bernat Agullo
세종 때 가장 널리 보급된 해시계로, 백성들이 시간을 잘 알 수 있도록 세종이 개발을 지시해 장영실이 직접 만들었다. 십이지신이 그려져 있는 세종 시절의 앙부일구는 남아 있지 않으며, 현재 우리가 볼 수 있는 앙부일구는 모두 조선 후기에 만들어진 것이다.

세종은 비록 태종이 종부법으로 허문 신분제의 틀을 종모법으로 환원하는 등 신분제 해체 흐름에 역행했지만 기본적으로는 부왕의 정책을 이어받아 천인들도 등용했다. 한미한 가문 출신은 물론 관노 출신도 군사적 능력이나 전문 기술이 있으면 출세할 수 있는 역동성이 부분적으로 계속 이어졌다. 그래서 하늘을 관측하는 간의대(簡儀臺)와 혼천의(渾天儀), 혼상(渾象) 등을 만들고 자격루 같은 물시계는 물론 현주일구(懸珠日晷), 정남일구(定南日晷), 앙부일구(仰釜日晷) 같은 해시계가 제작됐으며, 고구려 때 평양에서 각석한 천문도인 천상열차분야지도각석(天象列次分野之圖刻石)을 복각해 세울 수 있었던 것이다. 세종은 이처럼 나라를 다스리는 이념으로 유학을 세웠지만 유학의 공론에 빠지지 않고 각종 과학기술 분야를 총망라하는 실용 정치를 실천했다.

전 백성 여론조사를 실시하다

세종 7년(1425) 7월 가뭄이 심했다.

"가뭄이 너무 심하구나. 소나기가 잠시 내렸으나, 안개가 끼고 흙비가 왔을 뿐이다. 기후가 순조롭지 못한 것이 이와 같으니 내가 직접 나가서 농사 형편을 보겠다."

세종은 서문 밖 영서역과 홍제원 등을 두루 살피고 돌아와 대언들에게 말했다.

"금년 벼농사에 대해 모두 '꽤 잘되었습니다'라고 했는데, 오늘 직접 보니 눈물이 날 지경이다. 오늘 본 영서역과 홍제원의 땅은 비옥한 편인가 척박한 편인가?"

지신사 곽존중이 대답했다.

"이들 땅은 원래 척박한 데다 가뭄이 더해서 벼농사가 이렇게 잘못되었습니다."

《세종실록》의 사관(史官)은 "영서역의 땅은 원래 비옥한 편인데, 척박하다고 한 것은 곽존중이 잘못 말한 것이다"라고 비판했다.

세종은 이날 행차에 내금위 군사 중 소수만 거느렸고, 산(繖: 우산)과 선(扇: 부채)도 쓰지 않았다. 백성들의 고통을 함께 느끼려는 처사였다. 농사가 잘되지 않은 곳을 만나면 반드시 농부에게 까닭을 물었으며, 점심도 들지 않고 돌아왔다.

세종은 사대부 계급의 이익과 상민의 이익이 충돌하면 사대부의 손을 들어주었지만, 농민들 덕분에 나라가 돌아간다는 사실을 잘 알고 있었다. 그래서 농민들의 이해가 직결된 부분에서는 농민들의 견해를 중시했다. 일종의 농지세인 공법(貢法) 제정 과정이 이를 말해준다.

공법은 원래 하(夏)나라에서 농민들에게 50무씩 토지를 지급하고 그중 10분의 1에 해당하는 수확량을 세금으로 거둔 데서 비롯되었다. 그런데 《맹자(孟子)》〈고자장구(告子章句)〉에 고조선의 고대 세금 제도에 대한 이야기가 나온다. 양 혜왕의 대신인 백규(白圭)가 맹자에게 "세금을 20분의 1만 받으려고 하는데 어떻습니까?"라고 묻자 맹자가 "그것은 맥(貊)의 방법(貊之道)이오"라고 답했다. 맹자나 백규(白圭)는 기원전 4세기경 인물이니, 이때 국가로서 존재했던 맥(貊)은 고조선을 이른다. 즉, 고조선의 세금은 20분의 1이었던 것이다.

세종 때 농지에 세금을 매기던 전조(田租)는 고려 말 공양왕 3년 (1391) 역성혁명파가 제정한 과전법(科田法)에 기초했다. 전조(田租)는 수전(水田: 논)은 1결당 조미(糙米: 현미) 30두, 한전(旱田: 밭)은 잡곡 30두였다. 관리가 이 이상 거두면 장률(贓律: 장물죄)로 논죄해 강하게 처벌했다. 이는 수확량의 10분의 1 정도로, 세금이 이것뿐이라면 그리 큰 부담은 아니었을 것이다.

과전법은 또 조(租)와 세(稅)를 엄격하게 구분했다. 조(租)는 전객(佃客: 소작인, 경작인)이 조를 거둘 권리가 있는 수조권자(收租權者)에게 바치는 것으로 수확량의 10분의 1이었고, 세(稅)는 전객으로부터 조를 거둔 수조권자가 국가에 바치는 것으로 조(租)의 10분의 1이었다.

세종이 공법을 가지고 고민한 것은 이 세금이 고정된 액수가 아니기 때문이었다. 매년 추수기에 관원이 직접 현장에 나가서 풍년인지 흉년인지 보고 납부 액수를 정했는데, 이를 답험손실법(踏驗損失法)이라고 한다. 풍흉에 따른 수확량의 증감을 10등급으로 나누어 가장 큰 풍년을 10으로 삼고, 수확량이 1분(分: 10%) 감소했으면 세금도 1분 줄여주고, 2분 감소했으면 세금도 2분 줄여주다가 수확량이 8분, 즉 80%가 감소하면 전액 세금을 면제해주는 제도였다. 각 현의 현령이 먼저 현장에 나가 농사의 풍흉을 조사하는 답험(踏驗)을 해서 도의 감사에게 보고하면 감사는 위관(委官)을 보내 재심하고, 다시 수령과 감사가 직접 검사하는 삼심제(三審制)를 실시했다.

그래서 세금이 매해 조금씩 달랐다. 어떤 농지들은 매년 연속해서 농사를 지을 수 없었다. 한 해 농사를 지으면 '땅의 힘', 즉 지력(地力)

이 쇠해져서 지력이 회복될 때까지 묵혀놓았다가 다시 경작하는 휴한지(休閑地)가 적지 않았다.

세종은 농업 생산력 증대를 주요 국정 현안으로 삼았다. 재위 11년(1429)에는 정초, 변효문(卞孝文) 등에게 《농사직설(農事直說)》을 편찬하게 해서 전국에 배부했다. 그전까지는 주로 중국의 농서(農書)를 많이 참고했는데, 중국과 조선은 위치도 기후도 다르기 때문에 조선 실정에 맞지 않는 부분이 적지 않았다. 세종은 조선의 풍토에 맞는 농서가 있어야겠다고 생각했다. 조선의 풍토에 맞는 농서란 다름 아닌 조선 농부들의 경험이 축적된 것이어야 했다. "밭갈이는 남종에게 묻고, 길쌈은 여종에게 물어야 한다"라는 말처럼 신분과 학식을 떠나 그 분야 전문가의 의견이 가장 중요하다고 생각해서 세종은 관찰사들에게 경

농사직설. 경상북도산림과학박물관.
세종 11년(1429) 정초 · 변효문 등이 각 도의 풍토에 따른 농법의 차이와 농부들의 경험담을 토대로 만든 최초의 농법서.

세종, 사대부의 나라를 만들다

험 많은 농부들의 의견을 물어서 《농사직설》을 편찬하게 했다. 조선식 농서를 제작해 보급한 것이다.

세종은 매년 세금의 액수가 달라지는 답험손실법은 문제가 많다고 생각했다. 먼저 수령이 모든 농지를 직접 발로 다니면서 심사해 세액을 정하는 것은 사실상 불가능했다. 수령들은 시골에 거주하는 품관(品官) 출신이나 지방에 거주하는 서원(書員: 향리) 등을 위원으로 삼아서 세금을 정할 수밖에 없었다. 중앙에서도 경차관(敬差官) 등을 파견해 세금 액수를 정했지만 객관적 기준이 없다 보니 심사관들의 자의가 개입될 수밖에 없었다. 농민들은 심사를 잘 받는 것에 사활을 걸었다. 당연히 심사관들을 후하게 대접하지 않을 수 없었다.

이런 폐단 때문에 답험손실법을 개정하자는 논의가 있었는데, 그 대안이 공법이었다. 공법은 농지 1결당 세금 액수를 고정시켜놓고 받자는 것인데, 풍년에는 농민들에게 유리했지만 흉년에는 불리했다.

세종은 이 문제를 해결하기 위해 다양한 사람들의 의견을 물었다. 재위 9년(1427) 3월 16일 과거의 최종 시험인 책문(策問)에 세금 문제를 책제(策題)로 낼 정도로 세종은 이 문제에 집중했다.

"왕은 이렇게 말하노라. 예로부터 제왕의 정치는 반드시 일대(一代)의 제도를 세우는 것이니 이는 여러 서책을 보면 알 수 있다. 토지 제도는 언제 시작되었는가. 하후씨(夏后氏)는 공법을 실시하고, 은인(殷人)은 조법(助法)을 실시하고, 주인(周人)은 철법(徹法)을 실시한 것은 전기(傳記)를 보면 알 수 있는데, 이 삼대(三代)의 법을 오늘에도 시행할 수 있겠는가?"

평소에 세금 문제를 생각해보지 않았으면 우수한 답안지를 쓸 수

없는 문제였다. 공법, 조법, 철법에 대해선《맹자》〈등문공(滕文公) 상〉
에 그 설명이 나온다.

등문공이 나라 다스리는 법을 묻자 맹자가 답했다.

"하후씨는 50무에 공법을 썼고, 은나라 사람들은 70무에 조법을 썼
고, 주나라 사람들은 100무에 철법을 썼는데, 실제는 모두 10분의 1을
세로 받은 것이니 철(徹)은 통한다는 뜻이요, 조(助)는 빌린다는 뜻입
니다."

하나라 때 백성 한 사람이 전지(田地) 50무를 받고, 그 10분의 1인 5
무의 수확량을 계산해서 세금으로 낸 것이 공법이다. 은나라는 630무
의 토지를 아홉으로 나누니 한 구획당 70무가 된다. 여덟 가구가 한
구획씩 맡아 농사를 짓고 가운데 한 무는 여덟 가구가 함께 경작해서
세금으로 냈다. 농민들이 힘을 보태 농사를 지어서 조법이라고 한 것
이다. 주나라 때는 한 사람에게 100무의 토지를 주었는데 이 역시 10
분의 1을 세금으로 냈다. 정도전과 조준이 과전법에서 10분의 1의 세
금을 정한 것도 유학 사회에서 모범으로 삼는 하·은·주(夏殷周) 삼
대의 세법을 전범으로 삼은 것이다.

세종의 질문은 계속된다.

"진(秦)나라가 정전(井田)을 폐지하고 한나라에서 그대로 따랐으니
한나라 문제(文帝), 경제(景帝)의 다스림은 거의 삼대에 가깝게 되었다.
신(新)나라 왕망(王莽)은 예전 제도를 회복시켰으나 백성들이 근심하
고 원망하였는데, 그 까닭은 무엇인가? 당나라의 조(租)·용(庸)·조
(調)는 어느 대 법을 취한 것인가? 백성이 이에 힘입어 부유했으므로
선유(先儒)가 고대(古代) 정치에 가깝다고 하였으니, 그것 또한 뒷세상

에 시행할 만한 것인가?"

진나라가 주나라에서 실시하던 정전제를 폐지했는데, 신나라의 왕망이 왕전(王田)이라는 이름으로 백성들에게 토지를 나누어주었다. 이것은 정전제를 회복시킨 것인데도 백성들이 근심하고 원망한 까닭이 무엇이냐는 질문이다. 또한 당나라는 조용조의 세법을 실시해 백성들이 부유해졌는데 그 제도는 어디에서 비롯된 것이냐는 질문이다.

조용조는 당의 개국시조인 고조(高祖) 이연(李淵)이 무덕(武德) 7년 (624)에 반포한 세제다. 모든 백성들에게 1경(頃)의 토지를 나누어준 후 매년 농지세로 일정량을 곡식으로 받는 것이 조(租)이고, 일정량의 비단과 면포나 은냥(銀兩)을 받는 것이 용(庸)이고, 농한기에 20일씩 부역하거나 하루에 비단 3척(尺)씩 받는 것이 조(調)였다. 나라에서 토지를 나누어주는 대신 토지세(조)와 그 지방의 특산물(용)과 노동력(조)를 받는 제도가 조용조인데, 조선도 이를 기준으로 삼았다. 다만《경국대전(經國大典)》은 농한기에 6일 부역한다고 규정해서 당나라보다 부담이 적었다.

세종은 과거 여러 나라의 세법에 대해 논한 후 〈책문〉에서 이렇게 말했다.

"일찍이 듣건대 다스림을 이루는 요체는 백성에 대한 사랑보다 앞서는 것이 없다고 한다. 백성을 사랑하는 시작은 오직 백성에게 취하는 제도가 있을 뿐이다."

백성을 사랑하는 정치의 시작은 백성들에게 어떤 세법을 쓰느냐에 있다는 것이다. 추상적으로 백성을 사랑하는 것이 아니라 백성들에게 유리한 세법을 마련해 시행하는 데 있다는 뜻이다. 세종은 이 책문에서 조선의 답험손실법이 갖고 있는 장단점을 나열한 후 그 대책을 물었다.

"맹자는 '인정(仁政: 어진 정사)은 반드시 경계(經界: 토지 제도)에서 시작된다'라고 말했고, 유자(有子)는 '백성이 족한데 임금이 어찌 부족하겠는가'라고 말했다. 내가 비록 덕이 적은 사람이나 이에 간절히 뜻이 있다. 너희 대부(大夫)들은 경술(經術)에 통달해서 다스림의 대체를 알고 평일에 이를 강론하면서 익혔을 것이니 감추지 말고 다 진술하라. 내가 장차 채택하여 시행하겠노라."

조선의 과거는 구두선에 불과한 이상론을 묻는 시험이 아니었다. 유학 경전에서 가장 이상적인 정치를 찾고 이를 조선에 맞는 구체적인 정책으로 제시하는 거자(擧子: 과거 응시자)가 급제하는 실전 시험이었다. 세종은 과거 여러 왕조에서 실시한 농지세 중 조선의 실정에 어떤 것이 가장 적합한지를 물었다. 세종이 고민한 것은 변동제인 답험손실법을 정액제인 공법으로 바꾸는 것이 좋은지 여부였다. 정액제인 공법도 장단점이 있었기 때문이다.

세종은 〈책문〉에서 세금 제도 개선안에 대해 물은 뒤 재위 10년 (1428) 1월 신하들에게 공법의 장단점에 대해 물었다.

"만약 공법을 일시에 시행하면 풍년에 많이 납부하는 걱정은 면할 수 있지만 흉년에는 반드시 근심과 원망을 면할 수 없을 것이니 어찌 하면 옳겠는가."《세종실록》10년 1월 16일)

세종의 물음에 좌의정 황희는 답험손실법과 공법의 중간 정도 되는 세법을 실시하자고 답했다. 세액을 미리 3등(等)으로 나누어놓았다가 추수기에 각 고을 농사의 풍흉을 살펴서 등급에 따라 징수하자는 것이었다. 즉, 풍년이면 상등의 징수를 하고, 평년이면 중등의 징수를 하고, 흉년이면 하등의 징수를 하자는 것이었다. 호조판서 안순(安純) 등도 황희의 제안에 찬성했다.

"이외에 다른 방법이 다시 있을 수 없습니다."

황희의 제안은 답험손실법과 공법의 장단점을 모두 고려한 고육지책이었다. 그러나 세종은 이에 만족하지 않았다. 3등으로 분류해놓으면 그 판정을 둘러싸고 또 각종 농간이 개재될 것이기 때문이었다. 정액제가 최선의 대안이라고 생각한 세종은 재위 11년(1429) 11월 세법을 개정하라는 지시를 내렸다.

"연전에 공법의 시행을 논의했는데 지금까지 정하지 못했다. 인구는 점점 늘어나는데 토지는 날로 줄어들어 의식이 넉넉하지 못하니 슬픈 일이다. 만일 공법을 세우게 되면, 반드시 백성들에게 좋고 나라도 일이 간략해질 것이다. 또 답험(踏驗)할 때 그 폐단이 막심했으니 우선 이 법을 1~2년간 시험해보는 것이 좋을 것이다. 가령 토지 1결(結)에 쌀 15두(斗)를 받는다면 1년 수입이 얼마나 되며 10두를 받으면 어떻게 되는가? 호조에 명령해 계산해서 보고하게 하고 신민들에게도 모두 그 가부를 논의해 올리도록 하라."《세종실록》 11년 11월 16일)

세종 12년(1430) 3월 5일, 호조는 "이제부터는 공법에 의거해 1결마다 10말을 조(租)로 납부하되 각종 재해로 농사를 완전히 그르친 사람에게는 조세를 전부 면해주자"라고 제안했다. 그러자 세종은 이 문제를 두고 벼슬아치는 물론 농민들도 포함해 여론조사를 실시할 것을 명했다.

"의정부와 육조, 각 관사와 한양의 전함(前銜: 전직) 각 품관과 각 도의 감사, 수령 및 각 품관에서부터 여염(閭閻)의 소민(小民: 일반 백성)에

이르기까지 모두 가부를 물어서 아뢰라."《세종실록》12년 3월 5일)

세종의 지시로 역사상 최초로 전 국민 여론조사가 실시되었다. 정액제인 공법으로 개정하는 것에 대한 여론조사였다. 벼슬아치에겐 개인의 의견을 묻고 농민들에겐 호주(戶主)의 의견을 묻는 방식이었다. 세종 12년 8월 10일, 호조는 여론조사 결과를 보고했다. 벼슬아치는 현직 259명, 전직 443명이 공법에 찬성한 반면 현직 393명, 전직 117명이 반대했다. 전직자의 찬성 비율이 네 배 정도 높은 것이 눈길을 끈다.

지방 수령과 일반 농민들은 평지가 많고 적음에 따라 지역적인 편차가 심했다. 경기도는 1만 7076명이 찬성한 반면 236명만이 반대했다. 전라도는 2만 9505명이 찬성이고 257명이 반대였다. 경상도는 3만 6262명이 찬성인 반면 377명만이 반대했다. 평지가 많은 지역은 찬성 비율이 높았다.

하지만 산지가 많은 평안·함길·강원도 등은 반대가 많았다. 평안도는 1326명만 찬성한 반면 2만 8474명이 반대였고, 함길도는 75명만 찬성이고 7387명이 반대였다. 강원도는 939명만 찬성이고 6888명이 반대였으며, 황해도는 4454명이 찬성이고 1만 5601명이 반대였다. 충청도는 6982명이 찬성인 반면 1만 4013명이 반대였다. 전체를 놓고 보면 공법 시행에 찬성은 9만 8657명이고 반대는 7만 4149명으로 찬성률이 조금 더 높았다.

이 정도 찬성률을 가지고 공법을 시행하자고 밀어붙이기는 쉽지 않았다. 그래서 전국적인 여론조사를 실시하고도 공법 시행을 강행할 수 없었다. 그사이 답험손실법을 시행했는데, 문제점이 계속 보고되었다. 세종은 재위 18년(1436) 2월 23일 이 문제를 다시 제기했다.

"그 폐단이 이와 같으니 1~2년 동안 이(공법)를 시험해보는 것이 어떻겠는가? 그러나 공법의 수량이 많으면 백성들이 감당할 수 없으니 흉년을 만나면 수량을 감해주어야 할 것이다. 또 1결에 20두(斗)는 너무 많으니 15두로 정하는 것이 어떻겠는가? 너무 많아도 옳지 못하고 너무 적어도 또한 옳지 못하다."

재위 18년 윤6월 15일, 세종은 공법상정소(貢法詳定所)를 설치해서 세법 개정 문제를 논의하게 했다. 같은 해 10월 5일, 의정부에서 구체적인 방안을 마련해 보고했다. 먼저 전국의 토지를 3등으로 나누어 경상 · 전라 · 충청 3도를 상등, 경기 · 강원 · 황해 3도를 중등, 함길 · 평안 2도를 하등으로 삼자고 제안하고 각 토지를 상전(上田), 중전(中田), 하전(下田)으로 나누어 구체적인 징수액을 보고했다.

"상등도(上等道)의 상전(上田)은 1결에 18두로, 중전(中田)은 1결에 15두로, 하전(下田)은 1결에 13두로 정해야 합니다. 중등도(中等道)의 상전은 1결에 15두로, 중전은 1결에 14두로, 하전은 1결에 13두로 정해야 합니다. 하등도(下等道)의 상전은 1결에 14두로, 중전은 1결에 13두로, 하전은 1결에 10두로 정해야 합니다. 제주의 토지는 등급을 나누지 말고 모두 10두로 정해야 합니다. 이렇게 하면 옛날의 10분의 1을 징수하던 법과 건국 초기의 수세하던 수량과 비교해도 크게 가볍습니다."

의정부는 이를 1~2년 시범 실시해보자고 건의했다. 세종도 이를 받아들였으나 정작 시행하지는 못했다. 이해에 흉년이 들었기 때문이다. 흉년에 새 법을 시행하는 것은 큰 부담일 수밖에 없다. 그래서 일

단 시행을 유보한 채 계속 논의하다가 세종 26년(1444) 11월 13일 전제상정소(田制詳定所)에서 그간 보완한 공법의 내용을 보고했다. 과거 세 등급이던 토지 비옥도를 여섯 등급으로 나누는 전분육등법(田分六等法)을 실시하자는 것이었다. 또한 한 해의 풍흉(豊凶)에 따라 최고 20두, 최하 4두의 아홉 등급으로 나누는 연분구등법(年分九等法)도 함께 실시하자고 했다.

그러나 이 또한 곧바로 실시하지는 않았다. 공법을 시행하려면 먼저 토지 면적을 다시 조사하는 양안(量案)을 실시해야 하는데, 양안이 아직 완성되지 않았기 때문이다. 그래서 충청도의 청안(현재의 충북 괴산), 비인현과 경상도의 함안, 고령현과 전라도의 고산(현재의 전북 완주), 광양현 등 여섯 고을에서 먼저 실시해보고, 그 장단점을 봐가면서 차차 확대해 나가기로 했다. 그 결과 도 단위로는 세종 32년(1450) 2월 전라도에서 새로운 양전(量田)에 의한 토지대장인 전안(田案)이 완성되어 맨 먼저 공법을 시행했다. 세종이 세상을 떠나던 바로 그해 그 달의 일이다.

이렇게 법 하나를 고치는데도 세종은 정성을 다했다. 그 폐단을 생각하고 또 생각했다. 세종이 마련한 공법은 세조 7년(1461)에 경기도, 세조 8년(1462)에 충청도, 세조 9년(1463)에 경상도에서 실시되는 등 전국적으로 확대되어갔다. 공법을 실시하기 위해 새롭게 양전을 실시하면서 그간 과세에서 빠졌던 은결(隱結)이 다수 드러났다. 그래서 백성들에게 걷는 세금을 깎아주고도 나라에서 거두어들이는 곡식은 더 늘어났다. 나라도 좋고 백성도 좋고, 그야말로 꿩 먹고 알 먹는 세법 개정 과정이었다.

2부

—

백성을 위해 문자를 만든 임금

훈민정음. 문화재청.

세종 28년(1446) 정인지 등 집현전 학사들이 만든 훈민정음 한문해설서. 책 제목은 훈민정음, 훈민정음 해례본, 훈민정음 원본 등으로 불린다. 훈민정음의 제작 원리가 자세히 드러나 있는 책으로, 국보 제70호로 지정되어 있다.

정치 보복을 단절하다

내 사전에 정치 보복은 없다

사대부들이 세종을 극도로 칭찬한 것은 수령고소금지법을 제정한 것이나 종모법으로 환원했기 때문만은 아니었다. 세종이 사대부들에 대한 정치 보복을 단절시켰기 때문이었다. 세종 자신이 심온 사건으로 크게 위협을 느꼈으면서도 친정을 하게 된 뒤 이 사건에 대한 정치 보복을 하지 않았다.

어떤 측면에서 보면 심온 사건은 심온의 정적들이 확대일로로 몰고 간 사건이었다. 심온의 혐의는 과장됐고 억울한 면이 있었다. 심온이 실제로 태종을 쫓아내려고 했다면 모를까 "두 임금을 모두 호위하려니 군사가 부족하다"라고 말한 것을 역모로 몰아붙인 것은 억지였다. 심온의 동생 동지총제 심정이 두 차례나 혹독한 압슬형을 당한 끝에 "형(심온)의 집에 갔더니 (형이) 군사(軍事)는 당연히 한곳에서 나와야 한다고 했다"라고 자백한 것이 역모의 결정적 증거로 사용되었다. 이 '한곳'에 대해 《세종실록》의 사관은 "이른바 한곳이란 주상전(主上殿: 세종)을 뜻한다"라고 설명했다. 사관의 말처럼 설사 그 한곳이 주상전을 뜻한다고 해석되더라도 그 '주상'은 현재 임금이었다. 현 임금에게 충성했다고 해서 역모로 몰린 상황이었다.

세종의 견지에서 이는 두려워 떨 만한 일이었다. 상왕이 심온과 세종이 서로 연결되어 있을 것이라고 의심하면 자신도 역모에 연루될 것이 분명했다. 심온과 같은 혐의로 몰린 강상인은 거열(車裂)당하는 수레에 묶여 "나는 실상 죄가 없는데, 매를 견디지 못해 죽는다"라고 부르짖었다. 사건 당사자인 심온이 북경에서 돌아오지도 않았는데 서둘러 강상인 등을 죽여버린 것은 어떻게 봐도 무리한 옥사였다.

대신들이 심온 편을 들었다면 결말은 달라질 수 있었다. 대신들이 "전하의 은혜를 그토록 크게 입은 심온이 어찌 역모를 꾸몄겠습니까?"라고 변호했다면 오해에서 빚어진 사건으로 마무리될 수도 있었다. 그러나 열쇠를 쥔 유정현과 박은은 세종의 바람과는 반대로 처신했다.

심온 옥사가 발생한 세종 즉위년(1418) 11월, 유정현은 영돈녕(領敦寧), 박은은 좌의정이었다. 심온 옥사가 일어났을 당시 태종이 박은에게 "나의 여생은 많지 않고 본 것은 많으므로 이런 대간(大姦)은 제거하는 것이 마땅하다고 생각하게 되었다"라고 말한 것처럼 태종은 심온을 훗날 왕권을 위협할 인물로 보고 제거하려 했다.

그러나 태종은 현직 영의정을 심문도 하지 않고 죽였다는 비난을 받을 것이 꺼려졌다. 그래서 심온이 돌아올 때까지 기다렸다가 박습과 심정 등 다른 관련자들과 대질시키는 것이 어떻겠냐고 물었다. 이때 박은이 대질시킬 필요가 없다면서 심온이 오기 전에 다른 관련자들을 죽여버려야 한다고 주장했다. 유정현도 "박습 등이 이미 자복하였으니 하루라도 형을 늦출 수 없습니다"라고 가세했다. 마치 대질심문을 했다가 심온의 무고함이 드러날까 두려워하는 것 같았다.

박은은 태종에게 이렇게 말했다.

"심온이 말한 '한곳'이 어찌 우리 상왕전(上王殿)을 가리킨 것이겠습니까. 반드시 주상전을 가리킨 것이오니 그 뜻은 묻지 않아도 알 수 있습니다."《세종실록》 즉위년 11월 23일)

이날 박은은 상왕 태종과 세종 앞에서 심온에 대해 이렇게 말했다. 당시 복점(卜占)을 치는 지화(池和)라는 맹인이 있었는데, 박은, 심온과 두루 가깝게 지냈다. 지화는 태종도 그에게 부마 후보자의 사주팔자를 보게 할 정도로 당대 제일의 점술가로 통했다. 박은은 상왕 태종과 세종에게 지화가 자신의 집에 왔을 때 지화에게 이렇게 말했다고 보고했다.

"내가 장차 좌의정을 사직하려는데, 심본방(沈本房: 심온)에게 나를 대신하도록 청하고자 한다."

박은은 며칠 후 지화가 와서 했다는 말을 전했다.

"내가 정승의 말이라면서 심본방에게 말하니 심본방이 '네가 좌의정에게 힘써달라고 청하라'라고 답했습니다."

그러면서 박은은 심온의 행위를 비난했다.

"신이 지화의 말을 듣고는, '외척은 마땅히 사양하는 마음을 가져야 하는데, 지금 이렇게 말한 것은 오로지 권리만을 위해서 발언한 것이 아닌가'라고 생각했습니다."

외척은 벼슬을 사양하는 마음을 가져야 하는데 심온이 좌의정 자리에 욕심을 두고 힘써달라고 말했다고 비난한 것이다. 심온이 박은에게 먼저 좌의정으로 추천해달라고 부탁한 것도 아니고 박은이 먼저 좌의정으로 추천하겠다고 말해서 심온이 받아들인 것뿐이었다. 좌의정 자리에 추천하겠다고 제안한 당사자가 비난할 일은 아니었다. 또한 신하가 사직하면서 자신의 자리를 누구에게 주라고 청하는 것은 임금의 인사권에 개입하는 것이나 다름없다. 그래서 변계량이 박은에게 "신하가 사직하는 것은 의리인데, 다른 사람에게 그 자리를 주라고 청하는 것을 임금의 마음에 어떻게 여기겠습니까?"라고 은근히 비판했던 것이다.

박은은 아주 사소한 일까지 들먹이며 심온을 비난했다.

"심온의 사위 유자해(柳子諧)가 경복궁에서 시립(侍立)할 때 신을 보고 비웃으면서 '이 사람은 마땅히 물러가서 집에 엎드려 있어야 될 것인데, 지금 양양(揚揚: 자랑스레 뽐냄)하기가 이와 같은가?'라고 말했는데, 신의 족인(族人) 이계주(李季疇)가 그 곁에 서 있다가 이 말을 듣고 자세히 말해주었습니다."《세종실록》즉위년 11월 23일)

심온의 사위 유자해의 혼잣말을 몰래 듣고 심온에게 그 책임을 전가한 것이다.

박은이 나간 후에 상왕은 세종에게 이렇게 말했다.

"좌의정이 한 말은 그 뜻을 알지 못하겠다. 유자해가 말한 것은 오직 박은의 한 몸에 관련된 것이지 공사(公事)와는 관계가 없는데, 하필 오늘의 옥사(獄事)를 위해 이런 말을 했는가?"

태종은 박은이 심온을 죽음으로 몰아가고 있다는 사실을 잘 알고 있었다. 자신이 마음먹기에 따라서 그 칼날이 심온의 딸인 왕비 심씨와 세종에게 향할 수 있다는 사실 또한 알고 있었다. 조선 후기에 이긍익(李肯翊)은 《연려실기술》에서 〈박습유사(朴習遺事)〉를 인용해 "박은과 유정현이 애초부터 심온과 더불어 권세를 다투어 서로 좋지 못하더니 온갖 방법으로 모함하여 아뢰었다"라고 전했다.

그때 상왕이 심온을 의심하자 유정현, 이직(李稷) 등이 모두 평일(平日)에 심온의 착하지 못했던 정상들을 말했는데, 박은이 "심온이 국구(國舅: 국왕의 장인)로서 수상(首相: 영의정)이 되었을 때 수상의 자리가 비록 높지만 맡은 일이 없고 좌상은 전례에 따라 이조·예조　병조판서를 겸임하고 우상은 전례에 따라 호조·형조·공조판서를 겸임하므로 심온이 권력 없음을 싫어해서 반드시 좌상의 자리를 얻고자 했으니, 권력을 탐해 법을 훼손시키려던 뜻을 여기에서도 알 수 있습니다"라고 말했다. 상왕은 "인정상 그 누가 권력 잡기를 싫어하겠는가? 좌상의 이 말은 할 말이 아닌 듯하다"라고 말했다.(《연려실기술》〈기재잡기(寄齋雜記)〉)

귀국길에 의주에서 체포된 심온은 수원으로 압송되어 사사(賜死)당했다. 〈기재잡기〉는 심온이 죽을 때 "대대로 박씨와는 서로 혼인을 하지 마라"라고 유언했는데, '이는 박은이 자기의 죽음을 강력하게 주장했기 때문에 깊이 한스럽게 여긴 것이다'라고 설명했다.

심온은 딸이 왕비 자리에서 쫓겨나지 않기를 빌면서 죽었다. 박은은 왕비 심씨를 폐하려고 했지만 태종의 반대로 무산됐다. 그러나 심온의 부인 안씨의 처지는 또 달랐다. 〈박습유사〉는 "유정현이 심온의 아내 안씨를 천안에 넣기를 청해 의정부의 여종으로 만들었다"라고 전한다. 박은과 유정현이 왕비의 폐위를 시도하다가 무산되자 세종의 장모를 천인으로 만든 것이다.

이 사건은 세종이 허수아비 임금임을 만천하에 공포한 것으로, 임금의 권위에 큰 상처를 입혔다. 장인은 자신에게 군권을 돌리려 했다는 혐의로 사형당하고 장모는 천인으로 전락했으니 이름만 임금이라는 사실을 온 나라 사람들이 알게 되었다.

사람들은 태종이 죽고 세종이 친정을 하면 당연히 유정현, 박은, 이직 등에게 정치 보복을 할 것이라고 예상했다. 그러나 세종은 친정을 시작하고 나서도 심온 사건을 재론하지 않았다. 그러나 여종으로 전락한 장모 안씨 문제를 무작정 덮어둘 순 없었다. 태종 사후 이태가 지난 세종 6년(1424) 왕비 심씨를 기른 외할아버지 천보(天保) 안봉소(安奉巢)가 연로해 언제 죽을지 모를 상황이 되었다. 안봉소로선 현 임금의 장모인 자신의 딸이 관비로 전락한 현실이 슬프지 않을 수 없었다. 그해 겨울 세종은 왕비 심씨에게 외갓집에 가서 잔치를 베풀어 안봉소를 위로하도록 허락하면서 대신들을 불러서 의논했다.

"심온의 처 안씨와 공비(恭妃: 왕비 심씨)는 모녀 사이이니 함께 만나는 것이 어떠한가?"

대신의 대답은 세종의 의사와 달랐다.

"왕비의 존귀함으로 천인과 접촉하는 것은 의리에 통하지 않습니다."

그래서 세종은 외조부만 만나게 허락했다.

이 일화는 《동각잡기(東閣雜記)》에 실려 있는데, 이렇게 말한 대신이 누구인지는 밝히지 않았다. 정상적인 상황이라면 이 대신은 "존귀한 왕비의 생모가 천인으로 있는 것은 의리에 통하지 않습니다"라고 말해야 했지만 그렇게 하지 않았다. 세종은 재위 8년째 되는 해에야 모녀 사이를 이렇게 막을 수 없다는 의논이 많고, 국모의 어머니가 천인으로 있는 것이 정으로 보나 의리로 보나 모두 옳지 않다는 말이 많다면서 안씨와 그 자녀들을 천안에서 삭제하라며 대신들에게 이렇게 말했다.

"모녀가 서로 만나지 못한 지가 여러 해이니 어찌 절박하지 않겠는가. 아무 날에 공비가 마땅히 안씨의 집을 찾을 터이니 경들은 그리 알라."

왕비 심씨는 8년이 지나서야 겨우 생모를 만날 수 있었다. 세종은 태종이 세상을 떠난 후에도 태종이 단행했던 조치들을 바꾸려고 하지 않았다. 친정하게 된 세종은 자신을 능멸하고 죄 없는 국구 일가를 주류한 혐의로 유정현과 박은 등에게 보복할 수 있었지만 그렇게 하지 않았다. 태종이 살아 있을 때인 세종 3년(1421), 병 때문에 좌의정에서 사퇴한 후 이듬해 세상을 떠난 박은은 그렇다고 쳐도, 유정현은 태종 사후에도 계속 생존해 있었다. 그러나 세종은 유정현에게 정치 보복을 가하지 않았고, 그가 세상을 떠난 재위 8년(1426)까지 영의정과 영돈녕(領敦寧) 자리에 두었다.

유정현은 세종 5년(1423) 2월 16일에는 2품 이상의 문무관들을 이끌고 양녕대군을 탄핵하고, 같은 해 7월 7일에는 의정부와 육조를 이

끌고 이방간(李芳幹) 부자의 처벌을 요구하는 상소문을 올렸다. 세종의 친정이 시작되자 양녕대군과 이방간 부자를 공격하는 것으로 세종에 대한 충성을 과시한 것이다.

게다가 유정현은 청렴한 관리도 아니었다. 세종 6년(1424)에는 장리(長利)놀이를 해서 사회문제가 되었을 정도다. 장리란 돈이나 곡식을 꿔주고 받을 때 한 해 이자로 꿔준 것의 절반 이상을 받는 고리대를 뜻한다. 세종 6년 1월 29일 전(前) 판부사(判府事) 정역(鄭易)의 집 종이 영의정 유정현의 장리를 썼는데, 궁핍한 데다 흉년까지 들어서 이를 갚지 못했다. 유정현이 조례(皂隸: 호위 군사)를 그 종의 집으로 보내 밥 짓는 가마와 솥을 모두 빼앗아 왔다. 이에 종이 주인 정역에게 호소하자 정역이 효령대군에게 알렸다. 효령대군의 부인 정씨가 정역의 딸이기 때문이었다. 효령대군은 유정현의 아들인 총제(摠制) 유장(柳璋)을 불러서 말했다.

"네 아비의 지위가 수상에 이르렀으니 국록으로 받는 것이 적지 않다. 주상께서 백성을 아끼시는 뜻을 본받아 백성들이 살 수 있게 구휼하는 것이 네 직분일 것이다. 그런데 지금 가난한 종의 솥과 가마를 빼앗아 갔으니 수상의 뜻이 어디에 있는가? 만일 돌려주지 않으면 내가 조례를 잡아다가 엄하게 때리고 임금에게 계달(啓達)할 것이니 너는 돌아가서 네 아비에게 고하라."《세종실록》6년 1월 29일)

임금의 친형이 부친을 꾸짖는 말에 유장이 답했다.

"제 아버지가 제 말을 듣지 않은 지 오래되었습니다. 다른 사람을 시켜서 고하시면 심히 다행이겠습니다."

《세종실록》의 사관은 이 일화를 기록하면서 유정현에 대한 평가를 적어놓았다.

유정현의 사람됨은 성질이 심히 인색하여 털끝 하나 남에게 주지 않고, 자신의 장원에 있는 과일도 모두 시장에 내다팔아서 아주 작은 이익까지 계산했다. 그 반인(伴人: 수행원)으로 장리를 모두 징수한 자는 상을 주고, 혹은 역승(驛丞: 역을 관장하는 관직)으로 임명까지 하니 이로써 치부하여 곡식을 쌓아놓은 것이 7만여 석이나 되었다.

백성들이 유정현을 원망해서 "비록 죽을망정 다시는 영의정의 장리는 쓰지 않겠다"라고 말할 정도로 유정현의 장리놀이는 혹독했다.

그런데 세종 7년(1425) 봄, 영돈녕 유정현이 자신의 장리놀이에 대해 세종에게 말하는 사건이 발생했다. 세종은 그해 가뭄이 들자 백성들에게 볍씨를 환곡(還穀)으로 더 주는 것이 옳은가 의논했는데, 유정현이 아뢰었다.

"신의 집 종이 밖에서 돌아와 '신의 집 장리를 꾸어가는 사람이 없다고 고하니, 신은 이로써 백성들의 궁핍함이 그리 심하지 않다는 것을 알 수 있습니다. 궁핍하다고 고할 때까지 마땅히 잠시 더 기다리소서."《세종실록》7년 4월 13일)

세종은 반대했다.

"고할 때까지 기다렸다가 늦어서 일에 미치지 못할까 염려된다."

《세종실록》의 사관은 유정현의 말을 이렇게 비평했다.

유정현이 재물을 불리면서 남에게 인색해서 가을만 되면 구종(驅從)과 복례(僕隸: 하인)들을 내보내 각박하게 빚을 징수하므로 백성들이 그 집에서 꾸기를 바라지 않았을 뿐이지 백성들이 넉넉해서 꾸지 않는 것이 아니다.

유정현은 죽기 나흘 전까지 좌의정으로 일하다가 일흔두 살 때인 세종 8년(1426) 5월 15일 세상을 떠났다.

세종이 유정현에게 정치 보복을 자행하지 않은 것은 관대하기 때문만은 아니었다. 태종이 양녕대군의 후사로 양녕의 아들을 선택하려고 했을 때 "어진 이를 선택해야 합니다"라고 건의해서 세종이 후사가 되는 데 결정적인 공을 세웠기 때문이기도 했다. 그러나 유정현에 대한 시중의 평가는 부정적이었다.

(유정현은) 정치를 할 때는 가혹하고 급하여 용서함이 적고, 집에서는 재물에 인색하고, 재화를 불릴 때는 비록 자녀라 할지라도 일찍이 한 되 한 말의 곡식도 주지 않았다. 오랫동안 호조를 맡아서 출납을 지나치게 인색하게 하더니 사람들이 많이 원망해서 상홍양(桑弘羊)으로 지목하기에 이르렀다. 이것이 그의 단점이다.《세종실록》8년 5월 15일)

상홍양은 한 무제(武帝) 때 대사농(大司農)으로, 소금과 철을 국영화해서 백성들에게 세금을 더 걷지 않고도 국가의 재정이 넉넉할 수 있도록 만든 인물이다. 유정현의 개인적 치부는 비판받아야 마땅하지만 그가 호조를 맡아 호조의 재정을 넉넉하게 한 것은 업적으로 인정해야 할 것이다.

세종에게 유정현은 여러모로 양날의 검이었다. 어진 이를 선택해야 한다고 말함으로써 양녕의 아들이 아닌 세종이 태종의 후사가 될 수 있는 단초를 열었다면, 세종의 장인 심온을 죽음으로 몰고 가고 왕비 심씨의 폐위까지 거론해 세종의 왕권에 큰 타격을 입혔다. 호조의 출납을 엄격하게 해서 국가의 재정을 튼튼하게 한 반면, 가난한 백성들을 대상으로 고리대업을 해서 많은 백성들의 원망을 샀다. 무엇보다 심온을 제거하고 왕비 심씨까지 폐위시키려고 한 것은 세종의 폐위까지 염두에 두고 있었다고 볼 소지가 많다. 그러나 세종은 태종이 살아 있을 때는 물론 자신이 직접 친정에 나선 후에도 유정현을 처벌하기는커녕 크게 우대했다. 부왕이 보여준 가혹한 정치 보복의 전례를 스스로 끊은 것이다.

정적 황희를 중용하다

세종은 정치 보복은커녕 자신에게 반대한 인물을 더욱 크게 중용했다. 황희가 그 대표적인 사례다. 황희는 태종 16년(1416) 세자 양녕의 비행 사건과 관련 있었다. 선공부정(繕工副正) 구종수(具宗秀)와 악공(樂工) 이오방(李五方) 등이 대나무다리(竹橋)를 만들어 궁중 담을 넘어와 세자 양녕과 함께 술 마시고 놀거나 세자를 구종수의 집으로 맞아들여 함께 여색을 즐겼다. 양녕이 좋아하는 매(鷹子)를 바쳤다가 태종에게 발각되기도 했다. 태종이 판한성부사(判漢城府事) 황희에게 사건의 진상을 묻자 황희는 세자를 옹호했다.

"구종수가 한 짓은 매나 개의 일에 불과할 따름입니다. 세자는 어렵습니다. 세자는 어렵습니다."

황희가 두 번씩이나 양녕의 비리를 옹호하자 태종은 분노했다. 2년 후인 재위 18년(1418), 태종은 세자를 교체하면서 황희에게 그때 일을 다시 물었다.

"그때 '세자가 어렵습니다'라고 말한 것은 기억나지만 매와 개에 대한 말은 기억나지 않습니다."

당시 그 자리에는 병조판서 이원이 함께 있었다. 황희가 거짓말한 것은 금세 드러났다. 황희는 군부(君父)를 속였다는 혐의로 대간과 형조의 탄핵을 받았다. 태종은 황희에게 전리(田里)로 돌아가라며 가볍게 처벌하려 했으나 탄핵이 잇따르자 본향(本鄕)인 남원에 안치(安置)했다.

양녕의 비행을 옹호하다가 쫓겨난 황희는 태종이 마음먹기에 따라 큰 화를 당할 수도 있었다. 태종이 종사의 대계를 생각해서 세자를 교체하려는 것에 반대한 행위는 황희가 미래 권력에 줄을 대기 위한 것이라는 의심을 살 수도 있었다. 민무구·무질 형제가 사형에 이른 가장 중대한 혐의는 어린 세자를 끼고 나라의 권세를 잡으려 했다는 것이었다. 민무구·무질을 지방으로 내쫓으면서 형제의 죄상을 열거한 태종의 교서 첫 부분은 바로 그런 내용을 담고 있다.

내가 임오년(태종 2년, 1402)에 아주 큰 종창(腫瘡: 종기)이 났는데 민무구, 무질 등은 비밀리에 내 병세를 엿보고는 구료(救療)할 뜻은 없고, 도리어 사

황희 초상. 국립중앙박물관.

18년간 영의정에 재임한 명재상. 태종 때 자신이 아닌 양녕대군을 지지했음에도 세종은 그를 끝까지 중용했다. 세종은 황희를 신뢰해 육조 직계제를 의정부 서사제로 환원했다.

사롭게 서로 모여 아홉 살 난 어린 아들을 끼고 나라의 권력을 잡으려 하였다.(《태종실록》8년 10월 1일)

이 교서는 또 민무구 형제가 금장지심(今將之心)을 품었다고 비난했는데, 금장(今將)이란 역심을 말한다.《춘추공양전(春秋公羊傳)》에 "임금의 친척에게는 장(將)이 없어야 하는데, 장이 있으면 반드시 벤다"라는 구절이 있다. 또한 《한서》〈숙손통(叔孫通) 열전〉에는 "인신(人臣)에게는 장(將)이 없어야 하는데, 장(將)이란 곧 반역을 일컫는 것으로 죄가 죽음에 이르고 사면하지 않는다"라는 말이 있다. 그 주석에 "장(將)은 역란(逆亂)을 이르는 것이다"라고 설명했다. 안사고(顏師古)는 "장이란 뜻이 있는 것을 말한다"라고 풀이했다. 장(將)이란 미래, 장차라는 뜻인데, 지금 임금이 아닌 다른 인물에게 뜻을 두었다는 것이니 곧 역심을 의미한다.

태종이 세자 교체를 거론했을 때 모든 신하가 일사불란하게 찬성한 것은 세자가 아닌 태종에게 충성을 바친다는 것을 보이기 위함이었다. 그런데 황희 혼자 태자는 아직 어려 판단이 미숙할 뿐이며, 세자의 문제는 매나 개를 좋아하는 데에 지나지 않는다고 반대했다. 이는 태종이 아닌 세자에게 뜻을 두었다고 해석하면 사형에 이를 수도 있는 심각한 문제였다.

그러나 세종은 재위 4년(1422) 2월 12일 남원에 안치되어 있던 황희를 한양으로 불러올렸다. 태종이 세상을 떠나기 석 달 전이므로 태종의 의중이 실린 소환이었을 것이다. 황희는 여드레 후인 같은 달 20일 한양으로 돌아왔는데, 그의 나이 이미 예순이었다. 세종이 그의 직첩을 돌려주라고 명하자 이틀 후 사간원 지사간(知司諫) 허성(許誠) 등이 상소를 올려 황희의 처벌을 주청했다.

"황희는 일찍이 재보(宰輔: 재상)가 되어 속여서 난역(亂逆)의 죄를 가볍게 여겼습니다. 또한 위에서 물을 때도 사실대로 대답하지 않았으니 그 마음이 충성스럽지 못하고, 정직하지 못한 마음이 말과 행동으로 나타난 것이 분명합니다. 그런데 법대로 처리하지 않고 다만 외방(外方)으로 내쫓아 그 목숨을 보전케 하니, 온 나라 신민이 실망하지 않는 이가 없었습니다. 지금 특별히 용서하는 은혜를 내려 한양으로 소환하시니 사람들이 다만 보고 듣고 놀라는 데 그치지 않고 실로 종사의 대계에 어긋남이 있습니다. 엎드려 바라건대 전하께서는 황희를 법대로 처치하여 인신으로서 충성스럽지 못하고 정직하지 못한 자의 경계로 삼아야 합니다."《세종실록》4년 2월 22일)

황희를 등용하지 말고 처벌해야 한다는 주장이다. 동부대언(同副代言) 곽존중이 상소를 받들고 나아가서 읽는데 세종은 읽기를 그치게 하고 상소를 가져와서 직접 본 뒤 기뻐하는 기색 없이 물었다.

"황희의 죄는 처음부터 이름 지어서 말할 만한 것이 없었다. 태상왕께서 스스로 결단한 것뿐인데, 경들은 어떻게 황희의 죄를 아느냐?"

그러자 좌우의 신하가 모두 "신들은 그 죄명을 알지 못합니다"라고 말했다. 그러나 허성은 달랐다.

"처음 황희가 상왕의 물음에 대답할 때 정직하지 못하게 말을 꾸몄는데, 그때 대간과 형조에서 그 내용을 갖추어 상소하면서 죄 주기를 청해서 밖으로 귀양 보냈습니다. 그 장계(狀啓)의 초본(草本)이 본원(本院: 사간원)에 갖추어져 있습니다. 신들은 이로써 알았습니다."

세종이 말했다.

"아랫사람이 일에 대해 말할 때는 진실로 이렇게 해야 한다. 그러나 황희가 충성스럽지 않다고 논하기는 어렵다. 게다가 이미 한양에 돌아왔으니 고칠 수 없다."

세종은 황희의 과전을 돌려주었다. 사헌부에서 다른 사람들의 죄를 청하면서 황희의 죄도 다시 청했지만 세종은 들어주지 않았다. 이런 와중에 태종이 그해 5월 세상을 떠났다. 세종은 그해 10월 황희에게 정2품 의정부 참찬을 제수했다. 그리고 이듬해인 세종 5년(1423) 5월 황희를 요직인 예조판서로 삼았다. 세종은 두 달 후 황희를 강원도 관찰사로 전임시켰다. 좌천 같아 보이지만 강원도 관찰사 이명덕(李明德)이 강원도의 기근을 구제하는 데 실패했기 때문에 대신 보낸 것이니 일종의 시험이었다.

황희가 강원도에 부임해 실상을 조사하니 장부상의 곡식과 실제 있는 곡식의 수량이 너무 달랐다. 강원도 내 각 고을의 환상곡(還上穀: 봄에 빌려준 곡식을 가을에 거두어들인 것)이 장부에는 4만여 석 있었는데, 실제로는 2000~3000석만 있거나, 장부에는 3만여 석이 있는데 실제로는 500~600석만 있었다. 그러니 굶는 백성들에게 내줄 곡식이 없었던 것이다. 황희는 실태대로 보고한 후 우선 의창(義倉)의 환상곡 6만 2400여 석을 식구 수에 따라 나누어주어 생명을 살리고 농사를 짓게 하자고 주청했다.

세종은 이 같은 구황 정책에 크게 만족해서 그해 6월 황희를 의정부 찬성으로 다시 불렀다. 이후 세종은 황희를 크게 신임해서 대사헌, 이조판서 등의 요직을 제수하고, 재위 8년(1426) 5월 정1품 우의정으로 승진시켰다. 자신의 즉위를 반대한 황희를 정승으로 승진시킨 것이다.

그렇다고 해서 세종이 무조건 신하를 신임하는 군주는 아니었다. 세종 9년(1427) 6월, 황희의 사위 서달(徐達)이 충청도 신창현의 아전을 때려죽인 사건이 뒤늦게 문제가 되었을 때였다. 전 지현사(知縣事) 서달은 모친 최씨와 함께 충청도 대흥현으로 가는 도중 신창현을 지났는데, 신창현의 아전이 예로 대하지 않고 달아났다면서 이 같은 사건을 일으켰다. 서달이 다른 아전을 붙잡아 구타하자 아전 표운평(表芸平)이 항의하다가 맞아 죽었다. 죄 없는 아전을 구타해 죽인 것은 교수형에 해당하는 중죄였다.

서달은 황희의 사위일 뿐만 아니라 형조판서 서선(徐選)의 외아들이었다. 황희와 서선은 신창현이 고향인 판부사 맹사성에게 표운평의 집과 화해하게 도와달라고 요청했고, 맹사성은 표운평의 형 표복만에게 화해를 종용했다. 보상금을 받은 표복만은 표운평의 아내에게 화해를 종용해서 서달은 무죄 방면되었다.

그러나 사건의 앞뒤가 맞지 않는다고 생각한 세종이 재조사시킨 결과 황희, 맹사성, 서선 등 권력자들이 개입한 사실이 드러났다. 세종은 재위 9년(1427) 6월 17일 황희, 맹사성, 서선을 의금부에 가두었다. 서달은 교수형에 해당되었지만 외아들임을 감안해 유배형으로 감형시켰다. 맹사성과 함께 구속되었던 황희는 보석으로 풀려난 후 6월 21일 파직당했다. 그러나 세종은 황희가 사위의 목숨을 건지려고 한 것이라는 정상을 참작해서 7월 4일 황희를 좌의정, 맹사성을 우의정으로 복귀시켰다.

그달 15일 황희는 어머니가 세상을 떠나 3년간 여묘살이에 들어갔는데 세종은 석 달이 채 지나지 않은 그해 10월 7일 황희를 기복(起復: 상중의 신하가 벼슬에 나오는 것)시켜 좌의정에 임명했다. 황희가 삼년상을 치르겠다고 애걸했으나 세종은 허락하지 않고 조정에 나오라고 종용했고, 황희는 석 달 만에 다시 조정에 나왔다. 황희가 소식(素食: 고기 없는 식사)하며 모친을 애도하자 세종은 재위 9년(1427) 11월 승정원에 명을 내려 고기를 들게 청했다. 지신사들이 황희를 빈청으로 불러서 임금의 뜻이라며 고기를 권하자, 황희는 사양하다가 눈물을 흘리면서 고기를 먹었다.

세종은 황희가 69세 되던 재위 13년(1431) 9월 3일 맹사성을 좌의정으로, 황희를 영의정으로 승진시켰다. 그러자 좌사간 김중곤(金中坤) 등이 황희가 과거 "태석균(太石鈞)을 비호했으며 교하의 토지를 받았다"면서 황희를 파면시켜야 한다고 탄핵했다. 세종 12년(1430) 제주 감목관으로 있던 태석균은 말 1000필이 죽자 그 죄를 면하려고 요로(要路)에 청탁했는데 황희가 사헌부에 고신을 내주라고 요청했다는 주장이었다. 또한 세종 13년(1431) 교하 수령 박도(朴禱)에게 둔전을 달라고 청해서 교하의 땅을 받았다는 혐의도 제기됐다. 그런데 이는 세종도 이미 다 알고 있는 사실이었다. 세종은 안숭선을 불러서 "교하 수령 박도에게 토지를 청하고 태석균의 고신에 서경하기를 요청한 것은 진실로 의롭지 못하다"라면서 "간원이 청하는 것이 옳다"라고 말했다. 그러나 황희의 역량을 높이 평가한 안숭선은 다음과 같이 고했다.

"교하의 일과 태석균의 일은 진실로 황희의 과실이옵니다. 그러나 정사를 도모하고 의논할 때 깊게 생각하고 멀리 고려하는 것은 황희

만 한 이가 없습니다."(《세종실록》13년 9월 8일)

세종이 맞장구쳤다.

"경의 말이 옳다. 지금 대신 중에는 황희 같은 이가 많지 않다. 지나간 대신들을 논하면 하륜(河崙), 박은, 이원 등이 모두 재물을 탐한다는 이름을 얻었다. 하륜은 자기의 욕심을 채우려고 도모하는 신하이고, 박은은 임금의 뜻에 맞추려는 신하이며, 이원은 이익만 탐하고 의리를 잊어버린 신하였다."

세종은 이런 단점들을 다 알면서도 이들을 정승으로 썼다. 이 중 특히 "박은은 임금의 뜻에 맞추려는 신하"라는 말은 의미심장하다. 태종의 뜻에 맞춰 심온을 죽였다는 비난이기 때문이다.

이렇듯 작은 과오보다 큰 역량을 중시한 것이 세종의 용인술이었다. 세종은 재위 14년(1432) 6월 "한 사람의 정승을 얻을 수 있다면 국사에 근심이 없을 수 있다"라고 했을 정도로 정승 한 사람의 역할을 중요하게 생각했다. 세종에게 황희는 작은 문제점이 있지만 국사의 근심을 없게 만들 수 있는 정승이었다. 황희에 대한 세종의 신뢰는 재위 18년(1436) 4월 12일 육조 직계제(六曹直啓制)를 의정부 서사제(議政府署事制)로 환원한 데서 극명하게 드러난다.

"태조께서 만드신 성헌에 따라 육조는 각자의 직무를 먼저 의정부에 품의(稟議)하고, 의정부는 가부를 의논한 뒤 임금에게 아뢰어 지시를 받아 다시 육조로 돌려보내서 시행하게 하라."

태종이 재위 14년(1414)에 시행한 육조 직계제를 22년 만에 폐지하고 의정부 서사제로 돌아간 것이다. 육조 직계제는 의정부를 제치고 육조에서 직접 국왕에게 보고하는 제도다. 의정부 서사제는 육조에서

의정부에 보고해 심의를 받은 후 국왕에게 보고하는 제도다. 의정부 서사제를 운영하면 정승들의 권한이 강해지고, 육조 직계제를 운영하면 국왕의 권한이 강해진다. 세종은 의정부 서사제로 환원하면서 이조 및 병조의 관리 임용과 병조의 군사 기용 등은 임금에게 직접 보고해서 의정부가 왕권을 침해하는 것을 방지했다. 세종이 의정부 서사제로 환원한 것은 황희를 신뢰하기 때문이었다.

"옛날 의정부에서 서사(署事)할 때 좌의정, 우의정만 도맡아 다스리고 영의정은 관여하지 않는 것은 예부터 삼공(三公)에게 임무를 전담시킨 본의와 어긋나니 지금부터 영의정 이하가 함께 논의해 가부를 논하게 하라."

좌의정, 우의정만 육조를 관할하는 의정부 서사제의 기능에 영의정의 역할을 추가하라는 명령이었다. 세종이 의정부 서사제로 환원한 것은 한 인물에 대한 신뢰로 제도까지 바꾼 사례다. 세종은 태종이 피의 숙청 끝에 만든 육조 직계제를 의정부 서사제로 바꾸어도 왕권이 침해당하지 않을 것이라는 확신이 있었다. 그 확신의 밑바닥에는 영의정 황희에 대한 세종의 신뢰가 존재했다.

세종의 예상대로 황희는 신중했다. 의정부 서사제가 부활되어서 만인지상(萬人之上)의 영상이 되었지만 권력을 남용하지 않았다. 또한 자신은 늙었다면서 자주 사임을 요청해 권력에 뜻이 없다는 심사를 거듭 밝혔다. 그때마다 세종은 사임을 거부하고 황희를 붙잡았다. 임금은 권력을 더 주려 하고 신하는 권력을 내려놓으려 하는 진풍경이 연출됐다. 군주 세종과 신하 황희는 서로에 대한 무한한 신뢰 속에서 각자의 시각으로 함께 국정을 바라보고 운영했다.

황희는 무리하지 않았다. 《세종실록》의 사관은 황희에 대해 이렇게 평가했다.

> 황희는 재상의 자리에 20여 년간 있으면서 지론(持論: 주관하는 의논)이 너그럽고 후한 데다 분경(紛更: 뒤흔들어서 고침)을 좋아하지 않고, 나라 사람들을 잘 진정시키니 당시 사람들이 진정한 재상(眞宰相)이라고 불렀다.(《세종실록》31년 10월 5일)

황희는 문종 2년(1452) 2월 8일 아흔 나이로 세상을 떠났다. 당시로선 보기 드문 구순(九旬) 장수였다.

사신(史臣)은 황희의 졸기에서 이렇게 평했다.

> 황희는 관대하고 후하며 깊고 무거워서 재상(宰相)의 식견과 도량이 있었다. (중략) 집을 다스리는 데는 검소했고 기쁨이나 노여움을 나타내지 않았다. 일을 의논할 때는 정대(正大)해서 대체(大體: 큰 줄거리)를 보존하기에 힘쓰고 번거롭게 변경하는 것을 좋아하지 않았다.(《문종실록》2년 2월 8일)

황희의 장점은 그 무엇보다 관대함이었다. 특히 옥사(獄事)에 임할 때는 관용을 우선했다. 이와 관련, 황희는 이런 말을 남겼다.

"차라리 형벌을 가볍게 해서 실수할지언정 억울한 형벌을 가할 순 없다."

황희 역시 세종처럼 유명한 독서가였다. 늙어서는 시력을 보호하기 위해 한쪽 눈을 번갈아 감으면서 책을 읽었다. 이처럼 황희는 늘 손에서 책을 놓지 않았다. 세종과 황희는 수많은 서책 속에서 나라가 나아갈 길을 찾았던 것이다. 그런 서책들은 모두 권력자는 겸손해야 하며 아랫사람들을 인(仁)으로 대해야 한다고 말했다. 황희가 세상을 떠나자 조정과 민간에서 서로 조문하지 않는 자가 없었는데,《문종실록》의 사관은 이렇게 평했다.

이서(吏胥: 아전)와 여러 관사(官司)의 복례(僕隷: 노비)들도 모두 전(奠)을 베풀어 제사를 지냈으니, 전고(前古)에 없던 일이다.《문종실록》2년 2월 8일)

이렇듯 황희의 인품을 높이 산 아랫사람들이 많았다. 황희가 태종

반구정. 문화재청.
황희가 관직에서 물러나 여생을 보내던 곳의 정자로, '갈매기를 벗 삼아 즐기는 곳'이란 뜻을 갖고 있다. 파주 임진강 가에 위치해 있다.

에게 노비종부법으로 개정하자고 주장하고 아랫사람들에게 관대하게
대한 것은 그가 서자 출신이었기 때문인지도 모른다. 단종 즉위년에
《세종실록》을 편찬할 때 사관 이호문(李好問)이 황희를 서자의 아들이
라고 써서 문제가 되었다. 《세종실록》 19년(1437) 2월 21일조는 황희
의 아들 황치신(黃致身)이 예조참의에 임명되자 이렇게 비판했다.

> 황치신은 황희의 아들인데, 그 아버지가 황군서의 정실(正室)의 아들이 아
> 닌 것을 알지 못하고, 한갓 그 세력을 믿고 벼슬하는 곳마다 불의한 일을
> 많이 행하고도 부끄러워하지 않고, 또 거만하고 무례하여 사대부를 멸시
> 하였다.

단종 즉위년(1452) 7월 《세종실록》을 편찬할 때 지춘추관사 정인지
는 이호문이 기록한 이 내용에 대해 문제를 제기했다.
"이는 내가 듣지 못한 내용이다. 감정이 지나치고 근거도 없는 것
같으니, 마땅히 여러 사람들과 의논하여 정해야겠다."
그래서 영관사 황보인(皇甫仁), 감관사(監館事) 김종서(金宗瑞), 지관사
(知館事) 허후(許詡) 등 실록 편찬에 관련된 인물들이 모여 회의를 했는
데, 황희 자신이 "나는 정실의 아들이 아니다"라고 말했다는 사실이
드러났다. 그러나 종모법으로의 환원을 거듭 주장했던 허조의 아들
허후가 황희를 옹호하고 나섰다.
"나의 선인(先人: 허조)께서 매번 황상(黃相: 황희)을 칭찬하고 흠모하
고 존경해 마지않았다."
신분제는 하늘이 정해준 것이라고 주장하던 허조가 흠모하고 존경

백성을 위해 문자를 만든 임금 🏵

했으면 정실의 자식이 아닐 수 없다는 뜻이다. 그러나 황희처럼 영의
정까지 역임한 인물의 출계(出系)에 대해 사실이 아닌 내용을 쓴다는
것은 흔한 일이 아니었다. 서자 출신 황희는 자신의 출신을 숨기지 않
았고, 오히려 종부법으로 그 개선책을 마련해 국정에 반영했다. 또한
아랫사람들을 인으로 대해 아전과 노비들까지 그를 추모하게 만들었
다. 이런 황희를 세종은 왕사(王師)이자 국사(國師)로 대접했다. 서로가
서로를 알아본 그 임금에 그 신하였다.

사대교린과 영토 획정

사대교린 외교의 빛과 어둠

조선 외교 정책의 기본 원칙은 사대교린(事大交隣)이다. 중국은 상국
(上國)으로 사대하고 일본을 비롯한 주위의 여러 나라들과는 사이좋게
지내는 교린(交隣)이 조선이 취한 기본 방침이었다. 사대의 시작은 이
성계가 요동 정벌을 추진하던 고려 우왕에게 '4불가론'에서 "작은 나
라가 큰 나라를 거역하는 것은 첫째로 옳지 않습니다"(《태조실록》 총서)
라고 말한 것으로 볼 수 있다. 자국 임금의 북벌 명령에 작은 나라가
큰 나라를 거역해서는 안 된다고 주장하고, 끝내 명나라에 대한 사대
를 명분으로 회군을 단행해 새 왕조를 개창했으니 사대는 조선에서
국시처럼 높여졌다.

사대교린 외교 정책은 양날의 검이었다. 특히 중국에 대한 사대는 국경을 맞대고 있는 대국 명나라와의 전쟁을 막을 수 있는 국체 보존의 한 방편이었다. 그러나 사대를 외교 정책의 기틀로 삼아서 독립국의 자존감을 스스로 무너뜨린 것도 사실이다.

고려 우왕 14년(1388: 홍무 21년) 명 태조 주원장이 지금의 심양 남쪽 진상둔진의 봉집보에 철령위를 설치하자 고려는 크게 반발했다. 우왕은 박의중(朴宜中)을 사신으로 보내 압록강 북쪽에서 심양 남쪽까지는 원래 고려 영토임을 주장하는 한편 이성계와 조민수(曹敏修)에게 군사를 주어 북상시켰다. 당황한 주원장은 철령위를 설치한 봉집보가 고려 강역임을 인정하고 홍무(洪武) 26년(1393: 조선 태조 2년) 지금의 심양 북쪽 철령시 자리인 옛 은주로 철령위를 이전했다. 고려의 국경은 서북쪽은 봉집보, 동북쪽은 공험진이었는데, 압록강 대안의 단동에서 현재 심양까지는 292km에 이르는 거리로, 옛날 도량형을 따르면 730리 정도다. 그러니 고려, 조선의 북쪽 국경은 대략 압록강과 두만강 북쪽 700여 리였던 셈이다.

명나라는 고려에 맞서 대군을 일으킬 만한 상황이 아니었다. 북방의 몽골, 즉 원나라가 언제 다시 남하할지 알 수 없었기 때문이다. 조선군과 몽골 및 만주족 군사가 연합한 대명(對明) 전선은 한족(漢族)의 명나라로선 상상하기도 싫은 구도였다. 그래서 명 태조 주원장은 후왕들에게 전하는 외교 정책에 정벌해서는 안 되는 '부정지국(不征之國)'을 열거해서 이들 나라와는 절대 전쟁을 벌이지 말라는 유훈을 남겼다. 명나라가 전쟁를 벌여서는 안 된다고 한 나라는 모두 열다섯 개인데, 동북의 조선이 그중 첫 번째였다. 그만큼 명나라는 고려, 조선을

명 선종. 대만 국립고궁박물관.

명나라의 5대 황제로 어렸을 때부터 영민해 조부인 성조 영락제의 총애를 받았다. 환관을 교육시키고
내시부장관 격인 태감의 권한을 강화해 훗날 환관의 정치 개입을 야기시켰다는 평가를 받는다.

백성을 위해 문자를 만든 임금

두려워했다. 그 외에 정동(正東)의 일본과 정남(正南) 동쪽의 대·소 유구(大小琉毬), 서남쪽의 안남(安南: 베트남)과 진랍(眞臘: 캄보디아), 섬라(暹羅: 태국), 고성(占城: 베트남 중부), 팽형(彭亨: 말레이시아 일부)이 이들 열다섯 나라에 속한다.

이는 주원장이 자손들에게 내려준 《황명조훈(皇明祖訓)》에 나오는 것으로, 이 책에는 주원장의 뒤를 이은 황제들이 반드시 지켜야 할 유훈이 실려 있다. 《황명조훈》은 홍무 6년(1373) 《조훈록(祖訓錄)》이란 이름으로 처음 작성해 반포했다가 홍무 28년(1395) 《황명조훈》이란 이름으로 다시 반포했는데, 모두 13장으로 이뤄져 있다. 주원장은 홍건적 출신으로 학문이 부족했지만 자신이 세운 왕조가 오래 지속되기 위해서는 어떻게 해야 하는지 잘 알고 있었다. 그래서 황권을 위협할 수 있는 승상(丞相)을 세우는 것을 금지하고, 황제 친척들의 위법 행위를 엄하게 금지시키고, 백성들에 대한 가혹한 형벌을 금지하는 내용 등을 담은 《황명조훈》을 작성했는데, 이 중 외교 정책은 '15개 부정지국'으로 요약할 수 있다.

중국의 부강함을 믿고 한때의 전공을 탐해서 까닭 없이 군사를 일으켜 인명을 상하게 하지 마라!

주원장이 유훈으로 《황명조훈》을 남긴 것은 주변 국가들과 싸우는 틈에 몽골이 다시 흥기하면 명나라가 순식간에 망할 수도 있다는 두려움 때문이었다. 조선과 전쟁을 벌여서는 안 된다는 나라를 사대하는 것이 조선 외교 정책의 가장 큰 대강이었으니 서로 모순이다.

세종도 태조, 정종, 태종의 사대외교 정책을 계승했는데, 명나라도 물론 이런 사실을 잘 알고 있었다. 당연히 명나라 사신들의 횡포는 날로 극심해졌다. 특히 조선 출신으로 명나라 환관이 된 사신들의 횡포가 더욱 심했다. 성조 영락제는 태종 3년(1403) 11월 화자(火者: 고자) 60명을 보내라고 요구했다. 태종은 35명의 화자밖에 선발해 보낼 수 없었다. 《태종실록》은 "임금이 서교에서 전송하니 환자(宦者)들이 모두 눈물을 흘리며 울었다"라고 전한다. 태종 7년에도 영락제는 안남에서 화자 3000명을 데려왔으나 모두 우매하여 쓸 데가 없다면서 오직 조선의 화자가 똑똑하여 일을 맡겨 부릴 만하다며 다시 300~400명의 환관을 요구했다. 태종은 "이것들이 따로 종자가 있는 것도 아닌데, 어떻게 이렇게 많이 얻을 수 있겠는가?"라고 항의했다.

이렇게 명나라로 가서 환관이 된 인물로 윤봉(尹鳳)이 있다. 풍해도(현재의 황해도) 서흥현 출신인 윤봉은 울면서 명나라로 끌려갔으나 황제의 신임을 얻어 세종 10년(1428)경 내시부 장관인 태감(太監)까지 올랐다. 사신으로 조선에 온 윤봉은 자신을 명나라에 넘긴 조선에 분풀이라도 하듯 갖은 횡포를 다 부렸다. 뇌물을 요구하는 것은 기본이고 일개 평민인 자신의 형제들에게 벼슬을 내리라고 강요했다. 태종은 그의 형제 10여 명에게 서반(西班: 무관)의 직위인 사직(司直), 사정(司正) 등을 제수해서 달랠 수밖에 없었다.

명 선종(宣宗)은 세종 12년(1430)에 조선을 칭찬하는 국서를 보냈다.

왕의 사대하는 마음이 정성과 공경에 독실하여 해를 거듭해도 해이해지지 않고 더욱 높아가니 왕의 현량(賢良)함을 기꺼워하며 거듭 아름답게 여

기고 기뻐한다.《세종실록》12년 7월 17일)

명 선종은 아울러 창성(昌盛)과 윤봉 등을 사신으로 보내면서 "사신들에게 사사롭게 재물을 주지 마라"라고 명시한 국서를 보냈다. 이때 김종서는 재물을 주지 않으면 해가 발생할 것이라고 주장했으나 세종은 황제의 칙유(勅諭)를 어길 수 없다며 거부했다. 창성과 윤봉 등은 귀국해서 명 선종에게 조선에 대해 아주 나쁘게 보고했다. 이런 과정을 모르는 선종은 조선을 비난하는 국서를 보내왔다. 세종이 "금번의 칙서에 있는 말은 마치 고아(孤兒)를 농락하는 것 같으니, 언제 황제가 이렇게까지 한 적이 있느냐"《세종실록》13년 8월 19일)라고 한탄할 정도로 불쾌한 국서였다.

이후 세종은 자신의 소신을 접고 윤봉 등의 요구를 적극 수용했다. 세종은 그의 아우 윤중부(尹重富)에게 당상관인 총제(摠制) 벼슬까지 제수했으나, 윤봉은 며칠 후 윤중부를 2품으로 승진시켜달라고 요구했다. 이번에는 김종서가 반대했지만 세종은 윤봉의 청탁을 들어주었다. 조선 출신 명 사신에게 정성을 다한 결과, 세종은 선종에게 이런 국서를 받았다.

왕은 공경히 조정을 섬겨서 영락 연간부터 지금까지 앞뒤로 한결같이 정성스러우니 탁월한 현왕(賢王)이라고 할 만하다. (중국) 조정도 왕을 대할 때 또한 앞뒤로 한결같이 정성스러웠다. 파견한 사신 중에 소인이 있어서 제멋대로 경솔하게 굴면서 대체(大體)를 돌아보지 않고 망령되게 요구할까 염려된다. 무릇 그들의 말이 칙서의 유시(諭示)가 아니면 왕은 그 말을

믿고 좇지 마라.(《세종실록》14년 5월 29일)

명나라 사신들이 조선에 와서 횡포를 부린다는 사실을 모르는 게 아니었다. 조선을 길들이는 수단으로 사신의 횡포를 이용한 것이다. 조선의 사대외교가 빚은 가장 큰 비극은 명나라 후궁으로 갔던 여인들이 운명이었다.(2권 2부의 〈조선 출신 명나라 환관과 후궁〉 참조)

태종 8년(1408) 11월 12일, 조선에서 다섯 명의 소녀가 선발되어 명나라에 들어갔다. 소녀들이 명나라 땅에 들어서자 달단(몽골) 정벌을 위해 북상 중이던 성조 영락제는 조선 태종 9년(1409: 영락 7년) 북경에서 조선 소녀들을 직접 면접하고 공조전서 권집중(權執中)의 딸 권씨를 현인비(顯仁妃)로 봉했다. 성조 영락제는 영락 5년(1407) 개국공신 서달의 딸인 황후 서씨가 세상을 떠난 후 다시 황후를 책봉하지 않고 두 명의 비(妃)만 두었는데, 영락 7년(1409) 책봉한 소헌귀비 왕씨와 조선 출신 현인비 권씨가 바로 그들이다. 《명사》에는 현인비 권씨에 대해 "자질이 꽃나무가 무성하듯 아름다우면서도 순수하고 옥통소를 잘 불어 황제가 사랑하면서도 가엾게 여겼다"라고 기록되어 있다. 현비는 그만 태종 10년(1410) 급사하고 말았다.

조선 소녀가 후궁으로 갈 때 부친이나 오라버니 등이 함께 따라가는 경우가 많았는데, 이들은 명나라 벼슬을 받기도 했다. 현인비의 오라비 권영균(權永均)은 광록시 경(光祿寺卿)을 제수받았고, 후궁 임씨의 부친 임첨년(任添年)은 홍려시 경(鴻臚寺卿)을 제수받았으며, 후궁 최씨의 부친 최득비(崔得霏)는 홍려시 소경(少卿)을 제수받았다. 광록시 경과 홍려경은 4품 벼슬이다. 이외에 정윤후(鄭允厚), 여귀진(呂貴眞), 이

문명(李文命) 등이 소경을 제수받은 것을 비롯해 딸이나 누이 덕분에 명나라 벼슬을 제수받은 경우가 적지 않았다. 벼슬뿐만 아니라 많은 하사품도 내렸다.

영락제는 태종 9년(1409) 4월 현인비의 오라비 권영균에게 채단(綵段) 60필, 채견(綵絹) 300필, 금(錦) 10필, 황금(黃金) 2정(錠), 백은(白銀) 10정, 말 5필, 안장(鞍) 2면(面), 옷 2벌(襲), 초(鈔) 3000장을 하사했다. 광록소경에 제수된 여귀진 등에게는 채단 60필, 채견 300필, 금(錦) 10필, 황금 1정, 백은 10정, 말 4필, 안장 2면, 옷 2벌, 초 3000장을 하사했다. 이는 일시에 내린 하사품으로, 벼슬을 제수했으니 매월 녹봉도 주어야 했다. 태종 11년(1411) 4월, 영락제는 신년 축하차 명나라에 온 하정사(賀正使) 임정(林整) 편에 명나라 예부의 자문(咨文: 외교 문서)을 주어서 태종에게 전했다.

> 광록시 경 권영균과 소경 정윤후, 여귀진, 이문명, 그리고 홍려시 경 임첨년과 소경 최득비가 모두 합당한 봉록을 받았지만 길이 멀어서 가져갈 수 없으므로 공문으로 알리니 왕은 본국에서 이관해서 그들에게 주라. 광록시 경은 월봉(月俸: 한 달에 받는 봉록) 26석, (광록시) 소경은 16석, 홍려시 경은 24석, (홍려시) 소경은 14석이다.

자신은 벼슬을 내려 생색만 내고 정작 녹봉은 조선에서 주라는 것이었다. 사대를 기본 외교 정책으로 택한 업보는 이처럼 다양한 형태로 나타났다.

현인비 사망 사건은 그녀가 영락제의 애도 속에 죽은 것으로 끝나지 않았다. 현인비가 죽은 지 4년 뒤인 태종 14년(1414, 영락 12년), 중국 상인(商人)의 딸 여씨가 조선 출신 첩여(婕妤: 명 후궁) 여씨에게 현인비가 독살당했다고 폭로했다. 분개한 성조 영락제는 조선 출신 첩여 여씨를 비롯해 궁인과 환관 수백 명을 죽였다.

그런데 이 사건은 훗날 중국 상인의 딸 여씨가 조선 출신 여씨를 무고한 것으로 드러났다. 중국인 여씨는 조선 출신 여씨와 성이 같다는 이유로 가깝게 지내려 했는데 들어주지 않자 첩여 여씨가 권비를 독살했다고 무고한 것이다. 게다가 중국 상인 여씨의 딸이 궁인 어씨(魚氏)와 함께 젊은 환관과 간통하다가 발각되어 무려 2800여 명이 죽는 대사건으로 번졌는데, 이것이 바로 어여(魚呂)의 변이다.(2권 2부의 〈조선 출신 후궁들의 비극, 어여의 변〉 참조) 여씨가 후궁 벼슬의 하나인 첩여(婕妤)를 제수받아서 '여첩여(呂婕妤)의 변'이라고도 하는데, 이때 여씨는 스물한 살의 꽃다운 나이로 숱한 악형을 받다가 죽임을 당하고 그녀의 궁에 소속된 궁녀와 태감(太監: 환관) 등도 모두 죽임을 당했다.

명 성조는 영락 12년(1414, 태종 14) 권영균, 임첨년 등이 북경에 오자 자신이 여씨를 죽이고 여씨 궁중의 사람들을 다 죽였다고 말했다. 그해 12월 한양으로 돌아온 권영균 등이 태종에게 이 사실을 알렸다. 무인난(제1차 왕자의 난)으로 정도전 등 북벌 세력을 제거한 태종은 명나라에 항의 한번 제대로 할 수 없었다.

명나라로 끌려간 조선 여인들의 비극은 이것으로 끝나지 않았다. 명 성조는 영락 22년(1424, 세종 6년) 7월 세상을 떠나고 8월에 장남인 태자 주고치(朱高熾)가 즉위했다. 그가 바로 명 인종(仁宗)이다. 성조 영락제는 중국인 여씨가 궁인 어씨와 함께 환관과 간통하다가 수많은 사람과 함께 죽은 사건 때 화공을 시켜 여씨가 젊은 환관과 간통하는 장면을 그려서 후세에 보이려고까지 하다가 그만두었다. 성조가 끝내 궁인 어씨를 잊지 못해 그녀까지 욕되게 할 것을 걱정했기 때문이다. 그래서 자신의 수릉(壽陵: 죽기 전에 만든 무덤)에 어씨를 묻었는데, 명 인종은 즉위하자마자 어씨의 시신을 파내버렸다.

어여의 변 때 조선 출신 여인들은 대부분 비극적 종말을 맞았다. 임씨와 정씨는 사건이 무차별 확대되자 목을 매어 자살했고, 황씨와 이씨는 국문 끝에 목이 베였다. 그전에 황씨는 심한 고문을 이기지 못하고 다른 사람을 많이 끌어댔으나, 이씨는 "죽는 것은 마찬가지인데, 어찌 다른 사람을 끌어들이겠느냐? 나 혼자 죽는 것이 마땅하다"라면서 아무도 끌어들이지 않고 홀로 죽임을 당했다. 어여의 변 때 남경에 있던 최씨는 영락제가 북경으로 부를 때는 병 때문에 가지 못하고 사건이 거의 마무리된 다음에 올라와서 죽음을 면할 수 있었다. 또 다른 후궁 한씨는 빈방에 갇혀 음식도 제공받지 못했는데, 문을 지키던 환관이 불쌍하게 여겨서 때때로 음식을 넣어주어 겨우 목숨을 건졌다. 그러나 조선에서 같이 간 몸종들은 모두 잡혀서 죽고 말았다. 또 다른 후궁 황씨는 조선에서 북경으로 갈 때 복통이 일어났는데, 의원이 여러 가지 약을 썼으나 아무 효험이 없었다. 황씨가 김칫국(汁菹: 즙저)이 먹고 싶다고 말하자 명나라 사신 황엄(黃儼)이 원민생(元閔生)에게 김칫국이 무엇이냐고 물었다. 원민생이 김치 담그는 법을 자세히 설명하자 황엄이 얼굴빛이 변하면서 말했다.

"사람 고기가 먹고 싶다면 내가 넓적다리를 베어서라도 올리겠지만 이런 황무지에서 어떻게 그런 물건을 얻겠느냐?"

황씨 소녀는 형부 김덕장(金德章)의 집 이웃에 사는 조예(皂隷)와 사랑해서 이미 임신한 상태였다. 애를 떼는 데 김칫국이 효과가 있다는 민간요법에 따라 김칫국을 찾은 것이다. 황씨 소녀가 처녀가 아니란 사실을 알게 된 영락제는 크게 화를 내면서 조선 왕을 문책하겠다며 칙서를 작성했다. 그때 영락제의 총애를 받던 궁인 양씨가 한씨에게 이 사실을 알리자 한씨는 울면서 영락제에게 호소했다.

"황씨는 사삿집 사람인데, 우리 임금이 어찌 그것을 알겠습니까?"

그러자 영락제는 조선 임금을 문책하려던 것을 그만두고 한씨에게 황씨를 벌하라고 명했다. 한씨는 할 수 없이 황씨 소녀의 뺨을 때렸다.

어여의 변 때 겨우 살아남았다고 좋아할 것도 아니었다. 명나라 왕실에는 아직도 야만적인 순장(殉葬) 제도가 시행되고 있었기 때문이다. 세종 6년(1424) 10월 17일의 일이다. 임금이 평상시에 정사를 보는 편전(便殿)에서 임첨년(任添年), 한확(韓確), 최득비(崔得霏)에게 잔치를 베풀어 위로했는데, 《세종실록》은 이들을 "황친(皇親)", 즉 황제의 친척이라고 설명했다. 딸이나 누이 등이 명 임금의 후궁이 되었으므로 황친이라고 설명한 것이다.

그런데 이날 잔치의 분위기는 우울했다. 명나라에서 돌아온 사신들이 조선 출신 후궁들의 비극을 전해주었기 때문이다. 명 성조는 영락 22년(1424, 세종 6년) 8월 12일, 즉위 22년 만에 세상을 떠났다. 명나라 역사상 유일한 정복군주였던 성조는 주원장이 내린 《황명조훈》을 어기고 자주 전쟁을 일으켰다. 그 대상 중 하나가 안남이었다. 안남에서는 1225년 진경(陳煛)이 대월(大越)을 건국했는데, 중국에서는 대월이라고 하지 않고 낮춰서 진조(陳朝)라고 불렀다. 1400년 대월의 권신 호계리(胡季犛)가 대우(大虞)를 건국했는데, 중국에서는 또한 호조(胡朝)라고 낮춰 불렀다. 명 성조는 1406년 광동의 군사 50여만 명을 보내 대우를 무너뜨리고 개국시조 부자를 납치해 왔다. 그리고 조선에 사신을 보내 이 사실을 알리면서 은근히 협박했다. 태종은 군신들에게 "나는 한편으로는 (명나라를) 지성으로 섬기고, 한편으로는 성을 튼튼히 하고 군량을 저축하는 것이 급선무라고 생각한다"(《태종실록》 7년 4월 8일)라고 말했다. 명에 대한 사대로 전쟁을 예방하는 한편 전쟁 준비를 철저히 해서 만약의 사태에 대비하겠다는 뜻이었다.

명의 성조는 대우를 멸망시킨 후 북방으로 시선을 돌려 몽골과 여러 차례 전쟁을 치렀다. 그때마다 조선에 말을 요구했는데, 조선은 명나라에 말을 제공함으로써 스스로 우익(羽翼)을 잘랐다. 이것이 모두 사대의 그늘이다.

이런 사대의 그늘이 명 성조의 죽음과 함께 조선 출신 여인들에게 닥친 것이다. 임금이 죽으면 그를 모시던 후궁들을 함께 죽여버리는 순장제 때문이었다. 성조가 죽자 30여 명의 궁인이 순장될 운명이었다. 이들을 죽이는 날, 명나라 대궐 뜰에서 밥을 먹이고 식사가 끝난 다음 함께 마루에 끌어올리자 전각에 곡성이 진동했다. 마루 위에 작은 평상을 놓고 그 위에 올가미를 만들어 목에 건 다음 평상을 거둬서 죽이는 교수형이 행해졌다. 순장당할 여인들이 마루에 올라가자 명 인종이 직접 들어와서 고별했다. 이때 한씨가 울면서 인종에게 부탁했다.

"제 어머니가 늙으셨으니 본국으로 돌려보내주소서."

한씨가 울면서 부탁한 어머니는 유모 김흑(金黑)이었다. 만리타향에서 온 여인이 울면서 간청하는 것을 들어주지 않을 수 없었던 인종은 허락했다. 유모 김씨가 고국에 돌아가 남은 생애를 마치리라 생각하며 강혜장숙여비(康惠莊淑麗妃) 한씨는 기꺼이 죽음을 맞이했다. 인종이 김흑을 돌려보내려 하자 명나라 궁중의 여러 여수재(女秀才)들이 반대했다.

"근일에 발생한 어여의 변은 옛날에도 유례를 찾을 수 없습니다. 옛 서적에 따르면, 처음에 불교가 여러 나라에 퍼질 때 조선이 거의 중화(中華)될 뻔했지만 나라가 작기 때문에 중화되지 못했다고 합니다. 또 요동 동쪽은 전부터 조선에 속해 있었는데 지금 만약 요동을 얻으면 명이 항거하지 못할 것이 틀림없습니다. 이런 난을 그들이 알게 해서는 안 됩니다."(《세종실록》6년 10월 17일)

명나라 궁중의 여수재들은 한씨의 유모 김흑이 귀국해서 조선 출신 여인들이 순장당한 사실을 알리면 조선이 군사를 일으켜 복수할까 봐 두려워했다. 조선이 군사를 일으킬까 두려워진 명 인종이 윤봉을 불러 물었다.

"김흑을 돌려보내려 하는데 근일의 사건을 누설할 염려가 있으니 어떻게 하면 좋겠느냐?"

"사람마다 각자 마음이 있는데, 소인이 어찌 감히 알겠습니까."

김흑이 돌아가서 조선 여인들이 당한 참혹한 비극에 대해 말하지 않을지 어떻게 아느냐는 답이다. 그래서 인종은 한씨와의 약속을 깨고 김흑을 돌려보내지 않고 공인(恭人)으로 봉했다. 여비 한씨의 남동생이 나중에 수양대군의 쿠데타를 도와 좌의정까지 되는 한확이다.

명나라는 이렇듯 조선이 군사를 일으킬까 봐 극도로 두려워했는데,

조선은 거꾸로 명나라에 대한 사대를 무조건적인 외교 정책으로 삼았다. 이때 김흑뿐만 아니라 여러 조선 여인 중 아무도 돌아오지 못했다. 이들이 귀국한 것은 11년 후다. 선왕의 후궁들을 잔인하게 죽인 인종은 불과 1년도 재위에 있지 못하고 영종이 즉위했다. 영종은 선덕 10년(세종 17년, 1435) 4월, 김흑 등 53명의 조선 부녀자에 대한 귀국을 허용했다. 이때 명 영종은 내관(內官) 이충(李忠)과 내사(內史) 김각(金角), 김복(金福) 등에게 여인들을 호송하라는 책임을 맡겼는데, 이 환관들도 모두 조선 출신이었다. 이충은 권씨를 따라 명나라에 갔던 인물이다. 김각과 김복은 모두 영락 원년에 중국에 갔는데, 김각은 충청도 옥과 출신이고, 김복은 평양 사람이다.

이때 세종이 사신들에게 조선 임금과 동등한 예를 행하는 사례(私禮)를 행하려고 하자 이충 등이 사양했다.

"우리들은 본국(조선)의 소민(小民)인데 어찌 감히 전하와 대등한 예를 행하겠습니까. 청컨대 전하께서는 남향해서 앉으시고 우리들은 북향해서 예를 행하겠습니다."

남향은 임금의 자리다. 그나마 이들은 조선 출신이란 근본을 잊지 않았다. 세종이 사양해서 세종은 동남향하고, 사신들은 서북향해서 예를 행했다. 조선의 사대외교는 국체를 안전하게 보존했다는 밝음도 있지만 스스로를 신하의 국가로 격하시킨 어둠도 짙다. 그나마 태종, 세종 때는 국체 보존을 위한 고육책이란 명분이나마 있었지만 이후로 가면 이런 명분마저 희석되고 사대를 위한 사대로 전락하고 만다. 태조, 태종, 세종 등이 추구한 사대외교는 조선인들이 조선인의 시각으로 세계를 바라보는 것을 저해하고 타인의 시각으로 우리를 바라보는 사대주의를 이념으로 만든 하책이었다.

북방 여진족을 어떻게 다뤄야 할까

　세종이 사대외교에 주력한 가장 큰 이유는 국체를 보존하기 위함이었다. 선조들이 물려준 북방 강역을 지키려면 명나라와 평화적인 외교 관계를 유지하는 것이 필수라고 생각한 것이다. 세종은 재위 14년(1432) 2월 10일 이렇게 말했다.

　"우리나라의 근심은 북방에 있다. 야인(野人: 여진족)이 중국 경내를 침범하지 못하는 것은 화포(火砲)와 궁노(弓弩: 강한 활)를 두려워하기 때문이다. 근래 10여 년간 야인들이 우리 국경을 침략하지 못한 것은 전시귀(田時貴), 이징옥(李澄玉), 하경복(河敬復) 등이 싸워서 이겼기 때문이다. 비록 적의 변란이 있어도 만약 높은 곳에 연대(烟臺: 높은 포대)를 쌓고 방어에 필요한 시설을 설치해서 지킨다면 야인들이 오래 머물 수 없을 것이다."

　세종은 병조에 미리 연대를 쌓고 그 외에 각종 방어물을 준비해 국경을 지키게 했다. 아니나 다를까 그해 12월 9일, 평안도 감사가 여진족 400여 기가 여연(閭延) 경내에 침략했다고 급히 보고했다.

　"야인 400여 기가 여연 경내에 쳐들어와서 사람과 물건을 노략질해 갔는데, 강계 절제사(江界節制使) 박초(朴礎)가 군사를 이끌고 추격해

붙들려 가던 사람 26명과 말 30필, 소 50마리를 도로 빼앗아 왔습니다. 우리나라의 전사자는 13명이고, 적의 화살에 맞아 부상한 사람은 25명인데, 날이 저물어 끝까지 추격하지 못했습니다."

세종은 크게 노했다. 그러나 이는 자칫 명나라의 간섭을 초래하는 빌미가 될 수도 있었다.

"우리나라에서 끝까지 추격하지 못한 것은 상국(上國: 명)의 경계를 마음대로 넘을 수 없기 때문이니 이러한 뜻을 갖추어 주문(奏聞)하는 것이 어떻겠는가?"《세종실록》14년 12월 9일)

명나라에 국서를 보내자는 세종의 주장에 황희, 조말생, 병조판서 최사강(崔士康) 등이 완곡하게 반대했다.

"여진이 와서 침략했을 때 우리 군사가 비록 중국 땅까지 뒤쫓아 들어갈지라도 이는 방어하기 위한 것일 뿐, 진실로 사대하는 의리에는 해로움이 없는데 황제가 어찌 허물하겠습니까? 지금 중국이 우리를 대우하는 것이 아주 두텁지만 군사를 일으켜 (중국 경내에) 들어갈 때 미리 주달하는 것은 의리에 편하지 않습니다."

여진족을 쫓아서 군사를 중국 경내에 들여보낼 때 미리 중국에 통보할 필요는 없다는 뜻이다.

그러나 맹사성, 권진 등의 견해는 달랐다.

"주상의 교시대로 주문(奏聞)하는 것이 편하겠습니다."

그래서 중국에 국서를 보내 알리기로 했는데, 세종이 보낸 국서는 비록 공손한 말로 쓰였지만 그 속에는 날카로운 칼날이 숨어 있었다.

홍무 18년(1385) 태조 고황제(高皇帝: 주원장)의 조지(詔旨)에 '화외(化外: 이

민족 지역)를 구별하지 않고 일시동인(一視同仁: 모두 평등하게 사랑함)한다'라는 구절이 있었습니다. 본국은 이미 동인(同仁)하시는 안에 있으니 성자(聖慈)를 입은 것이 밝게 내렸습니다. 지금부터는 야인들이 전처럼 작란하면 우리나라에 영(令)을 내리셔서 태종 문황제(文皇帝: 영락제)께서 선유하신 성지의 뜻에 따라 편의대로 대책을 세워 쫓아가 잡도록 한다면 온 나라가 매우 다행이겠습니다.《세종실록》14년 12월 21일)

여진족들이 작란하면 조선이 편의에 따라 만주의 여진족을 공격하겠다는 뜻이다. 세종은 이 국서에서 태종 10년(1410) 여진족 올적합(兀狄哈) 김문내(金文乃) 등이 경원부를 공격하자 길주도 도안무 찰리사(吉州道都安撫察理使) 조연이 "군사를 거느리고 두문 지방까지 추격했다(領兵追到豆門地面)"라고 했는데, 두문은 압록강 북쪽 토문을 뜻한다. 태종 7년(1407) 3월, 명나라 예부(禮部)에서 조선에 보낸 문서 중에 "(여진족) 백호(百戶) 양합라(楊哈剌) 등이 가족을 데리고 토문 지면에 살고 있었다"라고 말한 것처럼, 중국에서는 두문을 토문이라고 적기도 했다. 숙종 때 세운 백두산 정계비에서 "동쪽은 토문이 된다(東爲土門)"라고 명기한 토문의 위치는 현재 중국의 주장처럼 두만강의 별칭이 아니라 송화강의 지류 5도백하의 별칭이다.

"알동(斡東: 두만강 대안. 현재의 러시아령) 서북쪽 120여 리에 두문성이 있다."《태조실록》총서)

《태조실록》은 현재의 두만강 연안 경흥 동쪽 러시아령에 알동이 있고, 그 서북쪽 120리 지역에 두문성이 있다고 했으니, 두문은 곧 만주에 있다고 볼 수 있다. 지금도 우리나라의 국사 교과서에는 세종 때 조선의 국경이 압록강까지 확대되었다고 서술돼 있다. 그러나《태조실록》4년(1395) 12월 14일 자는 "의주에서 여연에 이르기까지 강 연변 1000리에 고을을 설치하고 수령을 두어서 압록강으로 국경을 삼았다"라고 했다. 태조 때 이미 압록강에까지 고을을 설치하고 수령을 파견해서 직접 다스렸다는 뜻이다. 더구나 이때의 압록강은 조선의 국경이 아니었다. 고려 우왕과 명나라 주원장이 합의해서 조선에서 계승한 국경선은 지금의 요녕성 심양시 남쪽 진상둔진의 봉집보였다. 이곳에 주원장이 철령위를 세웠다가 고려가 반발하자 심양 북쪽 철령시 은주로 철령위를 북상시킨 것이다. 고려, 조선의 서북쪽 국경은 심양시 남쪽 진상둔진 봉집보였고, 동북쪽은 흑룡강성 영안현 부근의 공험진이었다. 고려는 물론 조선과 명의 국경선도 압록강 북쪽 철령부터 두만강 북쪽 공험진까지였다. 조선은 다만 압록강, 두만강 북쪽 지역은 여진족들에게 조선의 벼슬을 주되 자치적으로 관할하게 했다. 이와 관련해《태조실록》에 이런 구절이 있다.

> 강 밖은 풍속이 다르나, 구주(具州)에 이르기까지 (여진족들이) 풍문(風聞)으로 듣고 의(義)를 사모해서, 혹은 직접 내조(來朝)하기도 하고, 혹은 자제들을 보내서 볼모로 시위(侍衛)하기도 하고, 혹은 벼슬 받기를 원하고, 혹은 내지(內地)로 옮겨 오고, 혹은 토산물을 바치는 자들이 길에 잇닿았다.《태조실록》4년 12월 14일)

구주란 만주 목단강의 고주를 뜻하는데, 여진족인 혐진 올적합(嫌眞兀狄哈)의 추장 김문내가 관할하는 지역이었다. 김문내를《용비어천가(龍飛御天歌)》에선 걸목나(乞木那)라고 부르는데, 모두 압록강, 두만강 북쪽의 여진족이 조선의 관할 내에 있었다고 했다.

(여진족들은) 기르는 말이 좋은 망아지를 낳으면 대개 자신들이 갖지 않고 다투어 와서 (조선에) 바치고, 강 근처에 사는 자들이 우리나라 사람과 소송하게 되면 (조선) 관청에서 그 옳고 그름을 판단해서 혹 가두기도 하고 혹은 매를 쳐도 변장(邊將)을 원망하는 자가 없었다. 사냥할 때는 대개 우리 삼군(三軍)에 속하기를 자원해서 짐승을 잡으면 관청에 바치고, 법률을 어기면 벌을 받는 것이 우리나라 사람과 다르지 않았다.《태조실록》4년 12월 14일)

압록강, 두만강 북쪽에 사는 여진족들은 사실상 조선 백성인데, 다만 자치를 허용했을 뿐이다. 소송이 발생하면 조선 관청에서 그 시비를 가렸는데, 이때의 판단 기준은 당연히 조선 법률이었다. 조선 법률을 적용받으니 여진족은 조선 사람과 "다르지 않았다"라고 말한 것이다. 두만강 북쪽에서 자란 이성계에게 여진족은 형제였다.

뒤에 임금(태조)이 동북면에 거둥하여 산릉(山陵)을 참배하자 강 밖에 사는 야인들이 다투어 먼저 와서 뵈었으며, 길이 멀어서 미치지 못한 자들은 모두 눈물을 흘리고 돌아갔다. 야인들이 지금까지도 그 은덕을 생각해서 매번 변장들을 좇아 술을 마시다 취해서 태조 때 일에 말이 미치면 감읍하기를 그치지 않는다.《태조실록》4년 12월 14일)

두만강 북쪽에서 나고 자란 이성계에게 이곳은 고향이었다. 이성계와 함께 자란 방원에게도 마찬가지였다. 세종은 유학자들로 인해 세상을 중화인(華)과 이민족(夷)으로 나누는 화이관(華夷觀)을 갖게 되었지만, 국경 문제에 대해서는 태종과 같은 시각을 갖고 있었다.

세종은 화(華)의 관점에서 여진족을 같은 형제 민족이 아니라 오랑캐인 이(夷)로 봤지만 심양 남쪽의 옛 철령부터 공험진까지가 조선과 명나라가 합의한 국경이라는 사실은 잘 알고 있었다. 세종은 재위 8년(1426) 4월 근정전에 직접 나가서 회시(會試)에 합격한 유생 남수문(南秀文) 등에게 논술 시험 과제인 책문을 내리면서 조선의 강역에 대해 이렇게 말했다.

"어떤 이는 '공험진(公險鎭) 이남은 나라의 옛 강역이니 마땅히 군민(軍民)을 두어서 강역을 지켜야 할 것이다'라고 말한다."

두만강 북쪽 700리 공험진까지가 조선의 국경이라는 것이다. 세종은 이듬해 7월 7일에도 편전에서 예조 참의 김효손(金孝孫)을 불러 이렇게 말했다.

"함길도 절제사 하경복이 여러 번 글을 올리기를 경원에서 외적을 방어하기에 고생스러운 폐단이 있다고 한다. 나는 공험 이남을 조종(祖宗)의 강토로 여기는데 과인 때에 이르러 지키지 못하고 버리는 것은 옳지 못하다고 여긴다."

세종 때도 경원에서 그 북쪽 공험진까지 모두 관리했다는 뜻이다. 그런데 여진족의 공격 때문에 지키기 힘드니 그 남쪽으로 방어선을 이전해야 한다는 건의가 있었다.

세종 14년(1432) 말경 평안도 북쪽의 여진족을 정벌해야 한다는 논의가 있었다. 세종은 재위 15년(1433) 1월 최윤덕(崔潤德)을 평안도 절제사로 보낸 후 그에게 황해·평안 양도의 군사 1만 5000여 명을 주어 압록강 북쪽으로 진격하게 했는데, 최윤덕은 여진족 180여 명을 사살하고 250여 명을 생포하는 전과를 거두었다. 그해 5월에는 조선군을 보내 압록강 북쪽 파저강까지 정벌하고 종묘에 나아가 승전을 보고하기도 했다. 파저강은 지금의 중국 길림성을 흐르는 혼강(渾江: 동가강)이다. 이는 세종이 이 지역을 조선 강역으로 여겼기에 가능한 정벌이었다.

세종 19년(1437) 여진족이 다시 준동하자 일부 사대부가 이 지역을 포기하자고 주장했는데, 세종은 단호하게 거부했다.

"조종(祖宗)의 강역(疆域)은 마땅히 조심하여 지킬 것이지 가볍게 물러서거나 축소시킬 것이 아니다."(《세종실록》 19년 2월 14일)

재위 19년 9월, 세종은 평안도 절제사 이천(李蕆)에게 8000명의 군사를 주어 공격하게 했는데 만주 깊숙한 곳에 있는 오라산성(현재의 환인현 오녀산성)까지 진격했다.

세종 역시 사대외교를 추종했지만 외교와 전쟁이 동전의 양면이라는 사실을 알고 있었다. 그래서 세종은 문신 못지않게 무신이 중요하다고 생각했다. 세종은 육진 개척의 주역인 무신 최윤덕에 대해 이렇게 평가했다.

"전조(前朝: 고려)와 국초(國初)에 간혹 무신 중 정승으로 삼은 이가 있는데, 어찌 그 모두 최윤덕보다 뛰어난 자이겠는가. 그는 비록 수상이 되더라도 가할 것이다."(《세종실록》 14년 6월 9일)

세종은 비록 그 자신이 무예를 익히지는 않았지만 군주의 가장 중요한 임무는 조상 전래의 강역을 지키는 것이라는 사실을 잘 알고 있었다. 그래서 압록강, 두만강 북쪽으로 여러 번 장수와 군사를 보내 조상 전래의 강역을 지켰던 것이다.

압록강 북쪽 철령부터 두만강 북쪽 공험진까지

세종은 조선과 명나라의 국경선이 서북쪽으로는 지금의 심양 남쪽 진상둔진의 옛 철령위 자리이고, 동북쪽으로는 두만강 북쪽 700리 공험진이라는 사실을 잘 알고 있었다. 세종은 재위 15년(1433) 1월 최윤덕을 평안도 절제사로 보낸 지 두 달 후인 그해 3월 여러 신하에게 조선의 국경에 대해서 설명했다.

"고려의 윤관(尹瓘) 장군은 17만 군사를 거느리고 여진을 소탕하여 주진(州鎮)을 개척해 설치했으므로 여진이 지금까지 모두 우리나라의 위령(威靈)을 말하니 그 공이 진실로 작지 않다. 윤관이 주(州)를 설치할 때 길주가 있었는데, 지금 길주가 예전 길주와 같은가. 고황제(高皇帝: 명 주원장)가 조선 지도를 보고 조서(詔書)하기를, '공험진 이남은 조선 경계라'라고 하였으니, 경들이 참고해서 아뢰라."《세종실록》15년 3월 20일)

《세종실록》은 이에 대해 "주상이 이때 파저강(만주의 혼강) 정벌에 뜻을 기울였기 때문에 이 전교가 있었다"라고 덧붙였다. 세종은 두만강

윤관 초상(무신상과 문신상). **문화재청.**

윤관은 별무반을 창설해 여진을 평정하고 고려의 영토를 확장한 고려 중기의 명장이자 문신이다. 세종
은 윤관이 비석을 세워 국경으로 삼은 공험진을 고려와 조선의 국경선으로 인식했다.

백성을 위해 문자를 만든 임금 🐢

북쪽 700리까지 조선의 강역이기 때문에 파저강의 여진족을 토벌할 생각을 하고 있었다. 고려 예종 3년(1108) 중서시랑 평장사(中書侍郎平章事) 윤관은 17만 군사를 이끌고 북진했는데,《고려사》예종 3년 2월 조에는 이렇게 적혀 있다.

> 윤관이 여진을 평정하고 6성을 쌓고, 표문(表文)을 올려 하례했다. 공험진에 비석을 세워 경계로 삼았다.

《고려사》〈지리지〉에서는 공험진에 대해 이렇게 설명했다.

> 공험진은 예종 3년(1108)에 성(城)을 쌓아 진(鎭)을 설치하고 방어사(防禦使)로 삼았다. 예종 6년(1111)에 산성을 쌓았다. 혹은 공주 혹은 광주라고도 한다. 혹은 선춘령 동남쪽, 백두산 동북쪽에 있다고도 한다. 혹은 소하강 변에 있다고도 한다.

이 공험진이 고려의 북방 강역이었는데, 고려 고종 45년(1258) 12월 고려의 반역자 조휘(趙暉)와 탁청(卓青)이 이 지역을 몽골에 넘겨주자 몽골은 화주에 쌍성총관부(雙城摠管府)를 설치하고는 조휘를 총관(摠管), 탁청을 천호(千戶)로 삼아 다스리게 했다. 그 후 100여 년 만인 공민왕 재위 5년(1356) 북강 수복 전쟁으로 이 지역을 되찾아 다시 고려 강역으로 삼았다. 고려 강역은 다시 심양에서 공험진까지로 회복되었는데, 32년 후인 고려 우왕 14년(홍무 21년, 1388) 명나라 주원장이 심양 남쪽에 철령위를 설치하겠다고 선포하자 우왕이 밀직제학(密直提學)

박의중(朴宜中)을 보내 공험진 이북은 요동으로 환속하고, 공험진 이남에서 철령까지는 본국(本國: 고려)에 환속시켜달라고 요청했던 것이다. 우왕이 요동정벌군까지 북상시키자 명 태조 주원장은 이 지역을 고려에 넘겨주고 철령위를 심양 북쪽 철령시의 은주로 옮겼다. 그 역시 고려의 주장이 옳다는 사실을 알고 있었기 때문이다.

태종은 특히 재위 4년(1404) 예문관 제학(提學) 김첨(金瞻)을 명나라 영락제에게 사신으로 보내 "본국 동북 지방의 공험진으로부터 공주, 길주, 단주, 영주, 웅주, 함주 등의 고을이 모두 본국의 영토입니다"라는 국서를 보냈다. 태종은 이때 "고려 공민왕이 재위 5년(1356) 명나라에 신달(申達)하고 공험진 남쪽을 본국에 환속시키고 관리를 보내 다스렸다"라면서 고려와 원나라 사이에 합의된 국경선임을 상기시켰고, 영락제는 이를 받아들였다.

세종 또한 조선의 국경선이 철령(심양)에서 공험진까지라는 사실을 잘 알고 있었는데, 이 지역에 여진족이 자주 출몰해서 최윤덕과 김종서를 보내 이 지역을 실질적으로 지배하기로 했다.

세종은 재위 14년(1432) 12월 좌대언 김종서를 함길도 감사로 삼아 두만강 북쪽 강역을 확장하게 했다. 무신이 아닌 문신을 쓴 이유는 군사력으로 여진족을 밀어내는 것만이 아니라 여진족을 조선으로 회유하는 정치적 임무도 수행해야 했기 때문이다.

세종 19년(1437) 여진족 올량합(兀良哈) 추장인 이만주(李滿住)가 명나라에서 돌아온다는 정보가 입수되면서 북방 영토에 비상이 걸렸다. 이만주는 어허출(於虛出)의 손자인데, 명 성조 영락제가 연왕(燕王) 시절 북경에 머물 때 어허출의 딸을 부인 중 한 명으로 맞아들였다. 그

후 내전에서 승리해 등극한 영락제는 어허출을 여진족 건주위 참정(建州衛參政)으로 제수했다. 세종 때 이만주는 때로는 조선에 토산물을 바쳐 충성을 맹세하기도 하고, 때로는 군사를 이끌고 변경을 공격하기도 했다. 때로는 자신의 고모가 영락제의 후궁이었던 인연을 매개로 명나라와 협상하면서 조선을 압박했다.

세종 19년(1437) 5월 여진족 추장인 동맹가첩목아(童猛哥帖木兒)의 아우 범찰(凡察)이 사람을 시켜서 함길도 절제사 김종서에게 "이만주가 장차 황제의 성지를 받들고 올 것이다"라고 알렸다. 여진족 이만주가 받았다는 명 영종의 성지란 만주를 여진족이 다스려도 좋다고 허락한다는 내용일 수도 있었다. 이 보고를 들은 세종은 김종서에게 전지(傳旨)를 내려 이만주가 만주를 자신들의 땅이라고 주장하면 이렇게 대답하라고 명령했다.

"회령은 곧 공험진과 연계된 본국의 땅이다. 전에 비어 있었기 때문에 동맹가첩목아가 거주하겠다고 청했을 때 허락해줘 너희들이 지금까지 살아온 것이다. 지금 그 땅에 회령부를 설치하고 수령을 두었는데, 살기를 허락하는 논의는 변장(邊將: 함길도 절제사)이 마음대로 할 수 있는 것이 아니다. 또한 너희들도 임의대로 할 수 없는데 하물며 (중국) 조정의 명령이 없는데 말할 것이 있겠는가?"《세종실록》19년 5월 8일)

세종의 이야기는 공험진부터 회령까지 모두 조선의 영토라는 것이다. 세종은 이 지역에 조선 백성들이 실제로 거주하지 않으면 여진족이 명나라에 자신들의 영토라고 주장할 것이라고 우려했다. 그래서 조선 남부의 백성들을 이주시키려고 노력했다. 함길도 절제사 김종서는 지역민들에게 주는 토관직(土官職)을 대거 신설하고 이 지역에 이

주하면 일반 백성도 벼슬길에 나아갈 수 있는 특혜를 주면서 이주를 권했다.

그러나 먼 북관(北關)으로 이주하려는 백성은 많지 않았다. 세종 19년(1437) 경상도 개령읍의 아전 임무(林茂)는 이 지역으로의 이주를 피하기 위해 자신의 팔뚝을 잘랐으며, 세종 21년(1439) 전라도 옥과현의 호장(戶長) 조두언(趙豆彦)이 이 지역으로 이주하지 않으려고 자살하는 사건까지 발생했다. 그러나 세종과 김종서는 벼슬뿐만 아니라 양식까지 지급하는 적극적인 정책을 펼쳐 육진에 거주하는 백성을 조금씩 늘렸다.

드디어 때가 되었다고 판단한 세종은 재위 21년(1439) 3월 공조참판 최치운(崔致雲)을 명나라에 보내 "철령부터 공험진까지는 조선의 경계"라고 통보했다. 이때 세종은 태종이 이미 사신 김첨을 보내 공험진 남쪽이 조선 영토라고 말했음을 상기시켰다.

"신의 부친께서는 홍무 21년(1388)에 내린 태조 고황제의 성지(聖旨)에 따라 '공험진 이북은 요동으로 환속하고 공험진 이남부터 철령까지는 그대로 본국에 소속하게 해주십시오'라고 김첨을 사신으로 보내 주달(奏達)했습니다."《세종실록》21년 3월 6일)

재위 4년(1405) 5월 19일, 태종은 김첨을 성조 영락제에게 보내 "철령부터 공험진까지는 조선의 영토"라고 주장했고, 영락제도 이 사실을 인정했다. 재위 4년(1404) 10월 1일, 성조의 칙서를 가지고 온 김첨에게 전지 15결을 하사할 정도로 태종은 크게 기뻐했다. 문제는 공험진까지의 영토에 조선 백성들이 살지 않으면서 조선인들의 영토라는 의식이 점점 희박해질 것이라는 점이었다. 그래서 재위 21년(1439) 8

월, 세종은 함길도 절제사 김종서에게 전지를 내려 이렇게 말했다.

"동북 강역은 공험진이 경계라는 말이 전해진 지 오래다. 그러나 정확하게 어느 곳인지는 알지 못한다. 공험진이 장백산(長白山: 백두산) 북쪽 산기슭에 있다 하나 역시 그 허실(虛實)을 알지 못한다."

세종은 윤관이 세운 비석을 언급하며 김종서에게 임무를 주었다.

"《고려사》에 '윤관이 공험진에 비(碑)를 세워 경계를 삼았다'라고 했는데, 지금 들으니 선춘점에 윤관이 세운 비가 있다 한다. 본진(本鎭: 공험진)이 선춘점의 어느 쪽에 있는가? 그 비문을 사람을 시켜 찾아볼 수 있겠는가? 만일 비문이 있다면 또한 사람을 시켜 등서(謄書)할 수 있는지 없는지 아울러 아뢰라."(《세종실록》21년 8월 6일)

세종은 윤관이 '고려지경(高麗之境)'이라 새긴 비를 세운 공험진 선춘점을 찾아 조선의 국경을 명확하게 하려고 했다.《세종실록》에는 김종서의 보고 내용이 실려 있지 않지만 김종서가 공험진과 선춘점의 위치를 조사해서 보고했을 것이 분명하다. 이런 보고 내용은《세종실록》지리지를 비롯해 조선 초기 각종 지리서를 편찬할 때 사료로 이용됐다.《세종실록》지리지 함길도 조항에도 관련 내용이 실려 있다.

> 함길도는 본래 고구려의 고지(故地)다. (중략) 고려 예종 2년에 윤관을 원수(元帥)로 삼고, 오연총(吳延寵)을 부원수로 삼아 군사 17만을 거느리고 동여진을 쳐서 몰아내고, 함주에서 공험진에 이르기까지 9성을 쌓아 경계를 정하고, 비석(碑石)을 공험진의 선춘령에 세웠다.

고려의 장군 윤관이 함주에서 공험진까지 9성을 쌓고 '고려지경'이라 새긴 비석을 공험진 선춘령에 세웠다는 내용이다.《세종실록》지리지는 함길도의 사방 경계에 대해 이렇게 설명한다.

(함길도의) 동쪽은 큰 바다에 임하고, 남쪽 경계는 철령이며, 서쪽은 황해도와 평안도에 접(接)해 있는데, 높은 봉우리가 백두산에서 기복(起伏)해 남쪽으로 철령까지 1000여 리에 걸쳐 뻗쳐 있다. 북쪽은 야인(野人: 여진족)의 땅에 연하였는데, 남쪽 철령으로부터 북쪽 공험진에 이르기까지 1700여 리다.(《세종실록》지리지 함길도)

여기서 말하는 철령은 압록강 북쪽 철령위가 아니라 안변에 있는 고개 철령을 말한다. 철령부터 두만강까지가 1000여 리이고, 그 북쪽 공험진까지가 700여 리이니 모두 1700여 리라고 설명한 것이다. 같은 책 경원 도호부(慶源都護府) 조에는 공험진의 위치가 정확하게 설명돼 있다. 두만강과 접해 있는 경원에서 "북쪽으로 공험진까지 700여 리, 동북쪽으로 선춘현까지 700여 리"라는 것이다. 세조 때 정척(鄭陟), 양성지(梁誠之) 등이 작성한 동국지도(東國地圖)에도 역시 공험진과 선춘령이 두만강 북쪽으로 표기돼 있다.

조선과 명의 북쪽 국경은 서북쪽으로는 압록강 북쪽 철령이고, 동북쪽으로는 두만강 북쪽 공험진이었다. 그러나 우리나라 국사 교과서는 아직도 일제 식민 사학자 이케우치 히로시(池內宏, 1878~1952)가 만주철도의 돈을 받고 함경도 안변의 철령을 만주의 철령이라고 우긴 것을 추종해 학생들을 가르치고 있다. 그리고 그 연장선에서 세종 때에야 조선의 국경이 압록강에서 두만강까지 확대되었다고 호도하고 있다. 그러나《조선왕조실록》은 물론 중국의《명사》에도 조선과 명의 국경은 압록강 북쪽 철령부터 두만강 북쪽 공험진까지라고 명기되어 있다.

훈민정음의 어제와 오늘

훈민정음은 누가 만들었나

세종의 최대 업적은 훈민정음(訓民正音) 창제다. 그런데 훈민정음의 창작자에 대해서는 이견이 분분하다. 세종대왕이 신숙주, 성삼문 같은 집현전 학자들의 도움을 받아 만들었다는 공동 창작설이 일반적이다. 신숙주 등이 요동에 유배 온 명나라 한림학사 황찬(黃瓚)을 열세 차례나 만나 자문했다는 일화까지 곁들여지면서 이는 일종의 상식처럼 통용되고 있다. 공동 창작설의 진원지는 조선 초 성현(成俔, 1439~1504)의《용재총화(慵齋叢話)》다.

세종께서 언문청(諺文廳)을 설치하시고 신숙주, 성삼문에게 명해서 언문을 만들게 하셨다. 초종성(初終聲)이 여덟 자, 초성(初聲)이 여덟 자, 중성(中聲)이 열두 자인데, 글자체는 범자(梵字)에 의거해 만들었다. 우리나라 및 여러 나라 언어의 발음 중 문자(文字: 한자)로 적을 수 없는 것까지 다 통해서 막힘이 없었다.《용재총화》7권)

"신숙주, 성삼문에게 명해서 언문을 만들게 하셨다"라는 말은 마치 공동 창작설을 증명해주는 것처럼 받아들여진다.

생육신(生六臣)의 한 사람인 남효온(南孝溫, 1454~1492)이 《육신전(六臣傳)》에 같은 내용을 기록한 것을 비롯하여 조선의 여러 학자들이 공동 창작설을 사실인 것처럼 서술해놓았다.

그런데 훈민정음을 만들었다는 사실이 최초로 공개된 세종 25년 (1443), 성현의 나이는 네 살에 불과했다. 세종 21년(1439)에 태어난 성현은 세조 8년(1462)에 23세의 나이로 문과에 급제해 여러 관직을 역임하다가 연산군 10년(1504)에 사망한 인물이다. 《용재총화》는 성현이 세상을 뜬 연산군 10년에 저술한 책인데, 이때는 훈민정음이 창제된 지 61년 후였다. 따라서 《용재총화》보다는 훈민정음 창제 당시의 기록을 가지고 판단하는 것이 이치에 맞을 것이다. 훈민정음 창제 사실을 처음 전한 《세종실록》 25년 12월 30일 자의 기록에는 세종이 직접 훈민정음을 만들었다고 되어 있다.

이달에 임금이 직접 언문(諺文) 28자를 만들었다. 그 글자는 옛 전자(篆字) 를 본떴는데, 초성, 중성, 종성으로 나누어 합한 연후에야 글자를 이룬다. 무릇 문자(文字: 한자)에 관한 것과 우리나라의 이어(俚語: 이두)에 관한 것을

신숙주 초상. 문화재청.

뛰어난 능력과 국제적 안목으로 높은 평가를 받는 명재상이지만, 단종을 버리고 세조를 지지한 선택으로 후대에 변절자로 폄하되기도 했다. 훈민정음 공동 창작설에 따르면 신숙주는 훈민정음 창제에 가장 큰 공을 세운 인물일 수 있으나, 《세종실록》은 세종이 직접 단독으로 훈민정음을 만들었다고 말한다.

모두 쓸 수 있다. 글자는 비록 간요(簡要)하지만 전환(轉換)이 무궁한데 이를 훈민정음이라고 일렀다.

《세종실록》은 "임금이 직접 언문 28자를 만들었다(上親制諺文二十八字)"라고 전한다. 실록은 신하들이 임금의 명을 받아 어떤 일을 할 경우 반드시 그 사실을 기록했기 때문에 "임금이 직접 만들었다"라는 말은 세종이 혼자 만들었다는 뜻이다. 굳이 공동 창작자를 꼽는다면 세종 25년부터 대리청정했던 문종을 들 수 있을 것이다.

그럼 공동 창작설은 어떻게 해서 나온 것일까? 훈민정음을 만든 것이 아니라 세종이 만든 훈민정음을 가지고 운서(韻書)를 편찬한 것이 와전된 것으로 보인다. 한자(漢字) 자전(字典)은 두 종류가 있다. 옥편(玉篇)이 뜻을 중심으로 분류한 자전이라면, 운서(韻書)는 음을 중심으로 분류한 자전이다. 신숙주 등이 훈민정음 창제를 돕기 위해 요동에 가서 명나라 사람 황찬을 만났다면 그 시기는 세종 25년 이전이어야 하는데, 신숙주 등이 요동에 간 것은 훈민정음이 완성되고 나서 2년 후인 세종 27년(1445)이다.《세종실록》27년(1445) 1월 7일자는 이렇게 말한다.

집현전 부수찬(副修撰) 신숙주, 성균관 주부(注簿) 성삼문, 행사용(行司勇) 손수산(孫壽山)을 요동에 보내 운서(韻書)에 관해 질문하게 했다.

훈민정음 창제가 아니라 운서에 대해 묻기 위해 요동에 간 것이다. 세조 때 원종공신 이등으로 성종 때 이조판서를 역임한 이승소(李承

김)가 지은 신숙주의 묘비명(墓碑銘)은 이렇게 설명한다.

> 여러 나라가 각자 글자를 만들어 국어를 기록하는데 우리나라만 글자가
> 없으므로 세종께서 자모(字母) 28자를 만들어 언문(諺文)이라고 하였다.
> 대궐 안에 서국(書局)을 열어서 문신을 선택해서 찬정(撰定)하게 했는데,
> 공(신숙주)이 홀로 내전에 출입하면서 친히 임금의 명령을 받들어 그 오음
> (五音)의 맑고 탁함을 분별하고, 뉴(紐: 반절) 자의 소리가 어울리는 법을 정
> 했다. 여러 유사(儒士)는 이를 따라 완성했을 뿐이다.
> 또 언자(諺字)로 화음(華音: 중국어)을 적기 위해 세종께서는 한림학사(翰林
> 學士) 황찬이 죄를 짓고 요동에 유배되었다는 말을 듣고 공에게 명하여 조
> 경사(朝京使: 북경에 가는 사신)를 따라 요동에 들어가 황찬을 만나 질문하게
> 하였다. 말을 들으면 공이 문득 알아들어서 털끝만큼도 틀리지 않으니 황
> 찬이 크게 기이하게 여겼다. 이로부터 요동에 갔다 온 것이 무릇 열세 번이
> 나 되었다.(이승소,《삼탄집(三灘集)》)

  이 기록은 사실 그 내용이 모호하다. 신숙주 혼자 내전에 출입하면
서 훈민정음 창제를 도운 것처럼 설명했다. 또한 황찬도 혼자 만났다
고 되어 있다. 그러나《해동잡록(海東雜錄)》을 비롯한 여러 서적들에 성
삼문과 신숙주가 같이 황찬을 만났다고 쓰여 있다. 신숙주, 성삼문 등
은 황찬을 만나서 무슨 자문을 했을까? 조선 후기 성호(星湖) 이익(李
瀷)은《성호사설(星湖僿說)》〈인사문(人事門)〉 언문(諺文) 조에서 이를 의
미 깊게 분석했다.

백성을 위해 문자를 만든 임금

이때 명나라 학사(學士) 황찬이 죄를 짓고 요동으로 유배되자 성삼문 등에게 시켜 찾아가 질문하게 했는데, 왕복이 무릇 13차에 이르렀다고 말한다. 그러나 추측해본다면 지금 언문이 중국의 문자와 아주 다른데 황찬과 무슨 관련이 있겠는가?

《명사》는 황찬이《제노통지(齊魯通志)》100권과《황찬문집(黃瓚文集)》12권을 저술한 학자라고 전한다. 그런데 이익의 말처럼 표의문자인 한자에 능한 황찬에게 표음문자인 훈민정음에 대해 물어봤다는 것은 앞뒤가 맞지 않는다. 세종이 신숙주 등을 황찬에게 보낸 것은 훈민정음 창제에 대해 자문하기 위해서가 아니라 이미 만든 훈민정음을 가지고 한자에 음을 다는 운서를 만들기 위해서였을 것이다. 다시 말해, 성삼문과 신숙주는 모두 한자 발음자전(發音字典)인 운서(韻書) 편찬을 도운 것이다.

명 태조 주원장은 1375년《홍무정운(洪武正韻)》을 간행했는데, 세종은 신숙주 등에게《홍무정운 역훈(譯訓)》을 편찬하게 했다.《홍무정운 역훈》은《홍무정운》의 운목(韻目: 한자를 운자별로 정리한 것)에 훈민정음으로 주음(注音)하게 하고 일부 주석을 단 것인데, 단종 3년(1455)에야 완성되었다. 세종은 재위 30년(1448) 신숙주, 최항(崔恒), 박팽년(朴彭年) 등에게《동국정운(東國正韻)》을 간행해서 훈민정음으로 한자음을 적게 했다. 이에 신숙주 등은 훈민정음으로 한자음을 다는 운서 편찬 작업을 했는데, 마치 훈민정음 창제에 관여한 것처럼 잘못 알려진 것이다. 조선 중기 이정형(李廷馨)이 쓴《동각잡기》(《본조선원보록本朝璿源寶錄》이라고도 한다)에 훈민정음과 운서 편찬 과정이 순서별로 실려 있다.

임금이 언문 자모 28자를 만들었다. 대궐 안에 국(局)을 설치하고 성삼문, 최항, 신숙주 등을 뽑았다. 이때 한림학사 황찬이 요동에 유배되어 있었는데 성삼문, 신숙주에게 명해 사신을 따라 요동에 가서 황찬에게 음운(音韻)에 대해 묻게 했다. 무릇 요동에 13번이나 왕래했다.

《동각잡기》는 세종이 훈민정음을 만들고 나서 신숙주 등에게 운서를 만들게 했다고 설명한다. 훈민정음 자모 28자는 세종이 직접 만들었다. 집현전 학사들은 세종이 만든 자모를 가지고 중국 서적들에 발음을 다는 작업을 했던 것이다.

최만리 등이 훈민정음을 반대한 논리

훈민정음 창제 소식이 전해진 두 달 뒤인 세종 26년(1444) 2월 20일, 집현전 부제학(副提學) 최만리(崔萬理) 등 일곱 명이 훈민정음 창제에 반대하는 상소문을 올렸다. 부제학 최만리, 직제학(直提學) 신석조(辛碩祖), 직전(直殿) 김문(金汶), 응교(應敎) 정창손(鄭昌孫), 부교리(副校理) 하위지(河緯地), 부수찬(副修撰) 송처검(宋處儉), 저작랑(著作郎) 조근(趙瑾) 등 일곱 명이 공동 연명한 상소문이었다. 이 상소의 소두(疏頭: 상소의 우두머리) 최만리는 지금까지도 훈민정음 창제에 반대한 역적(?)으로 비판받고 있다. 최만리는 과연 무슨 논리로 훈민정음 창제와 그 반포를 비판했던 것일까? 상소문은 이렇게 시작된다.

> 신 등이 엎드려 보건대, 언문을 제작하신 것은 신묘함이 극도에 달하시고,
> 만물의 창조와 운행을 잘 아시는 것이 천고에 아득히 뛰어나셨습니다. 그
> 러나 신 등이 구구한 좁은 소견으로 오히려 의심나는 것이 있어서 감히 간
> 곡한 정성을 펼쳐서 삼가 뒤에 열거했으니 엎드려 성상께서 재결하시기
> 바랍니다.

집현전은 사헌부, 사간원과 함께 임금의 정사에 간쟁(諫諍)할 수 있
는 권한이 있었다. 고위 관료는 물론 임금에게도 쓴소리를 할 수 있는
권한이 있다는 뜻이다. 간쟁권이 있는 간신(諫臣)들의 간쟁은 처벌하
지 않는 것이 관례이자 법이었다. 따라서 최만리가 간쟁한 사실 자체
를 그르다고 할 수는 없다. 다만 어떤 논리로 훈민정음 창제를 비판하
고 반포의 중지를 요청했는지가 중요하다.

첫째는 중화 사대주의 논리였다.

> 우리 조정은 조종(祖宗) 이래 지성으로 사대해서 한결같이 중국의 제도를
> 높여왔는데 지금 같은 글을 쓰고 같은 법도를 행하는 때에 언문을 만드신
> 것은 보고 듣기에 놀라움이 있습니다. 만약 중국에 흘러 들어가서 혹시 비
> 난하여 말하는 자가 있으면 어찌 사대 모화(慕華)에 부끄럽지 않겠습니까?

세종은 비록 사대했어도 영토 문제와 관련해서는 조선의 이익을 추
구하는 실리적 사대의 태도를 취했지만, 최만리 등은 달랐다. 최만리

는 몽골, 서하(西夏), 여진, 일본과 서번(西蕃) 등에 그 문자가 있지만 모두 이적(夷狄: 오랑캐)의 일로, 말할 것이 없다면서 "따로 언문을 만드는 것은 중국을 버리고 스스로 이적과 같아지는 것"이라고 비판했다. 같은 중화의 논리로 중국은 종부법인데 조선만 종모법을 실시하는 것을 두고도 "중국을 버리고 스스로 이적과 같아지는 것"이라고 주장했다면 일관성이 있다고 평가하겠지만 그런 주장은 한 바 없다.

최만리가 훈민정음 창제를 비판한 또 다른 이유는 조선에 이미 이두가 있다는 것이었다.

> 신라 설총(薛聰)의 이두(吏讀)는 비록 천한 시골에서 만들었지만 모두 중국에서 통용하는 글자를 빌려서 말을 도와 쓰게 했으므로 문자(文字: 한자)와 원래부터 서로 나뉘지 않아서 서리(胥吏), 복예(僕隷)의 무리도 반드시 익히려고 했습니다.

한자를 변용시켜서 만든 이두가 있는데 왜 다시 언문을 만드느냐는 비판이다.

> 이두는 비록 문자(文字: 한자) 밖의 것이 아닌데도 식자(識者)들은 오히려 천하게 여겨서 이문(吏文: 이두)을 바꾸려고 생각했는데, 하물며 언문은 문자와 서로 영향을 주는 것이 없고 오직 시골의 상말을 쓴 것이겠습니까?

이두는 한자에서 나왔는데도 식자들은 이두를 바꿔서 모두 한자로 쓰려고 생각했는데, 한자와 전혀 상관없는 언문이야 더 말할 것이 있느냐는 지적이다.

이두는 흔히 설총이 만든 것으로 알려져 있지만, 설총이 처음 만든 것은 아니다. 《삼국사기(三國史記)》〈설총 열전(薛聰列傳)〉에는 원효(元曉)의 아들 설총이 "방언(方言: 신라어)으로 구경(九經)을 읽어서 후학들을 가르쳤다"라고 기록돼 있고, 《삼국유사(三國遺事)》는 설총의 아버지 원효에 대해 "원효라는 말도 방언인데 당시 사람들은 모두 향언(鄕言: 신라어)으로 그를 '첫새벽(始旦: 시단)'이라고 불렀다"라고 설명한다. 설총의 부친 원효를 첫새벽이라고 부르고 시단(始旦)이라고 쓴 것은 설총 이전에 이미 이두 표기법이 있었다는 뜻으로 해석할 수 있다.

《삼국사기》에는 이두로 표현해놓은 사례가 많다. 이두 연구는 북한이 남한보다 크게 앞서 있다. 북한의 언어학자 류렬(柳烈)은 《세 나라 시기의 리두에 대한 연구》에 신라 시조 박혁거세(赫居世)에 대해 흥미로운 설명을 실어놓았다. 《삼국사기》는 "시조의 성은 박씨이고 이름은 혁거세(赫居世)다"라고 말하고, 《삼국유사》는 '혁거세'라는 이름에 대해 "아마도 향언일 것이다. 혹은 불구내왕(弗矩內王)이라고도 하는데, 밝은 빛으로 세상을 다스린다는 뜻이다(言光明理世也)"라고 설명했다. 북한 학자 류렬은 '혁(赫)'은 '밝다', '밝은'이라는 뜻이고, '세(世)'는 '누리'라는 뜻이라면서 혁거세를 '밝은 누리', '밝은 빛으로 다스리는 세상'이라는 뜻으로 해석했다. 밝은 빛으로 세상을 다스리는 이를 이두로 표기한 것이 혁거세란 뜻이다.

우리말을 한자로 표기하는 방식은 조선 시대 이두로 확립됐다. 예를 들어보자. '영시(令是)'와 '재을랑(在乙良)'이라는 이두 표기가 있다. '영시'는 '시키다'라는 뜻이고, '재을랑'은 '~거들랑'이라는 뜻이다. 조선에서 형법서로 사용하던 《대명률직해(大明律直解)》의 한 구절을 가지고 이를 해석해보자.

九十以上七歲以下 人乙 敎誘 犯罪令是在乙良 敎誘之人乙 當爲推罪齊

여기에서 '인을(人乙), 영시(令是), 재을랑(在乙良), 지인을(之人乙), 당위(當爲), 제(齊)'는 모두 한자를 이두로 표기한 것이다. 29자 중에 13자가 이두다. 위의 《대명률직해》는 이렇게 해석할 수 있다.

아흔 살 이상 일곱 살 이하 사람을 꾀어서 범죄를 시키거들랑 꾄 사람에 대해서 죄를 추문한다.

노약자를 꾀어 범죄를 저지르게 하는 자는 엄하게 처벌한다는 법령을 이두로 적은 것이다. 이두를 사용하면 형용사를 제외한 거의 모든 우리말을 한자로 적을 수 있으므로 최만리가 "이두가 있는데 굳이 정음을……"이라고 비판한 것은 이유 있는 항변이라 할 수 있다. 그러나 훈민정음과 이두는 그 완성도에서 비교조차 할 수 없다.

또한 최만리는 세종이 훈민정음을 창제한 이유를 알지 못했다. 세종은 직접 지은 어제(御製)에서 "어린 백성이 말하고자 하는 바가 있어도 마침내 제 뜻을 펴지 못하는 사람이 많다"면서 "내 이를 불쌍히 여겨 새로 28자를 만들었다"라고 창제 동기를 설명했다. 특히 세종은 옥사(獄事)가 큰 문제라고 생각했다. 백성이 문맹일 경우 옥사에서 불이익을 당할 우려가 크기 때문에 정음을 만들었다고 설명했다.

"만약 형살(刑殺)에 대한 옥사(獄辭)를 이두문으로 쓴다면 문리(文理)를 알지 못하는 어리석은 백성이 한 글자 차이로 혹 원통함을 당할 수도 있다. 지금 언문으로 그 말을 직접 쓰고 읽어서 듣게 한다면 비록 지극히 어리석은 사람이라도 다 쉽게 알아들어서 억울함을 품을 자가 없을 것이다"라고 합니다.(《세종실록》26년 2월 20일)

세종이 훈민정음을 만든 주요한 논리 중 하나는 백성들이 소송에서 억울한 일을 당하지 않게 하려는 것이었다. 수령고소금지법 소동으로 백성들의 반발을 직접 경험한 세종은 백성들이 법조문을 직접 읽을 수 있어야 원통함이 줄어들 것이라고 생각했다. 이에 대해 최만리 등은 반대를 위한 반대로 반박했다.

예부터 중국은 말과 글이 같아도 옥송(獄訟) 사이에 원왕(冤枉: 억울하게 잘못된 것)이 아주 많습니다. 가령 우리나라로 말하더라도, 옥에 갇혀 있는 죄수가 이두를 해득할 수 있어서 직접 초사(招辭: 범죄 사실을 적시한 글)를 읽어서 거짓인 줄 알면서도 매를 이기지 못해 굽혀 자복하는 자가 많으니, 이는 초사 문장의 뜻을 알지 못해서 원통함을 당하는 것이 아님이 명백합니다. 만일 그렇다면 비록 언문을 쓰더라도 이것과 무엇이 다르겠습니까? 이로써 형옥(刑獄)의 공평하고 공평하지 못함이 옥리(獄吏)가 어떠하냐에 달려 있지 말과 문자의 같고 같지 않음에 달려 있지 않은 것을 알 수 있습니다. 언문으로써 옥사를 공평하게 하려는 것에 대해 신 등은 그 옳음을 볼 수 없습니다.(《세종실록》26년 2월 20일)

초사(招辭)를 읽을 줄 안다고 해서 모든 죄수가 억울한 일을 당하는 것을 막을 수 있는 것은 아니지만 초사를 읽을 줄 모르는 것보다는 억울한 일이 줄어들 것은 분명했다. 모든 소송에서 당사자가 소송 문서를 읽을 줄 안다면 보다 공평한 판결이 이뤄지고 억울한 일이 덜 발생할 것임은 설명할 필요도 없는 일이다. 이두가 섞인 법률 문서는 사실 한문 못지않게 어려웠다.

의금부의 수사 기록인 〈추안급국안(推案及鞫案)〉에 이런 구절이 나온다.

同月 罪人 ○○○ 年三十七 白等矣身其時不入直家

백등(白等)은 '사실을 진술한다'란 뜻이고, 의신(矣身)은 '저는'이란 뜻이다. 번역하면 "같은 달 죄인 ○○○이 진술하기를 저는 그때 집으로 바로 가지 않고"라는 뜻이다. 백등(白等), 의신(矣身) 등의 이두문을 모르면 무슨 말인지 알 수 없다. 이런 이두보다 훈민정음이 백성들에게 쉽고 유리할 것은 설명할 필요도 없다. 훈민정음이 창제되기 전, 법률서는 이두문으로 되어 있었는데, 순전히 한문으로 쓰인 것보다는 낫지만 백성들의 입장에서 한문이나 이두나 이해하지 못하는 것은 마찬가지였다. 세종은 상소를 보고 최만리 등에게 물었다.

"너희들이 설총은 옳다고 하면서 임금이 하는 일은 그르다고 하는 것은 무슨 까닭이냐? 또한 너희들이 운서(韻書)를 아느냐? 사성(四聲) 칠음(七音)을 아느냐? 자모(字母)가 몇 개인지 아느냐? 내가 운서(韻書)를 바로잡지 않으면 누가 바로잡을 것이냐?"《세종실록》 26년 2월 20일)

집현전 학사들에게 "너희들이 운서를 아느냐? 사성 칠음을 아느냐?"라고 꾸짖고 "내가 아니면 누가 운서를 바로잡을 것이냐?"라고 자부할 정도로 세종은 당대 최고의 언어학자였다. 이때 반대 상소에 이름을 올린 집현전 직전(直殿) 김문은 얼마 전 언문 제작에 문제가 없다고 말한 바 있었다. 이렇듯 앞뒤로 다른 말을 할 경우, '대제상서사불이실(對制上書詐不以實)'이란 죄에 해당했다. 의금부는 도형 3년에 장(杖) 100대에 해당한다고 보고했는데, 세종은 도형 3년은 면제하고 장 100대만 때리라고 감해주었다.

세종은 최만리 등 여섯 명을 의금부에 하옥시켰다가 하루 뒤 풀어주었으나 응교(應敎) 정창손만은 파직시켰다. 그렇게 한 데는 까닭이 있었다. 세종은 재위 16년(1434) 역대 충신, 효자, 열녀 등의 행실을 한문으로 쓰고 그림을 그려 붙인 《삼강행실도(三綱行實圖)》를 간행했다. 훈민정음 창제 후 정창손에게 《삼강행실도》를 훈민정음으로 번역해 반포하면 "민간에서 충신, 효자, 열녀가 반드시 많이 나올 것"이라고 말했는데, 정창손의 대답은 부정적이었다.

"(한문으로 된)《삼강행실도》를 반포한 후에도 충신, 효자, 열녀가 배출되는 것을 볼 수 없는 것은 사람이 행하고 행하지 않는 것이 사람의 자질 여하에 달려 있기 때문입니다. 어찌 반드시 언문으로 번역한 후에야 사람이 모두 본받겠습니까?"

세종은 정창손을 "아무짝에도 쓸모없는 속유(俗儒)"라면서 파직시켰다. 훗날 정창손은 사위 김질(金礩)과 함께 상왕 단종 복위 기도 사건을 고변하는 장본인이 된다.

세종 28년(1446) 10월, 왕실에서 대자암의 불사를 거행하려고 하자

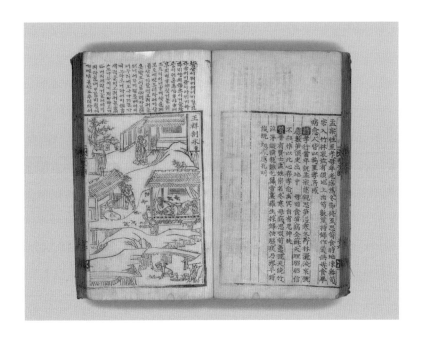

삼강행실도, 국립중앙박물관.
충신, 효자, 열녀의 모범이 될 만한 이야기를 모은 조선의 윤리 교과서. 세종의 명으로 설순 등이 만들었으며, 매 편마다 그림을 넣어 누구나 이해하기 쉽도록 편집했다.

대간에서 극력 반대했다. 세종은 이때 대간의 죄를 일일이 언문으로 써서 환관(宦官) 김득상(金得祥)에게 주어서 의금부와 승정원에 보이게 했다. 훈민정음으로 임금의 교지를 작성할 수 있음을 보여준 것이다. 그러나 대간이 국사에 대해 말했다고 처벌할 수 없다는 반론에 부딪쳐 처벌하지 못했다. 이때 세종은 아들 수양대군을 통해 의미심장한 교지를 내렸다.

(대간을 처벌하면 안 된다는) 그대들의 말은 옳다. 그러나 그대들은 내 마음을 알지 못한다.《세종실록》28년 10월 10일)

세종은 이보다 조금 앞선 재위 28년(1446) 9월 29일 훈민정음을 반포했는데, 정인지는 그 서문에서 "우리 전하께서 계해년(세종 25년)에 정음 28자를 처음 창제하시고 훈민정음이라고 하셨다"라고 설명했다. 정인지는 훈민정음에 대해 이렇게 평가했다.

(훈민정음은) 물건의 형상을 본떴는데 글자는 고전(古篆)을 모방했고, 소리에 따라서 음(音)은 칠조(七調: 칠음)에 합하여 삼극(三極: 천·지·인)의 뜻과 이기(二氣: 음양)의 정묘함이 포괄(包括)되지 않은 것이 없다.

훈민정음은 동양 전래의 사상과 음악 체계를 담아 만든 새로운 문자였다. 천·지·인 삼극과 음양의 이기와 칠조가 모두 포함되어 있었다. 칠조란 음악의 음계를 이루는 일곱 가지 소리로 '궁(宮), 상(商), 각(角), 치(徵), 우(羽)' 다섯 음에 두 개의 변음인 '변궁(變宮), 변치(變徵)'로 이뤄져 있는데 '칠음, 칠성'이라고도 한다. 이처럼 깊은 사상 체계를 바탕으로 만들어졌으면서도 배우기가 너무 쉽다는 장점이 있었다.

28자로써 변환하는 것이 다함이 없어 간략하면서도 적중했고, 정밀하면서도 통하게 되었다. 그래서 지혜로운 사람은 아침나절이 되기 전에 깨우칠 수 있고, 어리석은 사람도 열흘이면 배울 수 있다. 이로써 글을 해석하면 그 뜻을 알 수 있으며, 이로써 소송을 들으면 그 실정을 알아낼 수 있

다.(《세종실록》28년 9월 29일)

　훈민정음은 지혜로운 사람이라면 아침나절이 지나기 전에 깨우칠 수 있고, 어리석은 사람도 열흘이면 깨우칠 수 있는 글자였다. 지극히 깊은 사상 체계 속에서 만들었지만 배우기가 지극히 쉬운 글자였다. 그런데 훈민정음은 새로 만든 글자가 아니라 옛날부터 있던 글자를 모방해 만들었다는 이야기가 훈민정음 창제 당시부터 존재했다. 과연 사실은 어떠할까?

훈민정음 이전에도 옛 글자가 있었는가?

　최만리 등의 상소문에도 그런 내용이 있다.

　'언문은 모두 고자(古字: 옛 글자)이지 신자(新字: 새 글자)가 아니다'라고 하는데, 이는 곧 글자의 형태가 옛 전문(篆文)을 모방했다는 뜻입니다. 그러나 발음을 사용해서 글자를 만드는 것은 모두 옛 것과 어긋나니 실로 근거한 곳이 없습니다.(《세종실록》26년 2월 20일)

　훈민정음이 전문(篆文)을 모방해 만들었다는 지적이다. 정인지도 훈민정음 서문에서 "글자는 고전(古篆)을 모방"했다고 썼다.

전문(篆文)은 전자(篆字)로 쓴 글씨를 뜻하는데, 전자는 한자 서체 중에서 가장 오래된 것이다. 대전(大篆)과 소전(小篆)이 있는데, 대전은 주나라 때 만들어졌고, 소전은 진(秦)나라 이사(李斯)가 대전을 간략하게 만든 것이라고 알려져 있다. 전서(篆書)라고 하면 보통 소전(小篆)을 뜻한다. 전서 다음으로 나온 글자체가 예서(隸書)인데, 전서의 번잡한 것을 생략해서 만들었다고 한다. 일설에는 노예들도 알 수 있도록 쉽게 만든 글씨라서 '노예 예(隸)' 자를 써서 예서(隸書)라 했다고도 한다.

지금은 훈민정음의 기원에 대한 논의 자체가 사라졌지만 조선 시대에는 그에 대한 많은 논의가 있었다. 조선 후기 이덕무(李德懋)는《청장관전서(靑莊館全書)》의〈앙엽기(盎葉記)〉에서 "훈민정음에서 초성, 종성이 통용되는 8자는 모두 고전(古篆)의 형상이다"라고 해서 역시 고전(古篆)에서 따왔다는 시각을 보였다. 인도 글자인 산스크리트어, 즉 범자(梵字)를 모방했다는 주장도 있었다. 성현은《용재총화》에서 "그 글자체는 범자(梵字)를 모방해서 만들었다"라고 썼고, 성호 이익은 《성호사설》〈언문(諺文)〉에서 몽골자에서 따왔을 것이라고 추정했다.

> 지금 언문이 중국의 문자와 아주 다른데 황찬과 무슨 관련이 있겠는가? 이때 원나라가 멸망한 지 겨우 79년이었으니 몽골의 문자가 반드시 남아 있었을 것이다. 황찬이 우리에게 전한 바는 아마도 이 밖에 다른 것은 없을 것이다.《성호사설》〈언문〉）

황찬이 한자 외에 전한 것이 있다면 아마도 몽골 문자일 것이라는 추측이다. 몽골 문자를 만든 파스파[巴思八]는 티베트 승려로, 원나라

쿠빌라이가 즉위한 후 국사(國師)가 되어 티베트를 통치한 사캬 왕조의 시조다. 파스파는 티베트 불교를 크게 융성시키는 한편 고려 원종 10년(1269) 원 세조의 명으로 파스파 문자를 만들었다. '파스파'는 '성스러운', 또는 '아주 훌륭한' 등의 뜻으로, 팔사파(八思巴)라고도 음역(音譯)된다. 고대 인도 문자가 굽타 문자를 낳고, 굽타 문자가 티베트 문자를 낳았으며, 이것이 몽골의 파스파 문자로 연결되었다. 성현은 훈민정음이 범자(梵字: 고대 인도어)의 영향을 받았고, 이익은 몽골의 파스파 문자의 영향을 받았다고 보았다.

훈민정음 28자가 별자리의 28수(宿)를 본떴다는 주장도 있었다. 조선 후기의 문신 이계(耳溪) 홍양호(洪良浩, 1724~1802)는《경세정음도설(經世正音圖說)》서문에서 "우리 세종대왕께서 훈민정음 28자를 창제하셨는데, 별자리의 수에 응한 것이다"라고 말했다. 원래부터 우리나라에 있던 글자의 영향을 받아서 만들었다는 주장도 있었다. 여암(旅菴) 신경준(申景濬, 1712~1781)은《훈민정음도해(訓民正音圖解)》서문에 이렇게 썼다.

> 동방의 옛 습속에 문자를 이용했는데, 그 숫자가 다 갖추어지지 않았고 그 형태도 문법이 없어서 한 나라 언어의 형태로는 부족했다. 그래서 (훈민정음으로) 한 나라에서 사용할 수 있게 구비한 것이다.

일제강점기에도 훈민정음의 뿌리에 대해 학자들 사이에서 활발한 토론이 벌어졌는데, 이 문제를 깊게 연구한 학자로 한결 김윤경(金允經, 1894~1969)이 있다. 1937년 수양동우회 사건과 1942년 조선어학회 사건으로 거듭 투옥된 김윤경은 도쿄 릿쿄대학[立敎大學] 문학부 사학과를 졸업한 역사학도로, 훈민정음에 큰 관심을 갖고 배화여학교에서 국어와 국사를 가르친 국학자다. 김윤경뿐만 아니라, 조선어학회 사건으로 같이 투옥되었던 권덕규(權悳奎, 1890~1950)도 일제강점기에 훈민정음 이전의 우리 글에 대해 깊게 연구한 국어학자다. 일제가 조선어학회 사건을 일으킨 데는 훈민정음에 담긴 유구한 역사성에 대한 연구를 말살하려던 의도도 들어 있다.

김윤경은 《동광(東光)》 23호(1931년 7월 5일)에 실린 〈정음 이전의 조선 글〉이란 논문에서 훈민정음 이전에 존재한 우리 글에 대해 서술했다. 김윤경은 이 글에서 훈민정음 이전의 우리 고유 문자로 추정할 수 있는 것으로 삼황내문(三皇內文), 신지비사문(神誌秘詞文), 왕문문(王文文), 각목문(刻木文), 고구려 문자, 백제문(百濟文), 향찰(鄕札), 발해 문자(渤海文字), 고려 문자 등 아홉 가지나 있다고 썼다. 김윤경은 《동광》에 쓴 〈조선 문자의 역사적 고찰〉이란 논문에서 "평양 법수교에 고비(古碑)가 있는데, 언문도 아니고 범자(梵字)도 아니고 전문(篆文)도 아닌데, 사람이 능히 알 수 없었다"라고 썼다. 김윤경은 《평양지(平壤志)》에 이런 내용이 쓰여 있었다면서 인용했다.

계미(癸未: 선조 16년, 1583) 2월, 법수교에서 석비의 이치가 발굴되어 드러났는데, 드러난 것을 보니 3단으로 나뉘어 있는데, 비문은 예자(隸字)도 아니고 범서(梵書)와 그 모양이 같다. 이를 단군 때 신지(神誌)가 쓴 것이라고도 하는데, 세월이 오래되어서 유실되었다.

한결 김윤경 선생 동상.

조선어학회 창립 회원으로, 한글 연구와 교육을 통해 민족의 언어와 정신을 지키기 위해 노력한 국어학자이자 독립운동가다.

《평양지》에 쓰여 있는 위 내용 중 주목되는 것은 '신지(神誌)'라는 부분이다. 조선 선조 때의 학자 초간(草澗) 권문해(權文海, 1534~1591)는 《대동운부군옥(大東韻府群玉)》에서 "신지는 단군 때 사람인데, 스스로 호를 선인이라고 하였다"라고 썼다. 단군 때 신지가 고유 문자를 만들었다는 것이다. 《대동운부군옥》은 또 "신지비사(神誌祕詞)의 설은 저울을 가지고 삼경(三京)을 비유한 것"이라고도 설명했다. 김윤경은 〈정음 이전의 조선 글〉에서 훈민정음 이전에 '신지비사문(神誌祕詞文)'이 있었다면서 여러 사료를 든 후 이렇게 덧붙였다.

이 여러 문헌에 의하여 단조(壇朝: 단군 왕조)의 신지비사(神誌秘詞)가 최근 이조(李朝) 때까지 전해지던 것임을 밝히 알겠습니다. 그러하면 그 신지비사는 곧 단군 시대에 문자가 있었던 것을 증명하는 것이외다.

김윤경은 '신지비사'를 근거로 단군 때 고유 문자가 있었다고 보았다. 신지비사는 김윤경 외에 조선 중기 선조 때의 학자 권문해도 알고 있었던 내용이다. '신지비사'가 《환단고기(桓檀古記)》에 수록된 〈태백일사(太白逸史)〉에 나온다는 이유로 강단사학계는 무조건 위서(僞書)라고 비판하지만 신지비사는 권문해뿐만 아니라 고려 말에서 조선 초기의 학자 양촌(陽村) 권근의 글에도 '신지비설(神誌祕說)'이라는 이름으로 나온다. 이뿐만 아니라 《고려사》 〈김위제(金謂磾) 열전〉에도 나온다. 음양관이었던 김위제가 고려 숙종 원년(1096) '신지비사'를 근거로 삼아 고려의 수도를 개경에서 남경으로 천도해야 한다고 주장한 내용이 바로 그것이다. 그래서 조선 학자들은 물론 일반 백성들 사이에서도 '신지'나 '신지비사'에 대한 이야기는 상식이었다.

조선 후기의 역사학자 안정복(安鼎福, 1712~1791)은 《고려사》 〈김위제 열전〉의 이 이야기를 인용하면서 "신지는 단군 때 사람이라고 세속에서 말한다"라고 썼다. 웬만한 사람들도 신지에 대해서 다 알고 있다는 뜻이다. 박학하기로 유명한 성호 이익도 《성호사설》에서 여러 번 '신지비사'를 인용했다. 그래서 김윤경이 "단군 시대에 (우리 고유의) 문자가 있었다는 것을 시인하게 합니다"라고 말했던 것이다.

김윤경이 말한 "왕문이 쓴 글자라는 뜻의" 왕문문은 문화 류씨(柳氏) 족보에 "왕문(王文)이 문자를 썼는데, 전문(篆文)과 같다. 왕문은 곧 왕수긍(王受兢)의 아버지다"라는 내용이 있는 것을 가리킨다. 고종 때 간행한《증보문헌비고(增補文獻備考)》에는 왕수긍을 기자(箕子) 때 사람이라고 설명했다. 왕(王)이라는 글자는 그가 살고 있는 곳이 "해가 떠오르는 곳이므로 토(土: 토 자는 圡라고도 씀) 자 곁에 있는 점을 올려서 옆으로 길게 그어서 왕(王) 자를 만든 것"이라고 보았다. "왕수긍이 나중 문화 류씨의 시조가 되었다"는 말인데, 김윤경은 왕문을 기원전 12세기경 부여 사람으로 추정하면서 왕문이 썼던 문자는 부여 문자라고 추측했다.

김윤경이 설명하는 '발해문자설'은 특히 주목할 만하다. 중국 명나라 때 설화집인《고금기관(古今奇觀)》과《왕진총담(王塵叢談)》에 실려 있는 일화다. 소개하면 대략 이런 내용이다.

당나라 천보(天寶) 연간에 발해의 국서가 당나라에 도착했는데, 당나라 조정에서는 그 문자를 해득할 사람이 없었다. 당 현종이 크게 염려하는데 비서감(秘書監) 하지장(賀知章)이 이태백(李太白)을 천거해서 금만전(金鸞殿)에 들어와서 발해의 국서를 풀어서 읽고 그 답서의 초안을 잡았다. 환관 고력사(高力士)가 신발을 벗고, 양귀비(楊貴妃)가 먹을 갈아 도왔다.

발해에서 발해 문자로 국서를 보내왔는데, 이태백만 읽을 수 있었고 발해 문자로 답변까지 했다는 것이다. 당나라에서 보낸 발해 문자로 된 답서가 바로 화번서(和蕃書)인데, 이태백이 이 답변서를 보내자 현종이 가상하게 여겨서 칠보방장(七寶方丈)으로 삼고, 손으로 만든 국을 내려줘 앞에서 먹게 했다는 이야기가《이태백집분류보주(李太白集

分類補註)》에 나온다. 이는 모두 발해 문자가 있었음을 증명해주는 이야기다. 단재(丹齋) 신채호(申采浩)는 이 사례를 든 후 이렇게 설명했다.

아마 발해의 국서(國書)가 이두(吏讀) 혹은 구결(口訣)의 발해자(渤海字)로 되어 있어서 당인(唐人)이 이를 해독하지 못함이요, 이태백의 답서(答書)도 발해자로 한 것인 고로 그 글월이 이태백집(李太白集)에 게재되지 못함이라.(〈조선 고래의 문자와 시가의 변천〉, 《동아일보》, 1924년 1월 1일)

신채호 역시 발해 고유의 문자가 있었다고 보았다. 국어학자 권덕규도 발해의 고유 글자가 있었다고 말했다. 권덕규는 〈정음 이전의 조선 글〉(《중외일보》 1927년 10월 24일) 등에서 발해를 멸망시킨 거란이 사용하던 거란 문자와 거란을 멸망시킨 금(金: 여진)이 쓰던 여진 문자는 모두 발해 글자에서 따온 것이라고 했다. 권덕규는 "그러니 (발해에서) 구결이나 이두문만 쓰고 다른 글은 없었으리라고 속단하는 것은 매우 경솔한 일이다"라면서 "나는 단군 조선 때부터 고려 조까지 따로 글자가 있었다는 것을 말하고자 한다"라고 덧붙였다.

일제강점기의 국어학자들은 단군 조선 때부터 우리 고유의 글자가 있었다고 생각했다. 북한의 국어학자들은 이런 전통을 이어받았다. 북한 학자 류렬은 한 논문에 이렇게 썼다.

15세기 후반 이래로 국가적인 금지 도서였던 《삼성기》라는 책에는 "단군 때 신전(神篆: 신지전자, 신지글자)이 있었다"라고 하였으며, 16세기 초의 학자 리맥의 《태백일사》(《태백유사》라고도 함)에는 "단군 때 신지전서(神誌篆書:

신지전자, 신지글자)가 있었는데 그것을 태백산과 흑룡강, 청구(조선), 구려 등의 지역들에서 널리 썼다"라고 하였다. (《우리 민족은 고조선 시기부터 고유한 민족 글자를 가진 슬기로운 민족》,《단군과 고조선에 관한 연구론문집》, 1994년)

또한 류렬은 조선 숙종 2년(1675) 북애자(北崖子)가 쓴《규원사화(揆園史話)》에도 훈민정음 이전의 옛 글자에 대한 이야기가 나온다고 설명했다.

17세기 북애가 쓴《규원사화》에는 단군 시기에 신지가 사냥을 하다가 사슴 발자국을 보고 처음으로 글자를 만들었다고 하면서 "일찌기 듣건대 륙진 지방에선 때때로 진나라 이전 시기 바윗돌에 글자를 새긴 것이 나타나곤 하는데 범자도 아니고 전자도 아니어서 사람들이 그 뜻을 해득하지 못한다고 하니 이것이 어쩌면 신지씨가 만든 옛 글자가 아니겠는가?"라고 하였다.

류렬은 이 논문에서 일제강점기에 독립운동가이자 국사학자였고 국어학자였던 김윤경이나 권덕규가 훈민정음 이전에 우리 옛 글자가 있었다는 증거로 제시한 여러 논거에 대해 설명했다. 일제강점기에 주체적 관점에서 우리 국어사를 연구한 학자들의 전통이 남한 학계에서는 사라지다시피 했지만 북한에서는 이런 연구 전통을 살려서 여전히 국어를 연구하고 있음을 알 수 있다.

훈민정음과 지금의 한글 사이

　세종이 훈민정음을 만든 이유 중에는 왕조 개창의 정당성을 천명하려는 뜻도 있었다. 훈민정음을 반포하기 바로 1년 전인 세종 27년(1445) 4월, 조선 개창의 정당성을 담은《용비어천가》를 훈민정음으로 적은 것이 이를 말해준다.《용비어천가》는 조선 건국을 "하늘의 뜻에 따라 용이 하늘을 난 것"이라고 주장했는데, 먼저 정음(正音: 한글)으로 쓰고 이를 한시(漢詩)로 번역하는 순서로 편찬되었다.

　세종은 재위 1년(1419) 대마도 수호(守護: 대마도 도주)에게 준 글에서 "우리 태조 강헌대왕이 용비(龍飛)하셨다"라는 표현을 써서 조선 건국을 용비의 결과라고 말했는데, 이런 생각이 용비어천가로 나타난 것이다.《세종실록》28년(1446) 11월 기록에 "《태조실록》을 내전(內殿)에 들여오라고 명하고, 드디어 언문청(諺文廳)을 설치해서 사적(事迹)을 상고해 용비시(龍飛詩: 용비어천가)에 첨입(添入)하게 했다"라고 적혀 있다.《태조실록》을 근거로《용비어천가》를 지었다는 뜻이다.

　《용비어천가》는 세종 29년(1447) 10월 최종적으로 완성해 550본을 군신들에게 하사했는데, 제1장이 "해동 육룡(六龍)이 나르샤 일마다 천복(天福)이시니 고성(古聖)이 동부(同符)시니"라는 노래다. 해동 육룡이란 이성계의 4대 조상(목조, 익조, 도조, 환조)과 태조, 태종을 뜻하는 것으로 제2대 임금 정종은 누락되었는데, 이 역시 세종의 역사관이 반영된 것이다.《용비어천가》는 조선 역대 임금들의 건국 행적이 천명을 받은 중국의 옛 성인(古聖)과 같다고 노래했다.

여러 언어에 정통했던 세종은 훈민정음을 만들 때 지상에서 발생하는 모든 소리를 적을 수 있는 언어를 만들어야겠다고 생각했다. 이런 사실은 정인지가 쓴 훈민정음 서문에 잘 나타나 있다.

> 자운(字韻: 글자의 운)은 청탁(淸濁)을 분별할 수 있고, 악가(樂歌)는 율려(律呂)의 화합을 이루어냈는데, 쓰려고 하면 갖춰지지 않은 것이 없고, 가려고 하면 닿지 못하는 곳이 없어서(無所用而不備無所往而不達) 비록 바람 소리와 학의 울음 소리, 닭 울음 소리와 개 짖는 소리까지 모두 얻어서 쓸 수 있었다.(《세종실록》28년 9월 29일)

"바람 소리와 학의 울음 소리, 닭 울음 소리와 개 짖는 소리"까지 적을 수 있는 새 문자가 훈민정음이었다. 세종은 모든 소리를 적으려면 28자가 필요하다고 봤고, 이를 활용하는 과학적 법칙이 필요하다고 생각했다. 그러나 현행 한글 맞춤법 통일안은 세종의 이런 창제 원칙과 충돌한다. 사용할 수 있는 글자 수를 24자로 제한하고, 그 조합도 크게 제한했기 때문이다.

> 자음(14자): ㄱ(기역) ㄴ(니은) ㄷ(디귿) ㄹ(리을) ㅁ(미음) ㅂ(비읍) ㅅ(시옷) ㅇ(이응) ㅈ(지읒) ㅊ(치읓) ㅋ(키읔) ㅌ(티읕) ㅍ(피읖) ㅎ(히읗)
> 모음(10자): ㅏ(아) ㅑ(야) ㅓ(어) ㅕ(여) ㅗ(오) ㅛ(요) ㅜ(우) ㅠ(유) ㅡ(으) ㅣ(이)

'ㅎ', 'ㅿ' 등의 자음과 'ㆍ' 등의 모음이 사라졌다. 사라진 글자 중에는 우리 민족의 언어 생활에서 사용되지 않아서 없어진 글자도 있다.

그러나 세종이 우리 언어 생활에 사용되지 않는 것을 모르고 그런 글자들을 만든 것은 아니다.

우리 말 표기가 크게 변한 것은 일제강점기 때다. 조선총독부는 1912년 고쿠분 쇼타로[國分象太郞] 등 일본 학자들과 일부 한인 학자들을 동원해 소학교용 언문철자법(諺文綴字法)을 만들었는데, 이때 우리의 발음 체계를 크게 제한했다. 아래아(ㆍ)를 폐지하고 한 글자 받침 'ㄱ, ㄴ, ㄹ, ㅁ, ㅂ, ㅅ, ㅇ'과 두 글자 받침 'ㄺ, ㄻ, ㄼ' 열 가지만 인정했으며, 설음 자모 'ㄷ, ㅌ' 등과 'ㅑ, ㅕ, ㅛ, ㅠ'의 결합을 인정하지 않았다. 한마디로 한국어를 일본어 비슷하게 개악한 것이다. 1930년 조선총독부는 직접 언문철자법(諺文綴字法)을 만들었는데, 이때도 역시 표현 가능한 발음을 상당 부분 제한했다. 1933년 조선어학회에서 '한글 맞춤법 통일안'을 발표했는데, 이때 두음법칙이 들어갔다. 두음법칙은 'ㄹ, ㄴ'이 어두(語頭)에 오면 'ㅇ'으로 발음하게 한 것이다.

조선어학회에서 한글 맞춤법 통일안을 만든 것 자체는 긍정적인 측면이 크다. 정음 표기 원칙이 정해지지 않아서 사람과 지역에 따라 중구난방으로 썼기 때문에 전국에서 함께 사용할 수 있는 통일된 표기법을 만들 필요가 있었다. 그러나 세종이 만든 정음의 발음 체계를 크게 제한한 것은 큰 문제일 수밖에 없다.

일제가 조선어 말살 정책에 시동을 건 1940년 경북 안동에서 발견된 《훈민정음 해례본(解例本)》(세종 28년 발간)은 훈민정음에 대한 해설서이자 사용설명서다. 《훈민정음 해례본》은 크게 〈예의편(例義篇)〉과 〈해례편(解例篇)〉으로 나뉘는데, 〈예의편〉은 정인지가 "계해년(세종 25년) 겨울에 우리 전하께서 정음(正音) 28자를 처음으로 창제하셔서 예의

(例義)를 간략하게 들어 보이고 명칭을 '훈민정음(訓民正音)'이라 하였다'라고 쓴 서문에 '예의'라는 글귀가 있어서 붙여진 이름이다. 〈해례편〉은 훈민정음 사용설명서라고 해도 좋을 내용으로 '제자해(制字解), 초성해(初聲解), 중성해(中聲解), 종성해(終聲解), 합자해(合字解), 용자례(用字例)' 여섯 부분으로 나뉘어 있다.

〈제자해〉는 훈민정음의 제자 원리에 대해 설명한 것으로, 세종이 어떤 철학적 바탕 위에서 훈민정음을 창제했는지 알 수 있다.

> 하늘과 땅의 도(道)는 '한 음양과 오행(一陰陽五行)'일 따름이니, 곤(坤)과 복(復) 사이가 태극(太極)이 되고, 움직임과 고요함의 뒤가 음양이 된다. 무릇 하늘과 땅 사이에서 삶을 누리는 무리가 음양을 버리고 어찌하겠는가? 그러므로 사람의 소리에 다 음양의 이치가 있지만 돌아보건대 사람들이 살피지 않을 뿐이다. 이제 정음을 만드는데 처음부터 지식으로 꾀하고 힘으로 찾는 것이 아니라 단지 그 소리를 따라 그 이치를 다할 따름이니 이치가 이미 둘이 아니거늘 어찌 하늘과 땅과 귀신과 더불어 그 씀(用)을 구하지 않겠는가. 정음 28자는 각자 그 형상을 본떠서 만들었다.

자음 글자는 발음 기관과 그 작용을 본떠서 만들었는데, 목구멍을 'ㅇ'으로, 이(齒)를 'ㅅ'으로, 입을 'ㅁ'으로 형상화했다. 모음은 천지인(天地人) 사상을 본떠 만든 것으로, 하늘은 'ㆍ'로, 땅은 'ㅡ'로, 사람은 'ㅣ'로 표현했다. 이 역시 음양과 태극 이론에 따른 것이다.

〈제자해〉에서 기본적인 원칙을 설명한 후 〈초성해〉에서 초성을 사용하는 방법에 대해, 〈중성해〉에서 중성을 사용하는 방법에 대해, 〈종성해〉에서 종성을 사용하는 방법에 대해 설명했다.

지금의 한글 맞춤법 통일안을 세종의 창제 원칙에 맞게 재정비한다면 가장 중요한 것은 〈합자해〉일 것이다. 〈합자해〉는 '초성, 중성, 종성이 합쳐져 글자를 이룬다'는 원칙 아래 초성, 중성, 종성이 각 음에서 어느 위치에 쓰이는지 밝혔다. 〈합자해〉에는 '각자병서'와 '합용병서'에 대한 설명이 있다. 이는 글자를 두 자 내지 세 자 합쳐서 만드는 글자를 말한다. 각자병서는 같은 글자를 합쳐서 쓰는 것으로, 초성에 'ㆀ'나 'ㆅ' 등도 사용할 수 있다는 것이고, 합용병서는 다른 글자를 두 자 합쳐서 쓰는 것으로, 초성에 'ㅺ', 'ㅴ' 등을 사용할 수 있을 뿐만 아니라 세 자를 합쳐 'ㅴ' 등도 사용할 수 있다는 것이다. 합용병서는 종성에 서로 다른 두 자를 합쳐 'ㄺ'과 'ㅄ'을 사용할 수 있다는 것인데, 지금도 쓰이는 '흙'이란 글자를 봐도 알 수 있듯 'ㄺ'은 사용할 수 있지만 'ㅄ'은 사용하지 못하게 했다. 합용병서는 종성에 세 자를 합쳐 'ㄽ', 'ㅴ' 등을 사용할 수 있다는 것인데, 지금은 전혀 사용하지 않고 있다.

이런 글자들은 지금은 물론 당시에도 많이 사용되던 발음이 아니었다. 그럼에도 세종이 이런 원칙을 만든 것은 이런 소리가 있었기 때문이다. 이런 소리들까지 적을 수 있는 것이 전 세계 다른 언어가 갖지 못한 훈민정음만의 장점이다. 세종은 우리 겨레가 사용하지 않는 발음이지만 이런 발음을 다른 겨레는 사용한다는 사실을 잘 알고 있었다. 통역관을 배출하던 사역원(司譯院)에서는 중국어인 한어(漢語)는 물론 몽골어, 일본어, 여진어, 위구르어까지도 가르쳤는데, 언어에 남다른 관심이 있었던 세종은 사역원에서 가르치는 다른 겨레의 언어들도 깊이 연구했다. 그 결과, 지상의 모든 소리를 적을 수 있는 세계 유일의 표음문자인 훈민정음을 만든 것이다.

이를 위해 세종이 만든 원칙 중 하나가 연서(連書) 원칙이다. 두 글자를 위에서 아래로 연결해 글자를 만드는 방법인데, "글자를 순음(脣音) 아래 쓰면 순경음(脣輕音)이 된다"라고 했다. 입술 닿는 소리인 순음 'ㅂㅍㅃㅁ' 자 아래 'ㅇ'을 붙여 순경음 'ㅸㆄㅹㅱ'를 만든 것이다.

병서와 연서의 원칙만 활용해도 전 세계 언어를 거의 모두 표기하고 발음할 수 있다. 영어를 예로 들면 현행 한글 맞춤법 통일안으로는 26자 중 L과 R, P와 F, B와 V, G와 Z, E와 Y를 구별할 수 없다. 거의 40%에 달하는 영어 발음을 구분할 수 없는 것이다. 우리가 한글날을 국경일로 정해놓고 아무리 세계 최고의 문자라고 목소리를 높여도 우물 안의 자화자찬에 지나지 않는 이유는 세종이 직접 만든 훈민정음 창제 정신을 따르지 않고 일본인들이 크게 퇴화시킨 원칙을 상당 부분 따르고 있기 때문이라고도 볼 수 있다.

한국이 일본과 더불어 가장 많은 비용을 들이면서도 영어를 못하는 나라로 꼽히는 이유도 일본어 비슷하게 퇴화된 언어 정책에 있다. 급기야 서울의 강남 일부 지역에서는 자녀들의 영어 실력을 향상시키기 위해 혀와 혀 밑을 연결하는 설소대라는 기관을 절단해 혀 길이를 늘이는 수술을 시행하는 사례까지 있었다. 그러나 영미에서 나고 자란 한국인 2·3세들은 대부분 현지어를 유창하게 구사한다. 혀의 길이나 구강 구조가 문제의 본질이 아니라는 뜻이다.

세종이 만든 《훈민정음 해례본》의 병서와 연서의 원칙만 따라도 거의 모든 글자를 구분할 수 있게 된다. 《훈민정음 해례본》에 따라 현행 한글 맞춤법 통일안을 재정비하면 훈민정음은 세계에서 가장 완벽한 표음문자가 될 수 있을 것이다.

외래어 표기도 마찬가지다. 예전에 한 교수가 '오렌지'라고 하면 현지에서 못 알아듣는다면서 '어륀지'로 발음해야 한다고 주장했다가 크게 비판을 받은 적이 있다. 그가 현행 외래어 표기법의 문제점을 숙지하고 이 같은 지적을 했다면 국민들의 공감을 얻을 수도 있었을 것이다. 그러나 방점이 그릇된 국어 정책의 뿌리를 바로잡는 것이 아니라 영어에 맞게 한글을 고치는 것으로 비친 데다 평소 영어 몰입 교육을 강조했던 전력까지 언급되면서 큰 비판을 받고 한때의 해프닝으로 마무리되고 말았다.

현재 외래어 표기법 제1항은 "외래어는 국어의 현용 24자만으로 적는다"라고 한정하고, 2항은 "외래어의 1음운은 원칙적으로 1기호로 적는다"라고 한정되어 있다. 제3항은 "받침에는 ㄱ, ㄴ, ㄹ, ㅁ, ㅂ, ㅅ, ㅇ만을 쓴다"라고 되어 있고, 제4항은 "파열음 표기에는 된소리를 쓰지 않는 것을 원칙으로 한다"라고 되어 있고, 제5항은 "이미 굳어진 외래어는 관용을 존중하되, 그 범위와 용례는 따로 정한다"라고 명시해놓았다. 이 원칙에 따르면 L과 R, P와 F, B와 V, G와 Z, E와 Y를 구분할 수 없고, 파열음 p, t, k나 b, d, g가 된소리에 가깝게 발음되더라도 된소리로 적으면 안 되는 모순에 봉착한다.

오렌지 논쟁은 아마도 제5항에 해당할 것이다. 'orange'를 '오렌지'라고 적는 것은 일본어 가타카나의 'オレンジ(오렌지)'에 따른 것이다. 일본의 가타카나는 워낙 불완전한 언어이다 보니 외래어 표기에 한계가 있다. 우리는 세계에서 가장 완벽한 훈민정음을 가지고 있으면서

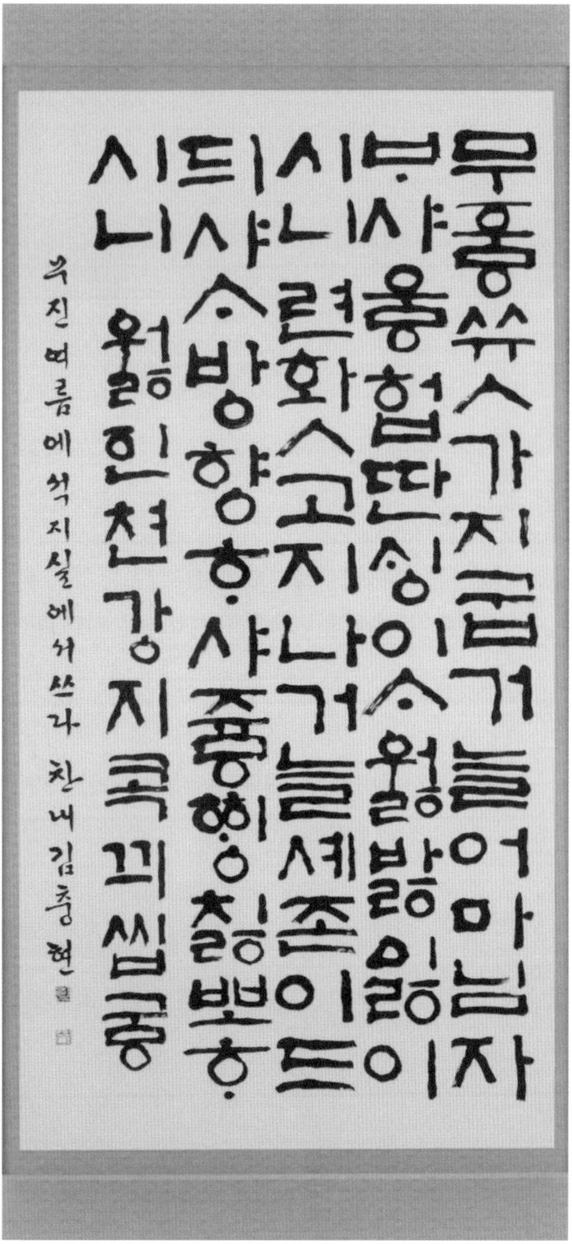

월인천강지곡. 국립중앙박물관.

한글 서예의 보급에 선도적인 역할을 했던 서예가 김충현이 쓴 월인천강지곡. 세종이 한글로 지은 찬불가로, 그 원본은 한글로 찍은 최초의 책이다.

도 불완전하기로 둘째가라면 서러울 가타카나를 따르고 있으니 세종이 지하에서 통곡할 일이 아닐 수 없다. 일제강점기 35년보다 광복 후의 기간이 두 배나 더 긴데도 여전히 일본인들이 만든 언문 체계 속에서 허덕이고 있는 것이다.

세종이 최만리 등의 상소에 "또한 너희들이 운서를 아느냐? 사성 칠음을 아느냐? 자모가 몇 개인지 아느냐?"라고 꾸짖은 말은 지금도 유효하다.

세종은 또한 동아시아의 보편 문자인 한자와 훈민정음의 공존을 추구했다. 한자가 동이족인 은나라 사람이 만든 글자라는 사실은 차치하고라도 《용비어천가》를 훈민정음으로 적은 것은 물론 《월인천강지곡(月印千江之曲)》 등에서 훈민정음과 한자를 함께 사용했다. 세종은 우리 민족이 하나의 문장 안에서 표의문자인 한자와 표음문자인 한글을 상호 충돌 없이 사용할 수 있는 유일한 민족이란 사실을 잘 알고 있었다. 세종의 훈민정음 창제 정신으로 돌아가는 것이 세종의 애민사상과 우리 말 사랑의 정신을 계승하는 길임은 두말할 나위 없다.

권력 분산과 후계자 수업

왕권을 강화한 태종의 육조 직계제

국가의 권력 구조는 국가가 생긴 이래 지금까지 계속 주목받고 있는 현안이다. 지금도 대통령 중심제와 의원 내각제에 대한 호불호로 논쟁이 계속되고 있다. 왕조 국가에서는 국왕의 권한과 재상의 권한에 대한 논의가 오래도록 계속되었는데, 조선도 개창 당시부터 이 문제가 중요한 현안이었다. 삼봉(三峰) 정도전은 나라를 다스리는 법도와 관련해서 《경제문감(經濟文鑑)》을 저술했는데, 그 첫 번째 항목이 재상(宰相)이다. 이 책에서 정도전은 재상에 대해 "서정(庶政)을 헤아려서 처리하는 관직"이라고 했다. 재상은 행정의 모든 문제를 맡아 처리하는 직책이라는 뜻이다. 정도전은 《경제문감》 상권에서 당우(唐虞) 시대, 즉 요 임금과 순 임금이 다스리던 요순(堯舜) 시대에는 현명한 재상이 실권을 쥐고 제왕을 보필했는데, 이것이 이상적인 정치 체제라고 주장했다. 정도전에 의하면 재상은 임금과 거의 같은 권한을 가져야 한다.

정도전은《경제문감》〈재상의 직(宰相之職)〉에 이렇게 썼다.

위로는 음양(陰陽)을 조화롭게 하고, 아래로는 백성들을 어루만져 편안하게 한다. 안으로는 백성을 공평하게 다스리고, 밖으로는 사방의 이민족을 진무한다. 나라의 벼슬과 포상과 형벌이 여기에 관련되어 있고, 천하 정치의 교화와 가르침과 정령이 여기에서 나온다. 전각의 섬돌(임금) 아래에서 도덕을 논함으로써 한 사람(임금)을 돕고, 묘당(廟堂: 조정) 위에서 성인의 정사를 잡고 만물을 주재하니 그 자리가 어찌 가볍겠는가? 나라의 다스려짐과 어지러워짐과 천하의 편안함과 위태로움이 늘 반드시 여기에서 말미암을 것이니 진실로 그 사람을 쉽게 바꾸지 못할 것이다.

《경제문감》에 주해를 붙인 권근은 재상의 역할에 대해 이렇게 설명했다.

재상의 직책은 위로는 임금의 덕을 바로잡고(規正), 아래로는 모든 벼슬아치를 다스리니 그 임무가 아주 무겁다. 그래서 비록 임금이 존귀할지라도 반드시 공경함을 다해서 예로써 대해야 하고, 마음을 비우고 재상의 말을 들어야 한다. 재상은 임금을 받들고 돕는 데서 그치는 자리가 아니다.

정도전은 개국 일등공신이고 권근은 개국원종공신인데, 이들은 모두 나라를 다스리는 사람은 재상이라고 규정했다. 그런데 권근은 정도전을 제거한 태종의 측근으로, 이방원이 정권을 장악한 후 사병 혁파를 주창한 인물이다. 이런 권근이 재상 중심 정치를 설파했다는 것은 그것이 모든 개국 세력의 중론이라는 뜻이나 다름없다. 실제로 이성계는 정도전 등 재상들이 포진한 의정부에 국정을 맡기고 자신은 왕씨가 부흥하지 못하게 하는 것과 도성 천도 같은 왕조의 천년대계를 수립하는 데 신경을 썼다. 재상 중심의 정치에 동의한 것이다.

그러나 정도전을 주살하고 정권을 잡은 태종은 달랐다. 태종은 재상들이 포진한 의정부의 권한이 너무 강하다고 생각했다. 조선 조정의 집행부서로는 이조·호조·예조·병조·형조·공조 여섯 부서인 육조(六曹)가 있었는데, 그 장관은 전서(典書)로 정3품에 불과했다. 이조(吏曹)·병조(兵曹)·형조(刑曹)에는 두 명의 전서가 있었다. 태종 1년(1401) 7월 13일, 하륜이 관제(官制) 개정안을 올리자 태종이 이렇게 물었다.

"의정부는 과연 무슨 일을 하는가?"

의정부에 대한 부정적 인식을 드러낸 것이다. 하륜 등은 의정부의 권한을 축소시키고 집행 부서인 육조의 권한을 강화하려는 태종의 의중을 알아차리지 못하고 건의했다.

"육조의 전서를 각각 한 자리씩 없애는 것이 어떻겠습니까?"

"둘도 부족한데 하물며 하나를 없애겠는가?"

그러나 태종은 재위 3년(1403) 6월 29일 육조의 전서 한 자리를 줄이는 데 동의했다. 대신 의정부의 찬성사(贊成事) 이하 직급도 낮췄다.

개국 초 조선은 관서의 사무가 아직 정리되지 않은 상태였다. 사평부(司平府)에서 전곡(錢穀)을 관장해 호조와 기능이 중첩되었고, 승추부(承樞府)에서 갑병(甲兵)을 관장해 병조와 기능이 중첩되었고, 상서사(尙瑞司)에서 벼슬아치들을 등용하는 전주(銓注)를 관장해 이조와 기능이 중첩되었다. 그리고 정1품의 좌정승·우정승이 사평부·승추부·상서사의 판서를 겸하니 정3품에 불과한 육조의 장관들인 전서들은 부서를 장악할 수 없었다. 그래서 태종은 재위 5년(1405) 1월 15일 대대적

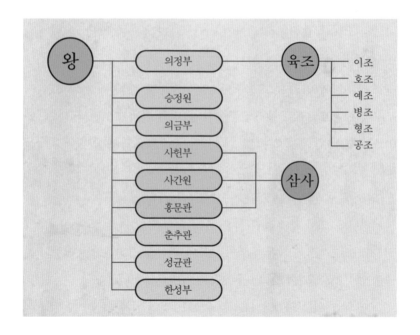

조선 전기의 중앙 정부 조직도.
왕이 실무를 담당하는 육조의 판서들로부터 직접 보고를 받고 정책을 결정하는 것을 육조 직계제, 의정부의 대신들을 통해 간접적으로 다스리는 것을 의정부 서사제라고 한다.

인 관제 개편을 단행해 의정부의 권한을 대폭 축소하고 육조의 권한을 강화했다. 사평부는 호조로, 승추부는 병조로, 상서사는 이조로 합병시켰다. 무엇보다 의정부가 육조의 사무를 관장하던 것을 모두 혁파하고 육조로 귀속시켰다. 그리고 육조의 장관을 전서에서 판서(判書)로 이름을 바꾸고 정2품으로 두 자급 승품시켰다. 이로써 의정부를 제치고 육조가 실질적인 집행 부서가 된 것이다.

의정부에서 육조를 비롯한 모든 관청의 사무를 관장하는 것을 '의정부 서사제'라고 하는데, 이때 의정부의 권한은 국왕에 버금갔다. 반면 육조에서 의정부를 거치지 않고 국왕에게 직접 보고하는 것을 육조 직계제라고 하는데, 이때는 의정부가 유명무실해지고 국왕과 육조 장관의 권한이 강해진다. 그런데 갑자기 육조 직계제를 실시해 의정부를 유명무실하게 만들었으니 충격이 크지 않을 수 없었다.

이날 태종은 대대적인 고위직 인사도 단행했는데, 의정부의 고위직을 거물들로 채웠다. 영의정부사 조준, 좌의정 하륜, 우의정 조영무, 의정부 찬성사 권근, 참찬의정부사 이숙번 등 모두 태종의 오른팔과 왼팔이라고 해도 과언이 아닌 인물들이었다. 이런 인물들을 포진시켜놓고 의정부를 유명무실한 기구로 전락시킨 것은 태종의 자기모순이기도 했다. 그래서 예조판서 최이(崔迤)는 이렇게 주청했다.

"영의정부사는 곧 전조(前朝: 고려)의 영문하(領門下)입니다. 육아일(六衙日)에 본부(本府)에 앉아거 대사를 결단하고, 조회에 압반(押班: 자신의 자리에 서는 것)하게 하며, 하례(賀禮)가 있으면 서명(署名)하여 전문(箋文: 신하가 임금에게 올리는 글)을 올리게 하소서."《태종실록》5년 1월 15일）

아일(衙日)은 백관이 정례적으로 모여 임금에게 정무를 아뢰는 날이다. 매월 초1일, 초6일, 11일, 16일, 21일, 26일로 한 달에 여섯 번 아일이 있었다. 또한 의정부 당상관이 육조의 당상관과 삼군 도총제부의 당상관 및 대간의 한 사람과 함께 나아가 국사를 아뢰게 하자고 주청했다. 태종이 의정부의 권한을 크게 축소시키고 육조로 돌렸지만 육조의 장관이 오히려 의정부가 국사를 총괄해야 한다고 주장한 것이다.

그래서 의정부 서사제가 육조 직계제로 바뀌었지만 의정부가 계속 국사를 총괄할 수 있었다. 일종의 절충안이지만 업무는 계속 의정부에 집중되었다. 이를 문제 삼아 좌정승 성석린(成石璘)은 태종 8년 1월 의정부의 서무(庶務)를 육조로 돌리자고 주청했다. 성석린은 조선에서 모범으로 삼는 송나라 사마광이 황제에게 아뢴 내용에 "재상이 자질구레한 사무에 관해 결정하는 것은 마땅하지 않습니다"라는 내용이 있다면서 사마광의 다음과 같은 말을 인용했다.

"대개 지위의 낮고 높음이 있는 것은 일에 번잡한 것과 간단한 것이 있기 때문인데, 일이 번잡하고 간단한 것에 따라서 마음이 수고롭고 편안해집니다. 지위가 높은 자는 마땅히 편안해야 하는데, 편안하지 않으면 천하의 큰 업무를 도모할 수 없습니다. 지위가 낮은 자는 마땅히 수고로워야 하는데, 수고롭지 않으면 천하의 모든 일을 다스릴 수 없습니다."《태종실록》8년 1월 3일)

성석린은 사마광 같은 전례를 보더라도 큰일이 아닌 것은 집행부서인 육부(六部)의 장관에게 위임하자고 했다면서 조선도 그렇게 해야 한다고 건의했다.

"본부(本府: 의정부)는 총괄하지 않는 것이 없어서 그 큰 체통을 갖는 것입니다. 지금 번거롭고 자질구레한 일에 수고롭게 되어서 도리어 육조에 소속되어 일하는 것 같으니, 관아를 설치해서 직무를 나눈 체통을 크게 잃었습니다."

성석린은 조선도 사마광의 건의처럼 전례가 있는 것은 육조에서 맡아 처리하고, 전례가 없는 것만 의정부에 보고해서 처리하게 하자고 주청했다. 태종은 성석린의 주청을 받아들였다. 그래서 의정부의 사무는 크게 줄어들었으나 결국 육조 위에 있는 것은 마찬가지였다. 태종 13년(1413) 겨울 천변(天變)이 있자 대간에서 의정부의 권한을 육조에 돌리자는 상소를 올렸다.

> 의정부는 권력이 크고 무거우니 성심껏 나라를 받들어야 하고, 공(公)만 있을 뿐 사(私)는 잊어야 하고, 나라만 있을 뿐 집은 잊는 것이 마땅한 처신입니다. 그러나 간혹 그렇지 않다면 나라를 그르치는 것이 어찌 많지 않다고 하겠습니까? 청컨대 의정부의 기무(機務: 중요한 일)까지도 파해서 육조로 돌리소서.《태종실록》13년 12월 16일)

태종은 대간에서 올린 글을 의정부에 보였다. 의정부 대신들은 태종의 뜻을 짐작하고 모두 물러나 직무에 임하지 않았다. 태종이 모두 나와서 직무를 보라고 명하자 정승 하륜이 입궐해서 대간의 말대로 의정부의 기능을 혁파해 육조로 돌려야 한다고 주청했다. 태종의 속마음을 읽은 것이지만 그렇다고 그 자리에서 바로 의정부의 기능을 육조로 돌리라고 받을 수는 없었다. 기다렸다는 듯이 의정부의 권력을 빼앗은 모양새가 되기 때문이었다.

좌정승 하륜이 태종에게 의정부의 기능 혁파를 청한 데는 이유가 있다. 대사헌 심온이 태종에게 "의정부에서 백관을 거느리고 서무를 총괄하면서 법에 어긋나는 일을 많이 행했습니다"라고 보고했다는 말을 들었기 때문이다. 《태종실록》은 심온이 이런 말을 한 것은 "대개 하륜이 권력을 독차지해서 독단하면서 피혐(避嫌: 혐의를 피하는 것)하지 않는 것을 미워했기 때문이다"라고 설명했다. 이처럼 의정부에서 거듭 육조로 돌려야 한다고 주청했지만 태종은 계속 거절했다.

태종이 의정부 서사제를 폐지하기로 결심한 것은 이듬해다. 태종 14년(1414) 4월 17일, 좌정승 하륜이 의정부 서사제를 육조 직계제로 바꾸어야 한다고 다시 주청했다.

"마땅히 정부(政府: 의정부)를 개혁하여 육조에서 임금께 일을 아뢰게 해야 합니다."

하륜의 주청이 태종과의 교감에 의한 것인지는 알 수 없지만, 주청을 받은 태종은 잠시 생각에 잠겼다가 예조판서 설미수(偰眉壽)를 불러서 말했다.

"좌정승이 내게 '아조(我朝: 조선 조정)의 제도는 모두 중조(中朝: 중국 조정)를 모방하니 정부의 일을 육조에 나누어 붙임으로써 중국 조정의 육부의 예를 본받는 것이 마땅하다'라고 아뢰었다. 경 등이 참고하여 정한 뒤 아뢰어라."

명나라에서 승상제를 폐지한 것처럼 조선도 의정부 서사제를 폐지하고 육조 직계제로 돌리는 문제를 논의한 뒤 보고하라는 것이었다. 이 말은 곧 육조 직계제를 실시하라는 뜻이나 다름없었다. 그래서 이날짜 《태종실록》은 "의정부의 서사(庶事: 모든 일)를 육조로 귀속시켰다"라고 전한다.

명나라에서 승상 제도를 없애고 육부가 황제에게 직접 국사를 보고하는 것을 명분으로 삼았지만, 명나라도 처음부터 육부 직계제를 운영한 것은 아니다. 명 태조 주원장은 개국 초 중서성(中書省)에 좌우 승상을 두어서 국사를 처리했다. 그러다 홍무 13년(1380) 개국공신이자 중서성 승상인 호유용(胡惟庸, ?~1380)을 제거하는 '호유용의 안(胡惟庸案)'이 일어나 거대한 피바람이 불었다.

안휘성 출신인 호유용은 주원장의 수하인 이선장(李善長)의 추천으로 주원장을 만난 후 개국공신이 되고 중서성 좌승상에 올랐다. 그 후 주원장의 제갈무후(諸葛武侯)로 불리던 유기(劉基)가 병사했는데, 이선장과 호유용이 독살했다는 소문이 돌았다. 이 소문이 의심 많은 주원장의 귀에 들어갔다. 주원장이 두 대신을 의심스러운 눈으로 주시하는 가운데 홍무 13년(1380) 호유용이 북원 및 일본과 내통해 모반을 일으키려 한다는 고변이 들어왔다. 주원장은 제대로 조사하지도 않고 이를 사실로 단정하고는 호유용과 그 9족을 멸하고 같은 당파를 죽이는 '호유용의 안', 또는 '호유용의 옥'을 일으켜 대거 처형했다. 이때 사형당한 인물은 태자의 스승이었던 송렴(宋濂)을 포함해 1만 5000명에 이르렀다.

10년 후인 홍무 23년(1390) 호유용을 천거한 이선장이 호유용의 역모를 알면서도 고변하지 않았다는 고발이 들어왔다. 주원장은 건국 초기 이선장에게 어떤 죄를 지어도 죽이지 않겠다는 면사철권(免死鐵券)을 두 번이나 내려주었지만 이선장과 그의 가족 70여 명을 죽이고 그 당여 1만 5000여 명을 죽였다. 결국 호유용 사건으로 죽은 인물만

3만 명에 달했다.

두 재상의 씨를 말린 주원장은 홍무 28년(1395) 봉천전(奉天殿)에서 문무 군신들에게 칙유를 내렸다.

"자고로 삼공(三公)은 도를 논하고, 육경(六卿)은 직분을 나누었다. 진나라 때부터 승상을 설치했다가 이 때문에 망하게 되었다. 한, 당, 송나라도 이 때문에 망했다."

주원장은 이후 자신의 후사는 그 누구도 승상을 두지 못하게 하겠다면서 신하로서 감히 승상 제도를 세우자고 주장하는 자는 중형에 처하겠다고 못 박았다. 주원장은 중서성과 승상 제도를 혁파하고 오부(五府: 군부), 육부(六部: 집행부서), 도찰원(都察院: 감찰부서), 통정사(通政司: 상소문 처리), 대리사(大理寺: 형벌 주관) 등으로 하여금 황제에게 직접 보고하게 했다. 황제의 절대 권력이 형성된 것이다.

그러나 권력을 독차지하게 되자 황제가 직접 처리해야 하는 일이 너무 많아지는 문제가 발생했다. 그래서 내각(內閣)에 대학사(大學士)를 두어 황제의 자문 역할을 맡고 문서를 처리하게 하는 절충안을 고안해냈다. 대학사의 으뜸은 내각 수보(首輔)인데, 육부 등에서 보고한 사항에 황제가 답변하면 문서를 초안했다. 초안을 가는 붓으로 작은 표 위에 썼다고 해서 '표의(票擬)'라고도 불렀다. 표의는 표지(票旨), 조지(條旨), 조첩(調帖)이라고도 불렀는데, 재상이라는 표현은 쓰지 않았지만 내각 수보가 사실상 재상의 역할을 했던 것이다. 이처럼 왕조에서 재상 제도는 불가피했다.

태종의 명을 받은 예조는 의정부 서사제의 폐지를 주청했다.

"육조로 하여금 각각 담당한 국사를 임금께 바로 아뢰게 하고, 왕지

(王旨)를 받들어 시행하게 하고, 함께 의논할 일이 있으면, 육조 장관이 같이 의논하여 아뢰게 하소서. 나이와 덕망이 아울러 높고 정치의 대체(大體)에 통달한 자를 의정부에 두어 군국(軍國)의 중요한 일을 의논하여 아뢰도록 하소서."

육조에서 각각 담당하는 국사를 국왕에게 직접 보고하게 하되, 의정부도 군국의 중요한 일을 의논해서 보고하게 하자는 것이었다. 이 말은 의정부를 우대하는 것 같지만, 방점은 육조 직계제에 찍혀 있는 것이다.

태종은 성산부원군 이직과 호조판서 박신(朴信) 등에게 이렇게 말했다.

"내가 가만히 생각해보니, 모든 일이 내 한 몸에 모이면 진실로 재결(裁決)하기가 어려울 것이다. 그러나 이미 나라의 임금이 되었는데 어찌 마음이 괴로운 일을 피하겠느냐?"

국왕이 의지를 가지고 나랏일을 다 맡아 하겠다는데 신하가 안 된다고 말할 수는 없었다. 태종 14년(1414) 4월 17일, 비로소 완전한 육조 직계제가 실시되었다. 그러나 아직도 살아 있는 숱한 공신과 원로들에 대한 대우가 문제였다.

"공신으로서 세월이 오래되고 나이가 많은 원로(耆)는 마땅히 부원군(府院君)이 되어야 하는데, 나이와 덕이 높은 자가 많다. 그러나 육조의 자리가 적으니 그대로 정부(政府)에 두어 처우하는 것이 마땅하다."

이로써 의정부는 원로들을 대우하는 명목상의 관청이 되었다. 왕권이 하늘을 찌르는 실질적인 왕조가 된 것이다.

정승을 우대한 세종의 의정부 서사제

세종은 부친 태종 덕분에 그 누구도 도전하지 못하는 절대왕권을 구가할 수 있었다. 그러나 세상 모든 일에는 명암이 있게 마련이다. 육조 직계제는 국왕의 권한을 절대화하는 장점이 있지만, 국왕에게 너무 많은 업무가 몰리고 수많은 경륜을 가진 원로들의 국정 경험이 사장된다는 단점이 있었다. 그런데 세종은 경륜을 중시하는 군주였다. 세종이 보기에 최고의 경륜을 지닌 정승(정1품)과 찬성(贊成: 종1품)이 운집한 의정부가 유명무실한 기관으로 전락한 것은 국가적 손해였다.

세종은 정승들을 원로로 후하게 대접했다. 재위 7년(1425) 1월 1일 신년 하례식 때 세종은 지신사 곽존중에게 말했다.

"이런 날은 드물다. 각각 취하고 즐기는 것이 마땅하다. 전각 안의 여러 정승들에게 내가 술잔을 권할 것이니, 대궐 밖에 여러 신하들은 이를 본받으라."

세종은 정승들을 전각 안에 자리 잡게 하고 직접 술을 따라주었다. 좌의정 이원은 흥이 오르자 일어나서 춤을 추었다. 즐거운 원일(元日: 새해 첫날) 잔치였다.

그런데 이날 연회 때 영돈녕 유정현이 실수를 했다. 원일 잔치의 예절을 규정한 《원일동연의주(元日同宴儀注)》에는 임금에게 엎드려 절한다는 부복(俯伏)의 명문(名文)이 없다. 그런데 유정현이 전각에 올라가면서 부복해서 문제가 발생했다. 가장 윗사람인 영돈녕 유정현이 부복하자 연회에 참석한 우의정 류관, 찬성 황희, 대제학 변계량 등도 부복하시 않을 수 없었다. 부복하라는 명문이 없는데도 부복한 것은 임금에게 아첨하는 것이므로 대사헌 이명덕이 동료들을 불러 탄핵하는 회좌(會坐: 회의)를 열려 하자 동료들이 말렸다.

"삼원(三元: 새해 첫날)은 상하가 서로 즐기는 날인데 하필 오늘 해야겠습니까?"

그러자 이명덕은 "대신이라서 두려워하는 것이냐?"라면서 탄핵했다.

사헌부 동료들이 우려하면서 말했다.

"이 어른이 어찌 이렇게 고집을 부리는가? 장차 이 일을 어찌 처리한단 말인가?"

사헌부 동료들이 우려한 것은 이명덕도 부복했기 때문이었다. 세종은 사헌부를 꾸짖고 정승들의 편을 들었다.

"원일은 군신이 함께 즐기는 날이다. 유정현 등의 실례(失禮)는 매우 가벼운 것이니, 뒷날을 기다렸다가 탄핵해도 늦지 않다. 여러 정승들이 술에 취해 깨지도 않았는데 어찌 이렇게 급하게 탄핵하느냐. 태종께서도 작은 일로 대신을 탄핵하지 말라고 법으로 만들어놓으셨다. 또 자기 몸에 과실이 없는 자라야 남을 비판할 수 있는데, 내가 들으니 헌사 또한 이 같은 실례가 있었다 하니, 어찌 자기가 바르지 못하고 남을 바르게 하고자 하느냐? 또한 유정현 혼자의 실례가 아닌데 어찌 그에게만 묻는 것이냐?"《세종실록》7년 1월 3일)

세종은 그만큼 정승을 우대했다.

재위 9년(1427) 11월 18일, 세종은 정사를 보면서 물었다.

"듣자 하니 예전에 정승이 9품관의 절에도 답배했다는데 그런 일이 있는가?"

이조판서 허조가 대답했다.

"비단 9품만이 아니라 직품이 없는 녹사(錄事)의 절에도 역시 답배했습니다."

"무슨 까닭인가?"

"오직 임금만이 답배하는 예가 없고 정승은 미천한 자의 절이라도 반드시 답배하는 것은 임금과 예절을 구별하기 때문입니다."

"그러나 답배하지 않는 법이 이미 《원전(元典)》에 실려 있으니 다시 고칠 수 없다."

세종은 재상이 하품관의 절에 답배하지 않아도 된다고 생각했다. 그만큼 재상을 높게 생각한 것이다. 이와 관련해 세종은 다음과 같은 말을 남겼다.

"만약 한 사람의 정승을 얻을 수 있다면 국사에 근심이 없을 것이다."(《세종실록》14년 6월 9일)

세종은 육조 직계제를 의정부 서사제로 되돌리려고 마음먹었다. 재위 18년(1436) 4월 5일, 세종은 영의정 황희에게 관직에 대해 물었다.

"고려 때의 정색(政色: 인사권이 있는 관리)은 어떤 관원이 겸하게 하였는가? 정승(政丞) 외에도 겸임한 자가 있었는가?"

영의정 황희가 "두 정승 외에 두 사람이 또한 다른 관원으로서 겸했습니다"라고 답하자 "국초(國初)에도 겸한 자가 있었는가?"라고 다시 물었다.

"국초에도 역시 그러하였습니다."

"태종 시대에는 어떠하였는가?"

황희가 대답했다.

"태종 때에 이르러서 비로소 고쳤습니다."

태종 때 정승들이 인사에 개입하지 않는 육조 직계제로 바뀌었다는 답변이었다.

정승의 역할을 중시하는 세종으로선 부왕이 결정한 육조 직계제를 의정부 서사제로 되돌릴 명분이 필요했다. 그래서 찾은 것이 육조 직계제는 태조 이성계가 결정한 성헌이라는 것이었다. 세종은 18년 (1436) 4월 12일 교서를 내렸다. 세종은 요순 시대부터 있었던 재상 제도에 대해 설명한 후 한나라 진평(陳平) 때부터 폐단이 나타났다고 지적했다. 진평은 항우(項羽)에서 유방(劉邦)으로 말을 갈아탄 후 한나라 개국에 큰 공을 세운 인물로, 좌승상과 우승상을 역임했다.

"한나라 이후 역대의 치란(治亂)이 모두 대신을 잘 얻고 못 얻은 데서 비롯됐다. 우리 태조께서 개국하시던 처음에 도평의사사(都評議使司)를 설치하셔서 일국의 정치를 총괄하게 하셨고, 후에 의정부로 개칭하고 나서도 그 임무는 처음과 같았다."

세종은 의정부 서사제에 잘못이 있는 것이 아니라 정승 개인에게 문제가 있다고 보았다. 세종은 태종이 재위 14년(1414: 갑오년) 육조 직계제를 실시한 후 "의정부 대신들은 사형수들에 대한 논의에만 참여했다"면서 이는 태종이 당초 입법했던 뜻이 아니라고 설명했다. 세종은 드디어 단안을 내렸다.

"지금 태조의 성헌에 따라 육조는 각자의 직무를 먼저 의정부에 품의(稟議)하고, 의정부는 그에 대한 가부를 의논한 뒤 임금에게 아뢰어 지시를 받은 뒤 육조로 돌려보내서 시행하게 하라."

육조 직계제를 의정부 서사제로 되돌린 것이다. 그런데 이때의 의정부 서사제는 과거의 의정부 서사제와 조금 달랐다. 과거의 의정부 서사제에서는 영의정의 역할이 크게 없었다. 조선 중기의 문신 박동량(朴東亮)은《기재잡기(寄齋雜記)》에서 이렇게 말했다.

"수상(首相: 영의정)은 비록 자리가 높지만 맡은 사무가 없다. 좌상(左相: 좌의정)은 이조 · 예조 · 병조판서를 겸임하고, 우상(右相)은 호조 · 형조 · 공조판서를 겸임한다."

영의정은 가장 높은 수석 정승이지만 직접 관할하는 부서가 없었다. 문신에 대한 인사권이 있는 이조와 무신에 대한 인사권이 있는 병조, 그리고 외교를 맡은 예조를 관할하는 좌의정이 사실상 최고의 권력을 가지고 있었다. 그래서 세종은 의정부 서사제로 되돌아가면서 의정부에 전교를 내렸다.

"옛날에 의정부에서 일을 다스릴 때 좌 · 우의정이 모두 다스리고 영의정은 관여하지 않은 것은 삼공에게 임무를 전담시킨 본의와 어긋나니, 지금부터는 영의정 이하가 함께 논의해 가부를 시행하라."

당시 영의정은 세자 양녕의 교체를 반대하다가 귀양을 갔던 황희였다. 양녕이 아직 살아 있는 상황에서 세종은 영의정 황희를 믿고 의정부 서사제로 되돌아간 것이다. 황희라는 인물에 대한 신뢰도 있었지만, 이제 대신들이 왕권을 제한하기 힘들 정도로 나라가 안정되었다는 것을 감안한 처사였다. 대신들이 월권하면 바로 탄핵할 대간이 그 역할을 명백히 수행하고 있었다. 그래서 국왕과 정승과 판서들이 서로 마찰 없이 맡은 바 임무를 다할 수 있었다. 게다가 세종의 건강은 그다지 좋은 편이 아니었다.

병석의 임금과 세자 대리청정

세종은 '움직이는 종합병동'이라고 말해도 과언이 아닐 만큼 지병이 많았다. 세종은 양녕과 반대로 격구나 사냥처럼 몸을 쓰는 운동을 좋아하지 않았고, 가만히 앉아서 독서하는 것을 즐겼다. 태종은 세종의 운동 부족을 걱정해 상왕 시절인 세종 즉위년(1418) 10월, 하연을 통해 의정부와 육조에 이런 전교를 내렸다.

"주상은 사냥을 좋아하지 않는데 몸이 살찌고 무거우니(肥重) 마땅히 가끔 밖으로 나와 노는 것이 마땅하다."

그러나 세종은 임금이 직접 사냥을 하거나 무예를 익힐 필요는 없다고 생각했다. 임금은 군사를 지휘할 줄만 알면 족하다고 본 것이다.

세종은 특히 하체가 약했다. 세종 7년(1425) 윤7월, 요동 출신 의원(醫人) 하양(河讓)이 명나라 사신을 따라 한양에 왔다. 때마침 세종이 와병 중이어서 세자가 환관 두세 사람과 세종을 간호했다. 세종은 의학에도 밝았기에 자신의 병과 그 처방에 대해서도 잘 알았다. 세종은 역관 원민생(元閔生)을 시켜서 하양에게 물었다.

"죽엽석고탕(竹葉石膏湯)을 복용하는 것이 어떠하겠는가?"

요동 의원 하양이 "좋습니다"라고 답했다.

이때 하양은 세종의 몸 상태에 대해 이렇게 진단했다.

"전하는 상체가 성하지만 하부는 허한데, 이는 근심이 많고 과로하기 때문입니다."

하양은 향사칠기탕(香砂七氣湯)과 양격도담탕(涼膈導痰湯)을 합제(合

劑)한 약방문을 세종에게 처방했는데, 이는 의학서에 실리지 않은 처방이었다. 의학서에 없는 것을 임금에게 진어할 수는 없어서 세종에게 올리지는 않았다.

재위 14년(1431) 9월, 세종이 온천으로 유명한 온양행궁에 가기로 한 것은 풍질(風疾) 때문이었다. 왕비 심씨 또한 풍증(風症)을 앓고 있었다.

"내가 근년 이래 풍질이 몸에 배어 있고, 중궁 또한 풍증을 앓아서 여러 처방으로 치료했지만 효과를 보지 못했다. 일찍이 온정(溫井)에서 목욕하려고 했지만 백성들을 번거롭게 할까 염려되어 감히 말하지 못한 지가 몇 해 되었다. 이제 병의 환후가 계속 생기므로 내년 봄에 충청도의 온수(현재의 온양)에 가고자 하니, 그 폐단이 백성에게 미치지 않을 계책을 의논하여 아뢰라."(《세종실록》 14년 9월 4일)

국왕이 움직이면 준비할 것이 많았기에 농사가 끝나 한가로운 겨울에 미리 준비하게 한 것이다. 먼저, 임금이 유숙하려면 행궁을 지어야 했다. 승정원에서 삼전(三殿)의 욕실(浴室)과 침실(寢室)의 체제(體制)를 그림으로 그려 바치자 세종이 보다 작게 만들게 했다.

이듬해 3월 25일 세종 일행은 한양을 떠나 온궁으로 향했는데, 세종은 임금의 행차는 백성들에게 피해가 아닌 기쁨이 되어야 한다고 생각했다. 이에 온수현(지금의 온양)에 사는 모든 백성에게 가호(家戶)당 콩 한 석과 벼 두 석을 하사하고는 부족하다고 여겨서 이렇게 말했다.

"온수현 인민들에게 이미 벼와 콩을 하사했는데, 지금 다시 생각해 보니 조세(租稅)를 감해주는 것이 좋을 뻔했다. 그러나 다시 바꿀 수는 없으니, 병든 노인과 늙은 홀아비와 홀어미, 부모 없는 고아와 봉양할

자식 없는 늙은이들에게 은혜를 더 내리고자 하는데 어떠한가?"(《세종실록》15년 4월 5일)

그래서 온수현의 빈궁한 사람 76명에게 벼와 콩 각 한 석씩, 나이 80 이상 된 곤궁한 백성 9명에게 벼 두 석과 콩 한 석씩, 나이 70 이상인 곤궁한 백성 18명에게 벼와 콩 각 한 석씩 다시 하사했다. 이뿐만 아니라 농토가 행궁 근처에 있어서 농사를 짓지 못한 자에게는 그 결복(結卜: 토지 면적)을 계산해 보상해줬다.

세종은 온수현의 탕욕으로 큰 효험을 보았지만, 매번 온수까지 가기에는 너무 멀다고 생각했다. 그래서 보다 가까운 경기도에서 새로운 온천을 찾으려 했다. 재위 20년(1438) 4월 새로 찾은 온천이 효험 있으면 그 현읍(縣邑)은 칭호를 승격시켜주고, 신고한 자가 벼슬아치면 3등급을 더하는 상직을 주고, 벼슬 없는 백신(白身)이면 7품직을 주고, 향리면 이역(吏役)을 면제해주고 8품직을 주게 했다. 공사(公私) 천인과 역자(驛子)도 온천을 신고하면 역을 면제시켜주고, 물품으로 상을 받고 싶어 하면 면포 100필과 쌀 100석을 주기로 했다.

그러자 경기도에서 온천을 발견했다는 신고가 잇따랐다. 남양(현재의 화성시) 사람 전 녹사(錄事) 최구하(崔九河)가 대궐로 나가서 남양 서쪽 21리 지점에 온천이 있다고 신고했다. 세종은 즉시 의복을 하사하고 사람을 보내 최구하와 함께 살펴보게 했지만 허언(虛言)이었다. 그러나 처벌하지는 않았다. 경기도 부평과 광주, 영평(현재의 경기도 포천) 등지에서도 온천이 있다는 소문이 있었다. 세종은 특히 부평에서 온천이 나온다는 소식을 듣고 여러 차례 사람을 보내 찾게 했지만 찾지 못했다.

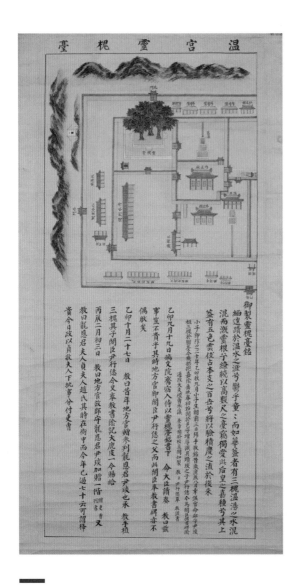

온궁영괴대도. 국립중앙박물관.

여러 병을 앓았던 세종은 한양에서 비교적 가까운 온양에서 온천욕을 즐기며 치료를 받고 휴식을 취했다. 세종 외에도 세조, 현종, 숙종, 영조, 사도세자 등이 온양행궁에 장기간 머물렀다. 온양행궁의 영괴대를 그린 온궁영괴대도는 정조가 아버지인 사도세자를 그리워하며 그리게 한 그림이다.

세종이 새 온천을 찾기 위해 애쓴 것은 이 무렵 여러 병이 한꺼번에 몰려 나타났는데, 온양은 너무 멀고 또 긴 행차가 백성들에게 민폐가 될 것을 우려했기 때문이었다.

"내가 전부터 자주 물을 마시는 병이 있고, 또 등 위에 부종(浮腫)이 있는데, 이 두 가지 병에 걸린 것이 벌써 2년이나 됐다. 여기에 임질(淋疾)을 얻어 이미 열하루가 되었는데 모든 국사를 청단(聽斷)하고 나면 기력이 노곤해진다."《세종실록》 20년 4월 28일)

여기서 말하는 임질은 성병이 아니라 태종 6년(1406) 권근이 "(신이) 임질이 있어 소변이 잦아 그치지 않습니다"라고 사직을 청했던 것처럼 자주 소변이 마렵지만 잘 나오지 않는 증상을 말한다. 의원들은 세종에게 "이 병을 치료하려면 희로(喜怒)를 금하고 마음을 깨끗이 가지고 즐겁게 길러야만 합니다"라고 말했다. 스트레스를 받지 말라는 뜻인데, 국사를 보다 보면 스트레스를 받지 않을 수 없었다. 세종의 병은 점점 더해갔다.

세종은 자신이 온천을 찾는 데 집착하는 것처럼 보일 것을 우려해서 재위 20년(1438) 10월 이렇게 말했다.

"온천이 여러 병을 치료하는 데 신비로운 효험이 있기에 내가 이를 찾으려는 것이다. 이는 진실로 백성들을 위하려는 것이지 옛 사람들이 신선(神仙)을 구하는 것과는 다르다."《세종실록》 20년 10월 4일)

세종은 온천이 있는데도 이를 숨길 경우, 고을의 명칭을 깎아서 그 죄를 징계하겠다면서 신고를 장려했다. 온천이 있으면 임금을 비롯해서 많은 왕족들과 벼슬아치들이 들락거려 농사에 불편이 있을까 우려해 신고를 꺼리는 사람들이 있었기 때문이다. 세종은 온천이 있다는 신고가 들어오면 온천을 발굴하는 데 재능이 있는 지현사(知縣事) 이사맹(李師孟)을 보내 굴착하게 했다. 이사맹은 부평, 광주, 영평, 진위(현재의 평택)에서 온천을 굴착했으나 모두 실패하고 말았다. 결국 온수현을 왕실 온천으로 삼을 수밖에 없었다.

재위 21년(1439) 6월, 세종은 김돈에게 자신의 병세에 대해 자세하게 토로했다.

"내가 소싯적부터 한쪽 다리가 매우 아팠다가 10여 년쯤 지나자 조금 나았는데, 또 등에 부종이 생겨 오랫동안 아프다. 통증이 있을 때는 마음대로 돌아눕지도 못하니 그 고통을 참을 수 없다. 지난 계축년(세종 15년, 1433) 봄 온정에 가서 목욕하려고 했으나 대간에서 폐가 백성에게 미친다고 말하고, 대신 중에서도 그 불가함을 말하는 이가 있었다. 그러나 내가 두세 사람의 청에 따라 온정에서 목욕했더니 과연 효험이 있었다. 그 뒤에도 간혹 다시 발병할 때가 있었지만 전보다는 덜 아프다. 또 소갈증(消渴症)이 있어서 이미 열서너 해가 되었는데 지금은 조금 나았다. 또 지난해 여름에 임질을 앓아 오래 정사를 보지 못했는데, 가을 겨울에 이르러 조금 나았다."《세종실록》 21년 6월 21일)

세종 자신이 말한 병명만 다리가 아픈 각통(脚痛), 등에 종기가 난 부종, 당뇨병을 뜻하는 소갈증과 임질 넷이다.

그래서 세종은 재위 23년(1441) 3월 17일 다시 온수로 탕욕을 갔다. 《세종실록》은 "이 행차에 처음으로 초여(軺輿)를 쓰고 기리고(記里鼓)를 사용하니, 거가(車駕)가 1리(里)를 가면 목인(木人)이 스스로 북을 쳤다"라고 전한다. 초여는 작은 가마이고, 기리고는 장영실이 만든 기구인데, 일정한 거리를 가면 북 또는 징을 쳐서 거리를 알려주는 반자동

거리 측정 수레다. 백성들에게는 이 또한 큰 구경거리였다.

이해 세종이 온수현의 온천을 다시 찾은 것은 안질(眼疾) 때문이었다. 밤낮으로 전적(典籍)을 손에서 놓지 않아 얻은 병인데, 온정에서 온천욕을 한 후 상태가 크게 좋아져서 도승지 조서강(趙瑞康)에게 이렇게 말했다.

"내 두 눈이 흐릿하고 깔깔하고 아파서 올해 봄부터는 음침하고 어두운 곳은 지팡이가 없으면 걷기도 어렵다. 목욕한 후에도 별 효과가 없더니 어젯밤에 이르러 《본초(本草)》의 작은 주석을 펴놓고 읽는데 또한 읽을 수 있었다."(《세종실록》 23년 4월 4일)

조서강 등은 "안심하시고 오래 목욕하셔서 영구히 치유되게 하소서"라고 청했지만 세종은 여름에 흙비(霾雨)가 내릴까 염려된다면서 다음 달 초하루 환궁하겠다고 답했다. 세종은 안질이 나은 것을 크게 기뻐해서 온수현을 온양군으로 승격시켜주었다.

그러나 여러 병이 계속 세종을 괴롭혔다. 마침내 세종은 세자에게 대리청정을 시켜 국정을 분담하려고 했다. 그러자 대신들이 극력 반대했다. 태종이 세자 대리청정을 명했을 때 민무구·무질 형제가 극력 반대하지 않아 사형당한 후 임금의 입에서 대리청정 이야기가 나오면 무조건 반대하는 것이 일종의 관례가 되었다. 그러나 세종은 자신의 와병 때문에 어쩔 수 없다고 대신들을 설득해 재위 25년(1443) 세자 대리청정을 보좌하는 첨사원(詹事院)을 출범시켜 업무를 나누었다.

병든 몸으로 과중한 국사를 감당하는 게 부담스럽기도 했지만, 자신이 살아 있을 때 미리 국왕 수업을 시키려는 의도도 있었다. 이때부터 세종이 사망하기까지 7년간 세종과 세자(문종)는 공동으로 나라를 다스렸다. 그러나 세종 32년(1450) 1월 초, 부자가 함께 병에 걸렸다. 세종의 병은 풍질이고, 세자(문종)의 병은 종기였다. 세종은 병은 숙환이고, 세자는 전년 10월경부터 등에 큰 종기가 났다.

세종 32년 윤1월 1일, 명나라 한림시강(翰林侍講) 예겸(倪謙)과 형과 급사중(刑科給事中) 사마순(司馬恂)이 사신으로 왔을 때였다. 사신들이 황주까지 왔을 무렵, 세종은 예조정랑(禮曹正郎) 안자립(安自立)을 보내 자신과 세자가 모두 와병 중이라 조서를 직접 받지 못하고 수양대군이 대신 받게 하겠다고 전했다. 사신들은 난색을 표했다.

"전하와 세자가 모두 조서를 맞이하지 못한다면 조정에 돌아가서 장차 무엇이라고 말하겠는가? 이렇게 한다면 내 장차 조서를 받들고 돌아가겠다."

반드시 세자가 나와서 조서를 받으라는 뜻이었다. 안자립이 세자의 병환 때문이라고 말하자 사신은 억지를 부렸다.

"우리가 이곳에 머물러서 1년을 지내더라도 세자의 병환이 나은 연후에 입경(入京)하겠다. 세자를 부축해 나와서 맞이하게 하면 어떤가?"

세종 32년(1450) 윤1월 1일, 세자는 할 수 없이 근정전 뜰에 나아가 명 임금의 조서를 맞이할 수밖에 없었다. 같은 날 성균관 문묘를 배알하고 비문을 읽은 명나라 사신이 이렇게 말했다.

"좋습니다. 다만 등삼매오(登三邁五)라는 말은 제후국으로서 크게 지나친 말이오."

등삼매오의 삼은 삼왕(三王)을 뜻하고 오는 오제(五帝)를 뜻한다. 삼

왕오제에 대해서는 문헌이 일치하지 않지만, 삼왕은 삼황(三皇)이라고
도 하는데, 보통 신농(神農) · 복희(伏羲) · 여와(女媧)를 뜻한다. 오제는
황제(黃帝) · 전욱(顓頊) · 제곡(帝嚳) · 요(堯) · 순(舜)을 뜻한다. 이들은
모두 성군으로 꼽히는 군주들이다. 등삼매오는 현 임금의 덕이 삼왕
과 오제보다 뛰어나다는 뜻인데, 조선의 임금이 삼왕오제보다 뛰어나
다는 뜻이므로 명나라 사신이 시비를 건 것이다. 이로써 조선은 외교
적으로는 사대를 했지만 내부적으로는 스스로 독립된 황제 국가라고
생각했다는 것을 알 수 있다.

같은 해 윤1월 6일, 세종의 건강이 회복되는 듯했다. 의정부는 백관
을 거느리고 하례했다. 그러나 윤1월 20일 또 세자의 몸이 편치 않아
서 조정 관원을 신사(神祠)와 불우(佛宇)에 보내 기도하게 했다. 세종도
다시 발병해서 같은 달 24일 안숭선의 집으로 피병했다가 다음 달인
2월 4일 영응대군의 집으로 다시 피병했다. 피병도 아무런 효험이 없
어서 그달 15일 병환이 위독해졌다가 이틀 후인 17일 영응대군 집 동
편에서 세상을 떠났다. 세종의 여덟째 아들인 영응대군 이염(李琰)의
집을 지을 때 집 동편에 궁을 세워서 임금이 때로 거처했는데, 여기에
서 세상을 떠난 것이다. 재위 32년, 54세의 나이였다.

세종이 세상을 떠난 날, 사관이 남긴 졸기는 세종에 대한 조선 사대
부들의 평가를 잘 보여준다.

즉위해서는 매일 사야(四夜: 새벽 1~3시)에 옷을 구해 입고, 날이 환하게 밝
으면 조회를 받고, 그다음에 정사를 보고, 그다음 윤대(輪對)를 행하고, 그
다음 경연에 나갔는데 일찍이 조금도 게으른 적이 없었다. 또 처음으로 집

현전을 설치해 문사(文士)를 뽑아 고문(顧問: 자문)에 대비하게 하고, 경서와 역사서를 읽을 때는 즐거워 싫어할 줄을 모르고, 오묘한 문적이나 옛사람이 남긴 글은 한 번 보면 잊지 않았다. (중략) 문무(文武)의 정치가 빠지지 않고 잘되었고, 예악(禮樂)의 문(文)을 모두 일으켰는데, 종률(鍾律: 음악의 률)과 역상(曆象: 천체 운항의 법칙)의 법 같은 것은 대개 동방(東邦: 우리나라)에서는 옛날부터 알지 못했던 것인데, 모두 임금이 발명했다.

구족(九族)과 도탑게 화목했고 두 형(양녕과 효령)과 우애 있게 지내니, 타인들이 이간질하는 말을 못 했다. 신하를 예(禮)로써 부리고, 신하의 간쟁을 어기지 않았고, 대국을 정성으로 섬겼고, 이웃 나라를 신의로써 사귀었다. 인륜에 밝았고 모든 사물을 통찰하니 남북이 복종하여 사경(四境: 사방의 경계)이 편안해서 백성이 즐겁게 살아온 지 무릇 30여 년이었다. 성덕(聖德)이 높고 높아서 사람들이 이름을 지어 말할 수 없어서 그때 해동(海東) 요순(요, 순 임금)이라 불렀다.

만년에 비록 불사(佛事)했다고 혹 말하는 사람이 있지만 일찍이 한 번도 향을 사르거나 부처에게 예불한 적이 없고, 처음부터 끝까지 올바랐다.(《세종실록》32년 2월 17일)

세종에 대한 극도의 존숭을 담은 졸기다. 사대부 유학자들에게 세종은 '해동 요순'이었다. 그러나 세종이 심혈을 기울인 훈민정음 창제는 빼놓고 서술했다. 일부러 누락시킨 것이다. 이는 조선 사대부들이 훈민정음에 대해 어떤 생각을 가지고 있었는지 잘 보여준다.

세종은 부왕 태종의 유산이었다. 태종에게는 계승 발전시켜야 할 장점과 극복해야 할 장점이 있었다. 왕자의 난으로 북벌론자들을 제거하고 조선을 사대의 나라로 전락시킨 것은 태종의 업보였다. 그러나 태종의 사대는 명나라와의 분쟁을 방지하려는 수단이었다. 다른 한편으로 군비를 확충하면서 명나라와 전쟁을 벌일 만일의 사태에도 대비했다. 태종이 왕실의 친인척들과 공신들에 대한 피의 숙청으로 모든 지배층을 법의 지배 아래 있게 한 것은 큰 업적이었다. 이를 통해 조선은 법치국가가 되었다. 게다가 종모법을 종부법으로 개정함으로써 노비 신분을 줄이고 양인 신분을 획기적으로 늘린 것은 조선 개창 정신에 맞는 큰 업적이었다. 조선은 태조 이성계가 단행한 과전법으로 토지 제도를 개선한 데 이어 종부법으로 신분제를 획기적으로 개선했다.

세종은 태종 시대의 이런 명암 위에 즉위했다. 세종의 치세 아래 사대부들의 사대주의는 더욱 심해졌다. 세종은 사관의 졸기처럼 "대국을 정성으로 섬겼"지만 훈민정음을 창제한 것처럼 조선 문화의 주체성을 지키기 위해 노력했다. 그러나 최만리의 훈민정음 반대 상소가 보여주는 것처럼 사대부 유학자들은 주체적 혼을 버리고 명나라를 추종했다. 세종은 태종의 뒤를 이어 조선의 북방 경계를 철령에서 공험진까지로 확정시켰다. 명과 공존하면서 조선 전래의 강역을 지키려는 실리외교였다. 그러나 사대주의 유학자들은 압록강에서 두만강 북쪽 강역을 오랑캐인 여진족이나 사는 땅으로 방기하려 했다.

음악을 정리하다

세종이 독창적인 조선 문화를 창달하려고 한 것은 훈민정음뿐만이 아니었다. 세종은 음악에도 남다른 관심이 있었다. 궁중의 각종 제사나 사신 접대 연회 등에서 사용하던 음악은 크게 아악(雅樂)과 향악(鄉樂)으로 나눌 수 있다. 당악(唐樂)이라고도 불린 아악은 중국식 음악이고 향악은 고려와 조선 전래의 우리 음악이다. 이 두 음악 중에서 향악을 폐지하고 당악만 사용하자는 논의가 꾸준히 제기되었다. 심지어 태종도 궁중에서 사용하는 음악은 당악인 아악만 사용해야 한다고 생각해서 이렇게 말했다.

"예악(禮樂)은 중한 일인데, 우리 동방은 아직도 옛 습관을 숭상해서 종묘에는 아악을 쓰고, 조회에는 전악(典樂)을 쓰고, 연향(宴享)에는 향악(鄉樂)과 당악(唐樂)을 번갈아 연주해서 난잡하고 순서가 없으니 어찌 예악이라 이르겠는가? 아악은 곧 당악이니, 참작해서 개정해 종묘에도 쓰고 조회와 연향에도 쓰는 것이 좋겠다. 어찌 일에 따라 그 음악을 달리 쓸 수 있겠느냐?"

그러나 황희가 반대했다.

"향악을 쓴 지 오래이므로 고칠 수 없습니다."

"잘못된 것을 아는데도 오랜 습관에 젖어 고치지 않는 것이 옳겠느냐?"《태종실록》9권 4월 7일)

태종은 아악만 사용하려 했지만 실행되지는 않았다. 세종은 향악을 없앨 수 없다고 생각했다. 세종은 조선 전래의 음악이 중국 음악

못지않게 훌륭하다고 보았다. 세종은 태종이 상왕으로 있던 재위 2년(1420) 윤1월 절충안을 내놓았다.

"연향할 때 늘 향악을 사용하는데, 그 가사가 아주 속되다. 변계량, 조용(趙庸), 정이오(鄭以吾) 등에게 명을 내려 장수를 비는 뜻과 경계하는 뜻의 가사를 각각 세 편씩 짓도록 하라."

세종은 재위 6년(1424) 태종의 신주를 부묘(祔廟)하는 의식 절차를 진행할 때도 중국의 음악과 조선의 향악을 섞어 연주하게 했다. 조선 사람들이 즐겨 듣는 음악인 전통 향악을 어찌 연주하지 않을 수 있겠느냐고 생각한 것이다. 그래서 재위 7년(1425) 10월 이조판서 허조에게 이렇게 말했다.

"우리나라는 본래 향악에 익숙한데, 종묘 제사 때 먼저 당악을 연주하고 삼헌(三獻: 술잔을 세 번 따라 바치는 것)할 때에야 겨우 향악을 연주한다. 조상 어른들이 평일에 들으시던 음악을 쓰는 것이 어떠한가? 맹사성과 더불어 상의하라."

맹사성과 함께 의논하게 한 데는 까닭이 있었다. 충청도 신창 출신 고불(古佛) 맹사성은 세종 20년(1438) 10월 일흔아홉의 나이로 세상을 떠나는데, 그 졸기에 "음률(音律)에 밝아서 혹은 악기를 손수 만들기도 하였다"라고 쓰여 있다. 이처럼 맹사성은 당대의 유명한 음악 전문가였다. 이뿐만 아니라 세종은 음악이 종묘 제례 등에 사용되므로 고위 벼슬아치들은 모두 음악에 조예가 있어야 한다고 생각했다. 세종이 악률(樂律)을 의논하는 의례상정소(儀禮詳定所)에 영의정 황희, 우의정 맹사성, 찬성 허조, 총제 정초, 신상 등 고관을 대거 포진시킨 것은 바로 이 때문이다. 그래서 대부분의 고위 벼슬아치들이 음악에도 조예

박연부부초상. 국립국악원.

박연은 고구려의 왕산악, 신라의 우륵과 함께 한국 3대 악성으로 추앙받는 조선 전기의 문신이자 음률
가다. 위 초상은 19세기 초 이름을 알 수 없는 한 화가가 자신의 꿈에 박연 부부가 나타난 것을 그린 그
림이다.

가 깊은 문화인이었다.

문제는 중국의 당악이나 조선의 향악이나 그 음률이 일정하지 않아서 기준이 없다는 점이었다. 기준이 되는 율관(律管)을 만들어야 했는데, 이는 쉽지 않은 일이었다. 세종은 박연(朴堧)이 맹사성처럼 문과 출신 벼슬아치이지만 음악에 재능이 있는 것을 알고 음악을 다루는 관습도감(慣習都監)의 제조(提調)로 삼아 음악을 정리하게 했다.

율관을 만들기 위해서는 거서(秬黍), 곧 검은 기장이 필요했다. 기장을 일정한 순서대로 늘어놓는 것을 누서(累黍)라고 하는데, 이를 가지고 음율과 율관의 길이가 어느 정도인지 정했기 때문이다. 박연은 황해도 해주에서 검은 기장을 구해 율관을 만들었다. 돌을 두드려 소리를 내는 석경(石磬)도 만들어야 했는데, 석경을 만들기 위해서는 소리나는 돌을 구하는 것이 관건이었다. 박연은 경기도 남양에서 맑은 소리가 나는 돌을 구해 석경을 만들었다.

재위 9년(1427) 9월, 세종은 이렇게 말했다.

"거서로 율관을 만드는 일은 박연이 아니면 할 수 없는 일이다. 박연이 만든 율관을 가지고 중국에서 만든 황종관의 소리를 살펴보면 맞는지 맞지 않는지 알 수 있을 것이다."

그러자 신상이 아뢰었다.

"이는 다만 박연이 혼자 알아낸 것이 아니요, 영악학(領樂學) 맹사성의 도움이 있었습니다."《국조보감》세종조)

음악에 관한 일을 전담하게 된 박연은 앉아 있을 때나 누워 있을 때나 손을 가슴 밑에 얹어서 악기를 다루는 시늉을 하고 입속으로는 율려 소리를 지은 지 무려 10여 년 만에 비로소 율관을 완성할 수 있었다.

재위 12년(1430) 9월 11일, 세종은 아악과 향악에 대해 이런 말을 했다.

"우리나라 사람들이 살아서는 향악을 듣고 죽은 뒤에는 아악을 연주한다면 어떠하겠는가? 중국에서도 또한 향악을 섞어 썼다."

우의정 맹사성이 답했다.

"옛 글에 '축(柷)을 쳐서 시작하고 어(敔)를 쳐서 그치는데, 그사이에 생(笙)과 용(鏞)으로 연주한다'고 했습니다. 사이사이에 속악(俗樂: 향악)을 연주한 것은 삼대(三代: 하·은·주) 이전부터 있었던 일입니다."

도중에 박연이 병들자 세종은 음악에 밝은 정양(鄭穰)에게 대신 맡아보게 했다. 재위 12년 9월 11일, 세종은 맹사성에게 당부했다.

"박연과 정양은 모두 신진 인사들이라 오직 그들에게만 의뢰할 수 없다. 경(卿)은 유의하라."

세종은 박연, 정양 등에게 음악에 관한 일을 맡기면서도 맹사성에게 이를 총괄시켰다. 전문 지식뿐만 아니라 전문 지식이 바탕이 된 경륜을 그만큼 중시했던 것이다.

이런 경로를 거쳐 회례(會禮: 국가 의식) 때 사용할 악장이 완성되어갔는데, 문제는 〈수보록(受寶籙)〉과 〈몽금척(夢金尺)〉 같은 조선 개창에 관한 노래를 넣을 것인가 하는 점이었다. 〈수보록〉과 〈몽금척〉은 정도전이 태조 이성계에게 올린 악장이다. 〈수보록〉은 이성계가 즉위하기 전 지리산 돌벽에서 장차 등극할 것이라는 내용의 보록(寶籙)을 얻은 사실을 노래한 것이고, 〈몽금척〉은 이성계가 꿈속에서 신인(神人)에게 금척(金尺)을 받은 사실을 노래한 것이다. 이 두 노래가 악부의 가사에 오르자 태종은 못마땅해했다.

"꿈속에서 있었던 일과 도참(圖讖: 예언하는 술법)의 일을 악부(樂府)로 노래하는 것은 마땅치 않다."

그러나 하륜이 굳게 청해서 〈수보록〉은 악부에 편입하고 〈몽금척〉은 제외했다. 세종은 재위 14년(1432) 3월 16일 자신이 즉위한 이듬해(1419) 태종이 들려준 이야기를 공개했다.

"태종께서 일찍이 내게 말씀하시기를, '〈몽금척〉은 꿈속의 일이기에 버리고 쓰지 않았다. 그러나 다시 생각하니 (주나라) 무왕도, '짐의 꿈이 짐의 점과 맞았다'라고 말했으니, 〈몽금척〉도 악부에 올리는 것이 좋겠다'라고 하셨다."

세종은 이 일화를 전하면서 〈수보록〉과 〈몽금척〉을 악부에 올리자고 건의했다. 대신 명나라 황제의 은혜를 노래한 〈하황은(荷皇恩)〉은 빼자고 말했다. 그러자 참찬관 권맹손(權孟孫)이 반대했다.

"전하께서 즉위하신 이래 황제의 은혜를 많이 입으셨는데, 이는 예전에 없었던 일이니 어찌 노래하지 않을 수 있겠습니까?"

유학자들의 판단 기준은 오직 명나라였다. 세종은 〈하황은〉을 집어넣는 대신 〈수보록〉과 〈몽금척〉 악부에 넣게 했다. 이런 경로를 거쳐 조선의 음악이 집대성되었다. 〈수보록〉과 〈몽금척〉을 당악으로 연주한 것처럼, 조선 전통의 내용을 당악으로 악부에 담았다. 이렇게 세종은 음악 하나를 정비하더라도 조선 전통의 토대 위에서 중국의 음악을 받아들이려 했다. 그리고 이런 일들을 노장의 조화로 완성하려 했다.

한편, 맹사성은 비록 종부법을 종모법으로 환원시킨 큰 책임이 있지만 선비들에 관한 한 지위가 낮더라도 예의를 지키는 처신을 보였다.

(맹사성은) 선비를 예절로 대하는 것이 천성에서 우러나왔다. 벼슬하는 선
비는 비록 낮은 자라도 알현하려고 하면 반드시 관대(冠帶)를 갖추고 대문
밖에 나가서 맞아 상좌에 앉히고 물러갈 때도 역시 몸을 굽히고 손을 모으
고 가는 것을 보는데, 손님이 말에 오르기를 기다린 후에야 문으로 들어갔
다.(《세종실록》20년 10월 4일)

아산맹씨행단. 문화재청
황희와 함께 세종 대에 명재상으로 평가받으며 조선 전기의 문화 창달에 크게 기여한 맹사성 가족이 살
던 집. 맹사성의 처조부였던 최영이 지은 집으로 알려져 있다.

맹사성의 집은 선배인 창녕부원군 성석린의 집 아래 있었는데, 성석린의 집 앞을 지날 때마다 반드시 말에서 내려 걸어갔다. 이런 행동은 성석린이 생을 마칠 때까지 한결같았다.

세종은 이런 인물들과 함께 조선 사회를 만들었다. 비록 종모법으로의 환원처럼 때로는 사대부 우월주의에 빠진 신분론자들이었지만, 이들은 겸손을 미덕으로 삼았고, 그에 따라 처신했다. 그래서 이들의 정치를 전면적으로 부정하는 것이 쉽지만은 않았던 것이다.

세종 시대의 밝음과 어둠

세종은 조선 땅에 유학 정치를 뿌리내리게 해 완성하는 것이 자신의 시대적 소명이라고 생각했다. 그러나 유학 정치의 주역은 임금과 사대부라고 보았다. 그래서 세종은 사대부들을 우대했다. 역모의 죄가 아닌 한 사대부들을 죽이지 않는다는 원칙을 갖고 있었던 것 역시 이 때문이다. 태종의 철권 통치에 위축되었던 사대부들에게 세종은 성군(聖君)이었다.

사실 태종의 철권 통치 덕분에 세종은 손에 피를 묻힐 필요가 없었다. 아무도 왕권에 도전하지 않았고, 아무도 임금의 권력을 대신할 생각을 하지 못했다. 이런 토대 위에서 세종은 유학자들이 존중받고 나라를 이끌어가는 유학 사회를 열었다. 세종은 임금과 사대부들이 백성을 다스리는 것이 유학의 이념에 맞는다고 생각했다. 임금은 임금답게, 사대부는 사대부답게, 백성은 백성답게 자신의 일을 해 나가는 것이 사회 안정의 초석이라고 생각했다. 그렇게 조선은 유학 사회가 되어갔다.

그러나 조선의 유학자들은 모순적인 존재였다. 자신들의 혈통과 몸은 이(夷)이지만 자신들을 화(華)라고 착각하며 세상을 살았다. 사대부들은 명나라를 황제의 나라로 섬기고 자국 조선을 제후국으로 깎아내렸다. 세종은 조선 내부적으로는 황제국을 지향했지만 유학자들의 이런 사대주의 사상을 제어하지 못했다. 그 자신이 유학적 가치관을 갖고 있었기 때문이다. 세종은 유학, 특히 성리학이 가진 계급 차별 사상을 받아들였고, 이 때문에 수령고소금지법을 제정하고 종부법을 종모법으로 환원했다. 이것이 자신을 임금으로 만들어준 태종의 유훈을 부인하는 것이란 생각은 하지 못했다.

그럼에도 불구하고 조선 사회는 안정되어갔다. 백성들과 노비들의 반발은 조직적이지 못했다. 사대부들의 특권은 법은 물론 관습적으로도 받아들여졌다. 백성들과 노비들의 반발이 조직적이지 못했던 것은 세종이 계급 사상과 함께 애민 사상을 갖고 있었기 때문이기도 하다. 백성들을 위해 훈민정음을 창제하고, 공법을 개정할 때는 전 백성의 의견을 물었다. 이처럼 모든 국정에서 "만백성은 모두 같은 나의 신민"이란 평등 사상으로 정사에 임했다면 명실상부한 성군이 되었을 것이다.

세종의 정치가 훈민정음 창제와 종모법 환원 등 서로 모순된 모습을 보인 것에서 짐작할 수 있듯, 그의 시대는 여러 모순이 중첩된 시대였다. 이런 모순을 어떻게 극복하고 조선 개창 정신을 되살려 만백성이 행복한 나라를 만드느냐는 후사 문종의 몫이었다. 그러나 세종이 승하할 당시 세자 문종은 종기가 재발했고, 그 곁에는 그의 병세가 악화되기를 바라는 장성한 동생이 있었다.

3부

—

준비된 임금 문종의 빠른 퇴장

현릉 전경. 문화재청.
문종과 현덕왕후의 묘인 현릉. 구리 동구릉에 위치해 있다. 세종 23년
(1441) 현덕왕후 권씨는 세손인 단종을 낳고 이틀만에 산후 열병으로 죽
었는데, 세자빈이었음에도 문종의 왕비로 추숭돼 왕후로 칭해졌다. 현
릉은 현존하는 가장 오래된 국조오례 양식의 왕릉이다.

문무를 함께 갖춘 준비된 임금

세자 대리청정

세종이 세상을 떠난 지 닷새 후인 세종 32년(1450) 2월 22일, 문종의 즉위식이 거행되었다. 이날 문종은 면복(冕服) 차림으로 세종의 널 앞에서 유명을 받는 의식을 치렀다. 그리고 빈전(殯殿) 문 밖 장전(帳殿)에 나가서 즉위식을 행했다.《문종실록(文宗實錄)》은 이때 문종의 거조에 대해 이렇게 설명했다.

임금이 슬피 울면서 스스로 견디지 못했다. 옷 소매가 모두 젖었다.

즉위식을 마친 문종은 다시 상복으로 갈아입었다. 이렇게 조선의 4

대 임금 문종의 시대가 열렸다. 태종 14년 임금의 손자로 태어나 서른 일곱의 장성한 나이로 임금의 자리에 오른 것이다. 세종 3년(1421) 여덟 살 나이에 왕세자로 책봉되어 스물아홉 해 동안 왕세자 교육을 받았으니 조선으로선 처음으로 맞은 준비된 국왕이라 해도 과언이 아니다. 더구나 즉위하기 7년 전인 세종 25년(1443)부터 이미 국정에 참여했으니 국왕의 정치가 낯설지도 않았다.

8년 전인 세종 24년(1442) 7월 28일, 세종이 승정원에 말했다.

"(명나라) 황태자는 이미 강관(講官: 서연 때 강의하는 관원)을 두고 또 첨사부(詹事府)를 세워서 서무(庶務)를 처리한다. 우리나라 동궁(東宮)도 사무를 처리하는 관원을 두지 않을 수 없다. 이조에 전교해서 사무를 처리하는 관원을 (동궁에) 두게 하라."

첨사란 진(秦)나라에서 태자(太子)의 가사를 돌보던 벼슬명인데, 후대에 와서는 태자궁을 뜻하게 되었다. 이 말은 곧 세자 이향(李珦)을 국사에 참여시키겠다는 의도였다. 도승지 조서강 등이 즉각 반대하고 나섰다. 개국 이래 세자에게 서연관만 두었어도 결함이 없었다면서 이렇게 반박했다.

"하물며 우리나라가 어찌 감히 황태자의 일을 하나하나 모방해 본받을 수 있겠습니까?"

"황태자와 우리나라의 세자는 비록 크고 작고는 있지만 그 일은 하나다. 너희들은 말리지 마라."

그런데 세종이 세자를 정사에 참여시키겠다고 한 것은 이때가 처음이 아니었다. 이보다 두 달 반 전인 같은 해 5월 3일에도 세종은 영의정 황희, 우의정 신개, 좌찬성 하연, 좌참찬 황보인, 예조판서 김종서,

도승지 조서강을 불러 말했다.

"나의 안질이 날마다 심해져서 직접 기무(機務)를 결단할 수 없으므로, 세자에게 서무(庶務)를 처결시키려 한다."

영의정 황희 이하 신하들이 모두 반대했다.

"주상께서 비록 안질을 앓고 계시지만 춘추가 왕성하신데, 갑자기 세자에게 서무를 대신 처결하게 하신다면 비단 일국의 신민들만 실망하는 것이 아니라 후세에서 법으로 취하는 데 어떻겠습니까. 신 등은 불가하게 여깁니다."

"경 등의 말이 이와 같으니 내가 다시는 말하지 않겠다."

태종이 선위의 뜻을 표했을 때 민무구·무질 등이 기쁜 표정을 보였다는 이유로 사형당한 전례가 있어서 신하들은 일제히 반대하지 않을 수 없었다. 그러나 태종은 막힌 정국을 돌파하려는 수단으로 선위 소동을 벌였던 것이지만 세종은 진심이 담긴 말이었다.

세종은 다시 도승지 조서강을 불러 자신의 질병에 대해 장황하게 설명하고 이렇게 말했다.

"태종께서 종묘 제사를 지내려고 하셨는데, 때마침 눈이 내리자 세자에게 대신 지내게 하셨으니 이미 옛 전례가 있다. 또한 한 집안에서도 가장의 유고(有故) 시에는 장자가 대신하는데, 하물며 세자는 나라의 버금이고 임금의 버금이니(國儲君副) 종묘 제사와 강무를 세자가 대리하는 것에 진실로 방해될 것이 없다. 사대부를 접견하고 정치의 대체를 습득하는 것이 어찌 해롭겠는가? 네가 이런 뜻을 대신들에게 자세하게 고해서 모두 알게 하라."

이로써 황희를 비롯한 대신들은 세자 대리청정이 세종의 본심임을 알게 되었다. 그래서 7월 28일 세종이 다시 세자에게 대리청정시키겠다는 뜻을 표하자 격렬한 반대 없이 받아들였다.

세종의 지시에 조서강이 시안을 만들어 올렸다. 명나라의 첨서부는 정3품 첨사가 한 명이고, 소첨사 한 명은 정4품인데, 조선은 좌·우첨사 각각 한 명과 동첨사(同僉事) 한 명을 두어 세자를 보좌하자고 했다. 드디어 세종 25년(1443) 종3품의 첨사 한 명과 정4품의 동첨사(同僉事) 두 명을 둔 첨사원을 출범시키고 세자가 대리청정하게 되었다. 이렇게 한 데는 세종의 병도 병이지만 세자에게 미리 국왕 수업을 시키려는 의도도 있었다.

이때부터 세종이 사망하기까지 7년간 세종 이도와 세자 이향은 공동으로 나라를 다스렸다. 이 기간은 세종이 훈민정음을 만드는 데 열중한 기간이기도 하다. 성삼문이 《직해동자습(直解童子習)》 서문에서 "우리 세종과 문종께서 이것을 딱하게 여기시어 이미 훈민정음을 만드시니 비로소 천하의 모든 소리 중 기록하지 못할 것이 없게 되었다"라고 쓴 대로, 세자는 훈민정음 창제에도 힘을 보탰다. 세종 시대 후반의 여러 치적들, 즉 세종 26년의 전분육등법, 연분구등법의 전세법(田稅法) 제정이나 27년의 《용비어천가》 완성, 28년의 훈민정음 반포 등의 치적은 문종이 세종을 도와 만든 작품들이다.

대리청정이 국왕의 역할을 대신하는 것이라고는 해도 대리청정과 친정은 크게 다르다. 대리청정은 국왕이란 우산 밑에서 역할을 수행하는 것이지만 친정은 자신이 홀로 모든 신하를 거느리고 만기를 친람해야 한다. 문제는 문종 또한 몸이 편치 않았고, 그 약점을 노리는 장성한 대군이 있었다는 점이었다.

수양대군의 정치 관여

세종이 세상을 떠나기 한 달 반 전쯤인 재위 32년(1450) 윤1월 1일, 수양대군은 모화관에서 백관을 거느리고 명나라 사신인 한림시강(翰林侍講) 예겸(倪謙)과 형과급사중(刑科給事中) 사마순(司馬恂)을 맞이하는 의식을 치렀다. 사신 일행이 대궐로 들어오자 병석의 세자는 겨우 몸을 일으켜 경복궁 근정전에 나아가 명나라 황제의 조서를 맞이했다.

왕조 국가에서 세자 이외의 왕자가 정사에 관여하는 것은 엄하게 금지되어 있지만, 세종은 세자가 와병 중이란 이유로 수양대군에게 명나라 사신을 맞아들이는 큰일을 맡겼다. 임금이나 세자가 아플 경우, 종친 중 가장 어른인 양녕대군과 영의정 등이 대신 의식을 주재하면 되는데 세종은 그렇게 하고 싶지 않았다. 양녕대군을 내세워 그가 조선의 왕이 될 뻔한 사실을 되새기고 싶지 않았던 것이다. 세종은 세자에게 대리청정시키려고 할 때 대신들이 반대하자 자신의 뜻을 전하는 전지를 전달하는 임무도 수양대군에게 맡겼다. 수양대군은 이미 정사의 한복판에 들어와 있었던 것이다.

세종 32년 윤1월 2일, 사신이 도착한 다음 날 치르는 익일연(翌日宴)도 세종은 수양에게 대행시켰다. 윤1월 18일 태평관에서 치르는 전별연(餞別宴)도 수양대군이 대행했는데, 이때 사신 사마순은 술에 취해 침방(寢房)으로 돌아가 뻗어버렸다. 번역가인 통사(通事) 매우(梅佑)가 일어나라고 청해도 일어나지 못했다. 또 다른 사신 예겸이 말했다.

"이 잔치는 전하께서 친히 오신 것과 다름없는데, 취해 누워서 예연

(禮宴)을 마치지 못하는 것이 옳겠는가? 만일 황제께서 잔치를 내리셨는데 취해 누워서 일어나지 않는다면 예절에 어떻겠는가?"

이날 예겸은 수양대군은 물론 안평대군 및 여러 대군들과 권커니 잣거니 술잔을 기울였다. 잔치가 파할 무렵 예겸이 좌부승지 이계전(李季甸)에게 말했다.

"'종사우선선혜(螽斯羽詵詵兮) 의이자손진진혜(宜爾子孫振振兮)'라는 구절은 모두 전하를 이른 것이오."

'종사우선선혜 의이자손진진혜'는 《시경(詩經)》〈국풍(國風)〉〈주남(周南)〉의 〈동사(冬斯)〉에 나오는 시구로, '베짱이의 울음소리 무성하게 들리네. 너의 자손 번성함이 마땅하리라'라는 노래다. 베짱이는 메뚜기라고도 해석하는데, 모두 자손이 번성하는 것을 축하하는 시구이니 세종이 자손이 많음을 축복하는 뜻이었다.

실제로 세종은 자손이 번성했다. 소헌왕후 심씨가 8남 2녀를 낳았고, 그 외에 영빈 강씨, 신빈 김씨 등 다섯 명의 후궁으로부터 열 명의 왕자와 두 명의 옹주를 낳았다. 이 왕자들 사이에 죽고 죽이는 살육전이 전개될 줄은 아무도 상상하지 못했을 것이다.

사신들이 북경으로 돌아가는 윤1월 20일, 수양대군이 다시 백관을 거느리고 모화관에서 전송했다. 이날 통역사 애겸(艾儉)이 사신들에게 이렇게 말했다.

"오늘 문무의 여러 벼슬아치가 모두 문밖에서 대인을 전송할 것이고, 또 왕자가 전하를 대신해서 전별연을 베풀 것이니, 예절상 편복(便服: 평상복)으로 가실 수는 없습니다."

이날 잔치는 세종이 베푸는 것이나 마찬가지이니 조복(朝服: 관복) 차림으로 참석해야 한다는 말이었다. 그러나 사신의 반응은 달랐다.

"우리들은 길 가는 사람이니, 비록 편복일지라도 의리에 무엇이 해롭겠느냐?"

사신들은 편복으로 잔치에 임했다. 사대를 외교의 대책(大策)으로 삼은 폐해는 이처럼 곳곳에서 드러났다. 이때 사신들이 편복으로 잔치에 참석한 것은 세자가 자리하지 않은 데 대한 불만 때문이었다. 술이 거나해진 사신들은 서로 눈짓을 하다가 수양대군에게 따졌다.

"전하의 병은 (명나라) 조정에서도 모두 아는 바이지만, 세자의 병은 우리가 황주에 도착해서 처음 들었습니다. 만약에 친히 맞이하지 않으면 비록 해가 지날지라도 반드시 병이 차도 있기를 기다리려 했다가 들어오니 그제야 세자가 할 수 없이 조서를 맞이하고는 그 뒤로 한 번도 나와보지 않았습니다. 천승국(千乘國: 제후국)의 후사인 세자가 우리같이 낮은 벼슬아치들을 어찌 기억하겠습니까? 하지만 우리를 가볍게 여기는 것은 (명나라) 조정을 가볍게 여기는 것이나 마찬가지이니, 이는 교만하고 오만한 마음에서 그렇게 하는 것입니다."

명 사신 예겸의 벼슬인 한림시강(翰林侍講)은 종4품의 직제다. 조선 같으면 당상에도 오르지 못하는 당하관(堂下官) 품계다. 사마순의 벼슬인 형과급사중(刑科給事中)은 정7품이나 종7품의 자리로, 당상은커녕 종6품 이상인 참상관(參上官)도 아닌 하급 관료다. 수양대군이 사신들에게 사신들이 직접 가서 병세를 보라면서 세자께서 세 군데나 종기가 나서 밖으로 나오지 못한다고 설명하자 사신들이 말했다.

"왕자의 말을 들으니 우리 마음이 환하게 풀립니다."

수양대군이 사신들의 반응을 보고하자 세종은 예조참판 이변(李邊)

과 도승지 이사철(李思哲)을 벽제역까지 보내 다시 세자의 병세를 설명했다. 그제야 사신들은 다시 "우리가 말이 많아서 전하께서 걱정하시게 했습니다"라고 말했다. 사대주의를 최고의 외교 정책으로 정하다 보니 세자의 병세까지 명나라 하급 관료들에게 구구절절하게 설명해야 했다. 사대교린의 명암이었다.

문무를 겸비한 문종

문종은 조선 사대부들의 기대를 한 몸에 받은 군주였다. 부친을 닮아 문(文)에 능했고, 시와 글씨를 잘 썼다. 세자 시절에는 마포의 희우정에 나가서 귤 한 쟁반을 집현전 학사들에게 하사하기도 했다. 희우정은 문종의 백부 효령대군이 지은 별장인데, 세종 7년(1425) 5월 세종이 이곳에 행차했을 때 마침 비가 내리자 '기쁜 비가 내린 정자'라는 뜻의 '희우정'이란 이름을 내린 곳으로, 지금의 마포구 망원정을 말한다. 집현전 학사들이 귤을 하나씩 집어 쟁반이 비자 쟁반 한가운데 시가 쓰여 있었다. 문종이 해서(楷書)와 초서(草書)의 중간쯤 되는 반초행서(半草行書)로 써 보낸 시였다.

향나무는 코에만 향기롭고 고기는 입에만 맞으나,
동정귤은 코에도 향기롭고 입에도 다니 내가 가장 사랑하노라.

학문을 좋아하는 집현전 학사들이 이 시를 본떠 베끼려고 하는데 동궁에서 쟁반을 돌려달라고 재촉하며 거둬들이자 쟁반을 부여잡고 서 손을 떼지 못했다는 일화가 전해진다.

세종의 자식들은 서예에 능했는데, 그중에서도 문종과 안평대군은 당대 제일의 명필로 유명했다. 《문종실록》은 문종의 필체에 대해 이렇게 설명했다.

> (문종은) 또 조자앙(趙子昻: 조맹부)의 서체를 좋아했는데, 여기에 왕우군(王
> 右軍: 왕희지)의 서법(書法)을 섞어 써서 혹은 등불 아래에서 쓰더라도 정밀
> 하고 기묘한 것이 입신(入神)의 경지에 들어갔으니 그 촌간(寸簡: 짧은 편지)
> 과 척지(隻紙: 짧은 글을 쓴 종이)를 얻은 사람이 천금처럼 소중하게 여겼다.
> 《문종실록》 2년 5월 14일)

게다가 문종은 무(武)에도 능했다.

> 활로 과녁을 쏠 때도 지극히 신통해서 반드시 명중시켰다. 또 천문(天文)을
> 잘 보아서 천둥이 언제 어느 방향에서 일어날 것이라고 미리 말하면 뒤에
> 반드시 맞았다. 세종께서 매양 거둥하실 때 반드시 천변(天變: 하늘의 변화)
> 을 물으셨는데, 말하면 반드시 맞았다.《문종실록》 2년 5월 14일)

문종은 이처럼 문무에 모두 능한 임금으로, 과학에도 능통했다. 재위 1년(1451) 1월 16일, 모화관에 거둥해서 진법(陣法) 훈련을 관람하면서 군기감에 명해서 새로 만든 화차(火車)를 실험하기도 했다. 꼴로

허수아비(蒭人)를 만들어 갑옷을 입히고 방패를 들린 후 70~80보 밖에 세워두고 화차에서 화살을 쏘았다. 화차에서 날아간 화살이 허수아비는 물론 방패까지 모두 뚫었다. 문종은 임금을 호위하는 내금위(內禁衛)의 명사수 다섯 명에게 편전(片箭)으로 방패를 든 허수아비를 쏘게 해서 비교했는데, 그 위력이 화차보다 못했다.《문종실록》은 이에 대해서 이렇게 설명했다.

> 북쪽 오랑캐에 대한 정보가 해마다 연달아서 그치지 않았다. 임금이 강무에 예리한 뜻을 가져서, 무릇 군사를 대비하는 일에 생각이 두루 미치지 않은 것이 없었다. 기계에 정밀하고 자세했으며, 또 직접 진법을 검열하니 무사들이 모두 그 능력이 뛰어나게 되었다.《문종실록》1년 1월 16일)

이처럼 문종은 무예에 능통하고 무기에도 정통한 군주였다.

> 이보다 앞서 주상이 임영대군 이구(李璆: 세종의 4남)에게 화차를 제조하라고 명했다. 수레 위에 거치대(架子)를 설치하고 중신기전(中神機箭) 100개나 사전 총통(四箭銃筒) 50개를 꽂아두고 심지에 불을 붙이면 연달아 발사됐다.《문종실록》1년 2월 13일)

문종이 고안한 화차는 다연발 화살이었다. 화차를 실은 수레는 평탄한 곳에서는 두 사람이 끌 수 있고, 조금 험한 길에서는 두 사람이 끌고 한 사람이 밀어야 했으며, 높고 험한 길에서는 두 사람이 끌고 두 사람이 밀어야 했다.《문종실록》은 "화차의 제도는 모두 임금이 직접 지시하여 가르쳐준 것이다"라고 설명했다. 화차를 문종이 직접 고안했다는 뜻이다. 문종은 화차가 평시에는 쓸모없을 것을 우려하여 대신들에게 이렇게 말했다.

"화차는 본래 적을 방어하는 무기다. 그러나 평상시 쓰지 않으면 반드시 무용지물이 되어서 스스로 허물어질 것이다. 일이 없을 때는 각사(各司: 각 관청)에 나누어주어서 여러 가지 물건을 운반하게 하다가 사변이 있으면 화포(火炮)를 싣고 적을 방어하는 것이 좋겠다."

문종이 직접 화차를 설계하자 신하들도 앞다퉈 개선책을 내놓았다. 모화관에서 시험 발사한 화차의 성능을 보고 의정부와 병조 당상, 그리고 삼군 도진무와 군기감 제조 이사임(李思任) 등이 그 개선책을 제시했다.

"화차 좌우에 방패(防牌)를 달아서 불을 붙이는 군사의 몸을 감추게 하고, 신기전 거치대 및 전혈(箭穴: 화살 구멍)을 쇠로 만들어 화재를 막는 것이 어떻겠습니까?"《문종실록》1년 2월 20일)

화차 좌우에 방패를 달면 이를 조종하는 군사들을 보호할 수 있었다. 또한 신기전 거치대 및 화살 구멍이 나무로 되어 있어서 연달아 발사하면 뜨거워져서 불이 날 수도 있으니 쇠로 만들자고 제안한 것이다. 문종은 반대할 이유가 없어서 그렇게 제작하라고 지시했다.

문종은 국방은 평화로운 때에 미리 대비해야 하는 것이라고 생각했다. 그래서 평안도뿐만 아니라 황해도 곡산, 수안, 황주에도 화차를 20대씩 비치해야겠다고 생각하고는 의정부의 견해를 물었다.

"곡산, 수안, 황주 등의 고을에도 각각 화차를 20량씩 만들게 하려는데, 어떠한가?"

문종 1년(1451) 문종이 직접 개발한 독창적인 무기로, 바퀴 둘 달린 수레 위에 화살 100개를 동시에 발사할 수 있는 신기전이 놓여 있는 구조다. 무예에 능하고 과학 기술에 관심이 많았던 문종의 면모를 엿볼수 있다.

    뜻밖에도 의정부에서 반대했다.

    "적이 만약 수안 등지까지 차지한다면 장차 온 나라의 군중을 일으켜서 방어할 것이니, 이렇게 된다면 오히려 화차도 만들 수 있을 것입니다. 청컨대 이를 정지하소서."

    문종은 의정부의 반대가 이해되지 않았다. 화차를 만들어 평시에는 운반 수단으로 쓰고, 전시에 무기로 쓰자는 제안에 굳이 반대할 이유가 없다고 생각했기 때문이다. 미리 준비해놓지 않았다가 적이 공격하면 우왕좌왕할 텐데 언제 화차를 만든다는 말인가. 그래서 문종은 승지 정이한(鄭而漢)에게 물었다.

"화차는 내가 만든 것인데 여러 대신이 알지 못하고 옳지 못하다고 논의한 것은 아닌가?"

"예전에 신이 의정부의 논의를 들었는데 모두 '화차는 아주 유익한 것이니 만일 위태로울 때 이것으로 방어하면 누가 감히 당하겠는가?' 라고 말했습니다."《문종실록》1년 3월 7일)

의정부도 화차를 제작하는 데 반대하지 않는다는 뜻이었다. 그래서 문종은 각지에 화차를 만드는 거장(車匠)을 보내 화차를 만들게 했다.

이처럼 국방에 대한 문종의 뜻은 단호했다. 문종은 또한 나라를 지키기 위해서는 지도가 중요하다고 생각했다. 문종 1년(1451) 5월 29일, 예조참판 정척이 〈양계지도(兩界地圖)〉를 만들어 바쳤는데, 양계(兩界) 란 고려 시대의 북계와 동계를 뜻하는 것으로 조선 초까지 유지됐다. 북계는 압록강 북쪽으로 730리 정도 떨어진 심양 남쪽 철령(봉집보)이고, 동계는 두만강 북쪽으로 700리 정도 떨어진 공험진이다. 〈양계지도〉는 지금까지 전해지지 않지만 태종과 세종 모두 철령에서 공험진을 조선의 국경선으로 여겼기 때문에 이 지도 역시 이 선을 조선의 국경으로 삼아 표기했을 것으로 보인다.

〈양계지도〉를 본 문종은 칭찬을 하기도 했지만, 사실 아쉬운 점이 더 많았다. 이에 문종은 지적했다.

"내가 지도를 많이 보았는데, 지금 이 지도가 가장 자세하다. 그러나 지도를 그리려면 각 고을의 서로 떨어진 거리와 상대 지방을 자세하게 고찰해야 한다. 말하자면 어느 고을의 네 방면은 어느 현에서 그 거리가 얼마 떨어져 있는지 쓰여 있어야 한다. 만약 사방의 방위로는 그곳이 어디인지 정확하게 알 수 없다면 12방위의 범철(泛鐵: 가운데 지남침을 놓고 방위를 그리는 것)로 정해야 한다."《문종실록》1년 5월 29일)

문종의 말대로 지도는 사방 어느 곳에서 봐도 정확한 방위가 나와야 한다. 그래야 급변이 발생했을 때 적절하게 대처할 수 있다.

"각각 그 경내의 명산, 대천, 큰 고개, 옛 변방의 요새와 옛 읍이 어느 방위의 어느 땅에 있는지 자세하지 않으면 안 되니 양계의 각 고을로 하여금 측량해서 올리게 한 다음에 이를 참고해서 교정하라."

문종이 군사와 무예에 능했다는 것은 그가 직접 '신진법(新陣法)'을 지은 데서도 알 수 있다. 문종은 당초 김종서와 진법에 대해 논의했다. 함길도 절제사로 북방에 오래 나가 있어서 군사에 능했기 때문이다.

"군사는 주장(主將)의 절도(節度)에 달려 있는데, (조선군은) 깃발과 북으로 지휘하고 응변(應變: 임기응변)하는 데 방법이 없다. 내가 옛《진서(陣書)》를 보니 '어느 군사가 적의 공격을 받으면 어느 군사가 구원한다'라고 했는데, (조선군은) 서로 끌고 합치는 것(牽合)이 통하지 않으니 고치는 것이 옳다."《문종실록》1년 6월 19일)

조선군은 주장이 군사를 지휘하고 응변하는 체계가 부족하다고 본 문종은 옛《진서》를 직접 보고 조선 실정에 맞는 신진법을 만들었다. 문종은 직접 신진법을 만들고 수양대군과 김종서, 정인지 등에게 내려서 함께 교정해 완성하게 했다. 신진법은 분수(分數), 형명(形名), 결진식(結陣式), 일위독진(一衛獨陣), 합진(合陣), 오위연진(五衛連陣), 군령(軍令), 장표(章標), 용겁지세(勇怯之勢), 승패지형(勝敗之形) 등의 순서로 되어 있다. 신진법은 군통수권자로서 문종의 자질을 잘 보여주는 증거다.

신진법의 처음인 분수는 군사의 통솔과 숫자에 관한 것으로, "대장(大將)은 5위(衛)를 보유(保有)한다. 매위(每衛)는 각각 5부(部)를 보유하고, 매부(每部)는 각각 4통(統)을 보유한다"라는 말로 시작된다. 여기서 대장은 6만 2500명을 지휘하는 최고사령관이다. 위장은 1만 2500명으로 구성되는 위(衛)를 거느리는데, 한 위는 산하에 각각 2500명으로 구성된 다섯 개의 부(部)가 있었다. 부장(部將)은 각각 500명으로 구성되는 통(統)을 네 개 거느리니 모두 2000명을 지휘한다. 통장(統將)은 각각 125명으로 구성되는 려(旅)를 넷 거느리니 모두 500명을 다스린다. 여수(旅帥)는 각각 25명으로 구성되는 대(隊)를 다섯 거느리니 125명을 다스린다. 대정(隊正)은 각각 다섯 명으로 구성되는 오(伍)를 다섯 거느리니 25명을 다스리고, 오장(伍長)은 5명의 졸을 거느리는 체제였다. 지금으로 치면 오장은 분대장, 대정은 소대장, 여수는 중대장, 통장은 연대장, 위장은 사단장, 대장은 군단장 정도 되는 직제로, 현대 군사직제와 유사하다.

형명(形名)은 각각 등급에 따라 군사를 지휘하는 깃발이나 나팔(角) 등을 뜻하고, 결진식(結陣式)은 상황에 따라서 네 위(衛)가 각자 자리를 지키는 연진(連陣)과 중위에 통속되는 합진(合陣) 등의 방법을 뜻한다. 군령은 아주 엄격하게 규정했다.

진퇴좌우(進退左右: 앞뒤좌우로 움직이는 것)를 명령해도 좇지 않는 자와 마음대로 진퇴좌우하는 자는 다 참(斬: 목을 벰)한다. 장표(章標: 가슴과 배 사이에 다는 표식)를 잃은 자는 참(斬)하고, 군사를 누설한 자도 참하고, 적에게 항복한 자는 그 집을 몰수한다.《문종실록》 1년 6월 19일)

용겁지세와 승패지형은 적을 맞이해 싸울 때 체계를 갖춰 싸우는 방법과 전략 전술을 서술한 것이다. 6만 2500명의 정예군이 이 신진법에 따라 적과 싸우면 천하무적일 병법이었다.

문종은 나라가 숭문(崇文)으로 치달으면 폐단이 많을 것이라고 생각했다. 그래서 숭무(崇武) 정책을 펼쳤다 해도 과언이 아닐 정도로 군사력을 확충하는 데 전력을 기울였다. 그래서 문종 즉위 후 무풍(武風)이 일어 사대부가 자제들 사이에서 학문보다 무예 습득에 열중하는 풍조가 생겼다. 도승지 이계전이 성균관 유생들이 공부를 열심히 하지 않으니 지관사(知館事)를 다시 임명해 학문을 진작시켜야 한다고 건의할 정도였다. 이 같은 건의를 받고 문종이 말했다.

"내가 활쏘기를 관람하고 진법을 익히게 한 뒤로 사람들이 모두 무사(武事)를 좋아하고 학문에 뜻을 두지 않는다. 교양의 길을 염려하지 않을 수 없으니 마땅히 지관사를 뽑아 문풍(文風)을 진작시켜야겠다. 이 자리를 맡을 만한 자가 누구인가?"《문종실록》1년 7월 1일)

도승지 이계전이 성균관 지관사에 우찬성 정분(鄭苯)을 천거했는데, 문종은 부정적이었다.

"정분은 일찍이 문한(文翰: 학문 관련 부서)의 일을 맡아본 적이 없지 않은가? 또 이미 맡고 있는 일도 많으니, 이 일을 맡길 만하지 못하다. 1품 중에서 맡길 만한 자를 다시 천거하라."

"좌찬성 김종서는 어떠합니까?"

"그렇다. 김종서는 본래 지춘추관사(知春秋館事)직을 맡았으니 또한 성균관의 일도 알 만하다."

문종이 김종서를 선택한 것은 다분히 의도적인 결정이었다. 김종서

야연사준도. 고려대학교 박물관.

김종서가 여진족을 몰아냈을 당시의 장면을 조선 후기의 궁중 화가가 그린 기록화다. 고려시대부터 북방개척에 공을 세운 장군 8명의 이야기를 그림으로 표현한 《북관유적도첩》에 실린 8점의 그림 중 하나다. 김종서가 전쟁에서 승리한 후 병사들과 잔치를 벌이는 장면을 표현하고 있다.

가 학문뿐만 아니라 군사에 관한 일도 잘 알았기 때문이다. 문종은 조선의 이념이 유학이라는 사실 자체를 부인하지는 않았다. 그러나 자칫 유학에 집중하다가 나라가 문약(文弱)으로 흐를 것을 우려했다. 그래서 승무라고 해도 과언이 아닐 정도로 무예를 중시했다. 학문을 진작시키자는 이계전의 청을 들어주었지만 성균관 지관사로는 두만강 북쪽에서 여진족들과 함께 뒹군 김종서 같은 인물이 가야 한다고 생각한 것 또한 같은 맥락이다. 그래야 문무겸전한 선비들을 양성할 수 있을 것이기 때문이었다. 문종은 또한 유학자들이 불교를 탄압하는 것은 옳지 못하다고 생각했다.

왕실 불교와 사대부들의 이중 처신

조선의 건국 이념은 유학이지만 왕실의 종교는 불교였다. 왕실뿐만 아니라 사대부들도 집안에서는 불교를 많이 신봉했다. 세종이 승하한 다음 날인 즉위년 2월 18일, 문종은 영의정 하연, 좌의정 황보인, 우의정 남지(南智) 등 대신들에게 물었다.

"빈전(殯殿: 왕의 관을 모신 전각)에 법석(法席: 승려가 독경하는 자리)을 설치하고 3일과 칠칠일(七七日)에 수륙재(水陸齋: 영혼을 달래는 불교 의식)를 행하고, 소상(小祥) 전에 불사(佛事)를 두 차례 행하고, 소상 때도 역시 불사를 행하고, 소상 후에 따로 불사를 행하는 것은 이미 전례가 있는데,

어떻게 해야겠는가?"

세종도 유학자였지만 석가의 공덕을 노래한 찬불가《월인천강지
곡》을 직접 지을 정도로 독실한 불교 신자이기도 했다. 세종은 수양대
군에게 부인 소헌왕후 심씨의 명복을 비는《석보상절(釋譜詳節)》을 짓
게 하고 자신도 훈민정음으로《월인천강지곡》을 지었다. 문종도 마찬
가지였다. 그래서 수륙재 같은 불교 의식을 치르려 한 것이다. 신하들
도 선왕의 영혼을 극락으로 인도한다는 불교 의식을 거행한다는데 무
작정 반대할 수는 없었다.

"빈전에서 불사를 행할 수는 없지만, 그 외의 것은 전례를 따르는
것이 좋겠습니다."

문종은 부왕의 영혼을 극락으로 보내기 위해 지금의 경기도 고양시
에 있던 대자암을 증축하려고 했다. 대자암은 원래 태종의 넷째 아들
성녕대군이 죽자 그의 명복을 빌기 위해 창건한 사찰인데, 세종이 불
경을 인쇄해서 이곳에 두었고, 문종은 더 많은 불경을 인쇄해 대자암
에 두기 위해서 증축하려고 한 것이다.

게다가 세종을 모셨던 후궁들이 일제히 머리를 깎고 출가하려고 해
서 유학자들 사이에 논란이 거세졌다. 집현전 부제학 정창손이 나서
서 불상을 만들고 불경을 베껴 쓰는 것과 대자암을 증축하는 데 모두
반대하면서 후궁들이 출가하려는 것도 비판했다.

"고려가 불교를 숭상했지만 후궁 중 머리를 깎은 사람이 있다는 말
은 듣지 못했고, 우리 조정에 이르러서도 듣지 못했습니다."《문종실록》
즉위년 3월 1일)

"지난번 선왕(세종)께서 불경을 인쇄하여 대자암에 두었고, 나도 불

경을 이곳에 두려고 하는데 다만 장소가 좁기에 고쳐 짓는 것뿐이다. 후궁이 머리를 깎는 것은 선왕께서도 금지시키지 못하셨는데, 내가 어찌 중지시킬 수 있겠는가?"

문종은 선왕의 영혼을 위해서 불교에 기대는 것이 문제될 것은 없다고 생각했다. 또한 선왕을 모셨던 후궁들이 비구니가 되어 선왕의 명복을 비는 것은 칭찬할 일이지 금지할 일은 아니라고 생각했다. 하지만 이를 대놓고 말할 수는 없었다.

"그대들의 말이 옳다. 그러나 사람들이 하는 말을 모두 따른다면 어찌 일이 이루어지겠는가? 그대들이 와서 말했기 때문에 내가 마지못해 대답했을 뿐이다. 비록 할 말이 있어도 내가 다 말할 수 없다. 그대들은 물러가서 다시 생각해보라."

그러나 다음 날 사간원 헌납(獻納) 황효원(黃孝源)이 불교는 이단이라면서 불경을 쓰는 문제를 강력하게 비판했다.

"이단이 천하와 국가를 다스리는 데 이익이 된다는 말은 듣지 못하였습니다. 전하께서 즉위하신 지 얼마 되지 않았는데, 감히 이런 일을 하시는 까닭은 무엇입니까?"《문종실록》 즉위년 3월 2일)

신하가 임금에게 "감히 이런 일을 한다(敢爲此事)"라고 비판한 것은 극히 무례한 언동이다. 황효원이 이렇듯 반발한 것은 금으로 불경을 쓰려 했기 때문이었다.

"너희들은 금을 사용하여 불경을 베끼는 일이 근래에 없었다고 하는데, 태조 때의 일은 내가 미처 모르지만 태종께서 승하하시자 대행왕(大行王: 세종)께서 금을 사용하여 불경을 베끼셨고, 지난 병인년에도 왕비를 위해서 금을 사용하여 불경을 베껴 썼는데 어째서 금을 사용하여 불경을 베껴 쓰는 일이 오늘에 시작됐다고 말하는가? 그대들은 '즉위한 처음에 시작을 바로잡아야 마땅하기에 불사를 할 수 없다'라고 말하지만 이때를 버리고 언제 이를 하겠는가?"

황효원의 말을 듣고 문종의 두 동생 수양대군 이유(李瑈)와 안평대군 이용(李瑢)이 발끈했다. 이들은 상서(上書)를 올려 황효원을 비난하고 나섰다.

"신이 듣건대, 헌납 황효원이 어제 불사(佛事)를 간하기 위하여 왔으나 전하께서 윤허하지 않으시자 사사로이 승지 정이한에게 '우리들은 지금과 예전에 만든 불상, 불경, 사찰을 모두 불태워버리고자 한다'라고 했습니다. 신은 지금 말할 수 없는 때에 있지만 이 같은 불충한 말을 들으니 몹시 분함을 견디지 못하여 직접 뵙고 아뢰어서 처벌하시기를 청합니다. 전하께서 막 우척(憂戚: 근심) 중에 계시기에 신이 비록 날마다 나아가 뵈어도 길게 말씀할 여가가 없었으므로, 감히 죽기를 무릅쓰고 상서하여 마음속에 있는 바를 상세히 아룁니다."《문종실록》, 즉위년 3월 3일)

두 대군은 황효원의 행위를 "모반(謀反)이자 대역(大逆)"이라고 비난하면서 "극형에 처하여 군신의 대의를 바로잡아야 할 것"이라고까지 주장했다. 문종은 두 대군의 상서를 승정원에 내보이면서 말했다.

"이 뜻이 좋다."

그러나 황효원을 처벌할 수는 없었다. 간쟁의 권한이 있는 간관이 간쟁한 것은 처벌하지 않는 것이 관례이기 때문이었다.

즉위 초에 문종과 유학자들이 부딪친 문제 중 하나로 승려 신미(信眉) 사건이 있다. 신미는 사대부로서 승려가 된 드문 경우로, 그의 본

명은 김수성(金守省)인데 역시 불교 신자로 유명한 김수온(金守溫)의 형이다. 신미와 김수온은 세종의 뜻에 따라 궁 안에 내원당(內願堂)을 짓고 불사를 주관했다. 세종이 승하하자 문종은 신미를 선교도총섭(禪敎都摠攝)에 책봉해 불교를 관장하게 했는데, 사헌부에서 반대하고 나섰다. 신미를 선교도총섭에 임명한 것은 문종의 뜻이 아니라 세종이 생전에 정해놓은 바였다. 그러나 불교를 숭상한다고 비난받을 것을 우려해 정작 임명하지는 않았는데 문종이 임명을 강행하자 사헌부 장령 하위지가 반대하고 나선 것이다.

"신미의 호를 선왕께서 이미 정하셨지만 시행하지 않으신 것은 반드시 뜻이 있기 때문입니다. 비록 이미 시행했더라도 전하께서는 큰 효도를 생각하셔서 도로 거두는 것이 마땅한데, 하물며 시행하지 않은 일을 즉위하신 처음에 가장 먼저 시행하시니 의리에 어떻습니까?"《문종실록》 즉위년 7월 11일)

"신미는 선왕이 공경하시던 승려이니 관교(官敎)를 빼앗을 수 없다."

하위지는 임금이 공경할 대상은 승려가 아니라고 맞섰다. 임금이 공경할 대상은 은나라 탕왕(湯王)이 존경한 이윤(伊尹)이나 주나라 무왕이 존경한 태공(太公)이나 역시 주나라 성왕이 존경한 주공(周公)이나 촉나라 후주(後主)가 존경한 제갈량(諸葛亮) 같은 사람이어야지 승려여서는 안 된다는 지적이었다. 그러나 문종도 단호했다.

"선왕께서 공경하신 것은 대신들도 일찍이 아는 바다. 내가 어찌 거짓말을 하겠는가? 만일 부처를 섬기지 않는다면 그만이지만 섬긴다면 계율을 지키는 승려를 어찌 공경하지 않을 수 있겠는가?"

하위지는 막무가내로 면대를 요청했다. 문종은 하위지의 청을 들어줄 생각이 없었지만 그의 말을 막을 생각도 없어서 면대를 허락했다. 하위지는 밤 4각(刻)까지 문종에게 신미에게 내린 선교도총섭을 거두어달라고 요청했다. 문종은 비록 청을 들어주지는 않았지만 말은 모두 들어주는 방법으로 유학자들과 소통했다.

사대부들은 백성들이 승려가 되는 길 자체를 막음으로써 불교 자체를 말살하려고 했다. 그러나 세종이 불교를 숭상했다는 사실이 알려지면서 출가하는 백성들이 크게 늘었다. 재위 1년(1451) 4월 15일, 문종은 도승지 이계전 등에게 세종의 불교 숭상에 대해 변명했다.

"바깥사람들이 모두 '세종께서 말년에 이르러 부처를 좋아하셨다'라고 말한다. 그러나 병인년(세종 28년, 1446) 대고(大故: 소헌왕후 심씨의 사망)를 겪고 광평·평원대군이 잇따라 서거한 후 슬픔을 견디지 못해서 권도(權道)로 속례(俗禮)를 따라 불우(佛宇)를 고쳐 지어서 잠시 천발(薦拔: 망자의 넋을 극락으로 보내는 일)을 행하신 것이다. 또 궁궐 북쪽에 불당(佛堂)을 지으신 것은 다만 선지(先志: 태종의 뜻)를 이어서 하신 것이지 세종께서 만드신 것은 아니다."《문종실록》1년 4월 15일)

태종은 재위 18년(1418) 4남 성녕대군이 열네 살 어린 나이로 죽자 진관사에 가서 수륙재를 행하는 등 불교의 힘으로 영혼을 극락에 보내기 위해서 노력했다. 세종은 말년에 가족들이 잇따라 죽는 아픔을 겪었다. 다섯째 아들 광평대군 이여(李璵)가 재위 26년(1444) 스물 나이로 세상을 떠나더니 이듬해에는 일곱 번째 아들 평원대군 이임(李琳)이 열아홉 나이로 세상을 떠났다. 그 이듬해 3월 24일 소헌왕후 심씨까지 세상을 떠났다. 두 아들과 부인을 잇따라 저승으로 보내야 했던 세종은 아들들과 불우했던 왕비의 영혼을 위해 불경을 간행하려 했다. 유학자인 사대부들이 이를 반대하자 세종은 사대부들이 겉과 속이 다른 위선적인 행태를 보인다면서 크게 비판했다.

"세상 사람들이 집에 있을 때는 부처를 받들고 귀신을 섬기면서도 남을 대할 때는 거꾸로 귀신과 부처를 그르다고 하니, 내가 이를 심히 미워한다."(《세종실록》 28년 3월 26일)

세종은 심씨가 세상을 떠나자 왕자들이 모두 불경을 만들자고 해서 의정부에 의논했더니 모두 옳다고 했다면서 재정은 국가 재정이 아니라 왕자들이 저축한 것과 자신이 저축한 것을 갹출해서 간행할 것이라고 말했다. 그런데도 신하들이 반대하자 세종이 다시 따졌다.

"너희들은 불경을 만드는 것을 그르게 여기지만 어버이를 위해서 불사를 하지 않는 사람이 누가 있느냐?"

신하들 역시 집에서는 모두 불교를 신봉하지 않느냐는 물음이다. 유학은 학문이지 종교가 아니다. 그럼에도 불구하고 조선의 유학자들은 불교를 탄압했다. 하지만 세종은 이들 중 상당수가 집안에서는 불교를 믿는다는 사실을 알고 있었다. 문종은 두 아들과 부인을 연달아 잃은 세종이 그들의 명복을 빌기 위해 불당을 지었을 뿐, 불교 신자는 아니라고 변명했다. 그러면서 문종은 백성들이 세종을 따라 출가하는 사태를 우려했다.

"세종께서 불교를 숭상하지 않으셨음은 나만이 안다. 이제 어리석은 백성들이 망령되게 '(선왕께서) 부처를 좋아하셨다'면서 스스로 머리 깎고 승려 되는 자가 거의 천백(千百)에 이르니, 금단하기가 매우 어렵다. 이제부터 기한을 엄하게 정해서 기한 안에 현신(現身: 자수)하는 자는 정전(丁錢: 군역 대신 바치던 돈)을 받고 도첩을 주고, 기한 안에 자수하지 않거나 사사로이 머리를 깎는 자는 법에 따라 죄를 판정해서 온 가족을 입거(入居: 양계로 이주함)하게 하라. 내가 먼저 어리석은 백성들이 이런 뜻을 다 알게 한 뒤에 엄하게 금지시키려고 하니, 집현전에 명해서 교서를 짓게 하라."(《문종실록》1년 4월 15일)

문종의 말은 승려가 되는 것을 엄하게 막는 것처럼 보이지만, 군역 대신 돈을 내면 승려가 될 수 있게 허락하겠다는 뜻으로도 해석할 수 있다.

조선의 유학자들은 불교를 비난하는 것으로 자신의 선명성을 과시했지만 세종이 "어버이를 위해서 불사를 하지 않는 사람이 누가 있느냐?"라고 물은 것처럼 집안의 종교는 대부분 불교였다. 일반 백성들은 사대부들의 불교 탄압에 위축되었다가 세종이 불교 신자라는 사실이 알려지자 앞다퉈 출가했다. 이렇게 조선의 불교는 사대부들의 이중적 처신으로 크게 억압당하고 있었다. 사대부들에게 핍박받는 불교를 보호한 것은 왕실과 사대부가의 아녀자들, 그리고 백성들이었다.

준비된 군주의 짧은 수명

위기에 빠진 명나라

세종은 세상을 떠나면서도 문종의 건강을 염려해서 유교(遺敎: 유언)를 남겼다. 세종이 승하한 다음 날 영의정 하연이 세종의 유교를 다시 상기시켰다.

"대행왕(大行王: 세종)의 유교가 계신데, '3일 안에는 죽을 조금 먹고, 3일 후에는 밥을 조금 먹어야 병에서 벗어나 생명을 보전할 수 있을 것이다'라고 하셨으니 유교가 명백합니다. 지금 저하(邸下)께서 종기(瘡瘇)가 완전히 회복되지 않으셨으니, 실로 조심하지 않을 수 없습니다. 지금 큰일을 당하셨으니 더욱 스스로 보존하지 않으면 안 됩니다. 오늘부터는 죽을 조금 드시기를 청합니다."《문종실록》즉위년 2월 18일)

"내가 이 유교를 알고 있으니 마땅히 살펴서 처리하겠다."

식사도 식사이지만 더 큰 문제는 종기가 아직 낫지 않은 것이었다. 다음 날 하연을 비롯한 대신들이 다시 문종의 종기를 우려했다.

"저하께서 이전의 종기가 아직 낫지 않았는데 또 종기가 발생했으니 신 등은 몹시 놀라움을 이기지 못하겠습니다. 동궁에 물러가 계시면서 조섭(調攝)하시기를 청합니다."

대신들은 《의서(醫書)》에 종기가 아물 즈음에는 서서 걸어 다니는 것도 꺼린다고 했다면서 여막(廬幕: 초가로 지은 거처)에 거처하지 말고 동궁에 물러가 조섭하라고 권했다. 그러나 문종은 "물러가 거처하는 것은 내가 감히 할 수 없다"면서 거절했다.

국상(國喪)을 주재하는 것은 힘든 일이다. 식음을 전폐하다시피 한 몸으로 제사를 주관하고 빈객들을 접대하는 일은 건강한 사람에게도 힘든 일이다. 그것도 불편한 여막에 거처하면서 국상을 주재하다 보면 이 때문에 병이 날 수도 있었다.

문종이 거절하자 대신들은 2월 23일 타협책을 냈다.

"청컨대 여차(廬次: 여막)에 옮겨 거처하시되 기거(起居)하지는 마시고, 또 술과 밥을 조금 드시고, 대군과 여러 군(君)에게도 미치게 해서 대효(大孝)를 마치게 하소서."

하지만 문종은 재차 거절했다.

"내 허리 사이의 종기는 점차 나아가고 무릎 위의 종기는 지금 아픈 증세가 없다. 여차로 물러가 거처하는 일은 내가 차마 할 수 없다."

황보인 등이 말했다.

"바로 지금 중국이 크게 어지러우니, 우리나라 후문(後門: 국경)의 방비를 염려하지 않을 수 없습니다. 국가에 일이 많은 것이 오늘날 같은 적이 없었습니다. 더구나 일본 국왕의 사신도 왔으니, 전하께서 그 큰 일의 어려움을 생각하시고 조리를 잘 하셔서 대효를 마치셔야 할 것입니다."(《문종실록》 즉위년 2월 23일)

조선에 온 명나라 사신들이 온갖 행패를 부리고 있었는데, 정작 명나라는 누란의 위기에 빠져 정신이 없는 상태였다. 나라가 망할 것이라는 우려가 팽배했고, 초원으로 쫓겨간 몽골은 다시 세를 모아 명나라를 위협하고 있었다. 급기야 몽골족 와랄부(瓦剌部)의 태사(太師) 야선(也先)이 몽골 군사를 거느리고 대거 남하하는 사태가 발생했다. 야선은 몽골의 26대 대칸인 탈탈불화(脫脫不花)로부터 몽골 태사로 임명받았다가 나중에는 직접 28대 대칸으로 등극하는 인물이다. 명나라 6대 영종(英宗) 주기진(朱祁鎭)의 정통(正統) 14년(1449: 세종 31년)의 일이다. 이에 맞서 영종은 50만 대군을 직접 거느리고 격퇴에 나섰다. 북상했던 영종이 8월 15일 지금의 하북성 장가구시 회래현 토목보로 내려왔을 때 몽골군이 공격했다. 토목보는 만리장성의 거용관에서 대동 장성에 이르는 장성선 안쪽에 있는 곳인데, 영종은 야선이 이끄는 몽골군에게 대패해 수십만 대군을 잃고 그 자신마저 포로로 잡히고 말았다. 이것을 '토목보의 변' 또는 '토목의 변'이라고 부른다.

명나라 황제는 역대 황제 중 개국시조 주원장과 성조 주체(영락제)를 제외하면 대부분 용렬한 군주였다. 영종도 마찬가지여서 토목보에서도 장군들과 환관들의 다툼이 그치지 않았다. 선종(宣宗)의 장자인 영종은 선덕 10년(1435) 정월 선종이 세상을 뜨자 일곱 살 어린 나이로 즉위해 태황태후 장씨의 섭정을 받았다. 정통 6년(1441) 비로소 친정을 시작했는데, 이듬해 태후 장씨가 사망한 후 조정의 실권을 장악한 것은 환관 왕진(王振)이었다. 왕진의 무리가 명나라를 죄다 차지한 것을 '제1차 환관 집권'이라고 부른다. 토목보의 변 때 영종의 호위장군으로 임명된 번충(樊忠)은 몽골군보다 환관들을 먼저 제거해야 한다고 생각했다. 번충은 사예감(司禮監) 왕진을 보고 말했다.

"내가 천하를 위해서 이 적(賊)을 죽이리라!"

환관 왕진을 때려죽인 번충은 몽골 진영에 달려들어 수십 명을 죽이고 전사했지만 전세를 바꿀 수는 없었다. 몽골의 야선이 영종을 포로로 잡고 북경으로 남하하자 태후 손씨는 영종의 배다른 동생 주기옥(朱祁鈺)을 감국(監國)으로 삼았다가 오래지 않아 황제로 세우니 그가 바로 7대 대종(代宗, 재위 1449~1457)이다. 대종은 연호를 경태(景泰, 1450~1456)라고 정하고 몽골에 포로로 잡힌 영종을 명목상의 태상황(太上皇)으로 올렸다.

야선의 몽골군이 남하하면서 명나라는 큰 위기에 휩싸였다. 이때 병부상서(兵部尚書)에 임명된 인물이 우겸(于謙)이다. 우겸은 영종 때 환관 왕진에게 죄를 얻어 하옥되었다가 석방된 후 병부시랑(兵部侍郎)에 기용되었다. 우겸이 '경사(京師: 북경)보위전'이라고 불리는 대회전에서 몽골군에 승리하면서 명나라는 겨우 한숨을 돌릴 수 있었다. 우겸 등은 몽골에 포로로 잡힌 영종을 귀환시키고 싶어 했지만 새로 즉위한 대종이 영종의 귀환을 원하지 않았기 때문에 적극적인 행동에 나설 수 없었다.

경태 원년(1450), 보다 못한 홍로경(鴻臚卿) 양선(楊善)이 전 재산을 팔아 몽골 진중으로 가 야선을 설득했다. 그 결과 영종은 연경(燕京: 현재의 북경)으로 돌아올 수 있었지만 대종은 그를 환영하기는커녕 남궁의 숭질궁(崇質宮)에 유폐시키고 금의위(錦衣衛)에게 엄하게 지키게 했다.

이 모든 일이 세종 말년부터 문종 즉위년 사이에 발생했다. 몽골군의 남하로 다급해진 영종은 세종 31년(1449) 조선에 사신을 보냈다. 그해 9월 9일, 세자(문종)가 모화관에서 영종의 칙서를 받았는데, 조선군의 출병을 요구하는 내용이었다.

> 이제 생각하니 왕(세종)은 대대로 충의를 서로 계승해서 순역(順逆)의 이치를 밝게 알고 있으니, 왕은 마땅히 정병(精兵) 십수만 명을 모아 대두목(大頭目)에게 통솔케 하여 요동의 여러 장수의 큰 군사와 더불어 협공할 것을 기약해서 이 적을 박멸하는 데 힘써라.

영종은 다급하게 조선군의 출병을 요구했다. 세종은 명나라에 사대하지만 군사까지 보내는 것은 말도 안 되는 소리라고 생각했다. 그래서 군사에 관련된 일이라는 이유로 칙서의 내용을 비밀로 하고 공개하지 않았다. 공개했으면 사대주의를 이념으로 삼은 사대부들이 적극 출병을 주장했을 가능성이 크다.

명나라에선 남궁에 유폐된 태상황 영종과 황제 대종이 공존하는 상태가 계속되었다. 경태 8년(1457), 대종의 병이 심해지면서 영종의 복위를 꿈꾸는 사람들이 움직이기 시작했다. 선종의 장남인 영종에게 정통성이 있다는 것을 이유로 들었다. 이를 위해 무청후(武淸侯) 석정(石亭)과 부도어사(副都御史) 서유정(徐有貞) 등이 태감(太監) 조길상(曹吉祥)과 결탁했다. 이들은 사사(死士)를 이끌고 남궁으로 난입해 유폐되어 있던 영종을 구출했다. 같은 해 정월 16일 밤, 영종은 동화문으로 들어와 봉천전에서 전격적으로 복위식을 치렀다. 새벽 무렵 궁문을 열고 백관들에게 이 사실을 알리면서 연호를 천순(天順)이라고 바꿨는데, 자신의 재즉위가 하늘의 뜻이라는 의미를 담고 있다. 이를 '탈문의 변(奪門之變)'이라고 한다.

이번에는 거꾸로 대종을 서궁에 유폐했는데, 대종은 오래지 않아 죽었다. 대종이 독살당했다는 흉흉한 소문이 도는 가운데, 영종은 대종을 황제가 되기 전의 지위인 성왕(郕王)으로 떨어뜨리고, 시호도 '려왕(戾王)'으로 내렸다. '려(戾)'는 어그러졌다는 뜻이다.

명 8대 황제로 다시 등극한 영종은 그리 영명한 군주가 아니었다. 자신을 돌아오게 한 병부상서 우겸과 대학사 왕문(王文) 등을 하옥하고 죽이려 했다. 영종을 추대한 서유정 등이 반대하고 나섰다.

"우겸을 죽이지 마소서. 오늘의 일은 실로 명분이 없습니다."

실제로 우겸이 경사보위전에서 승리하지 못했다면 명나라는 망했을지도 모른다. 원한에 휩싸인 영종이 서시에서 우겸과 장군 범광(范廣) 등의 목을 베자 명나라 사람들은 큰 충격에 빠졌다. 이뿐만 아니라 나중에는 목숨 걸고 영종을 추대한 석정과 조길상도 모두 전횡했다는 죄목으로 죽거나 능지처사당했다. 명나라는 혼란에 혼란을 거듭했다. 그나마 영종이 천순 8년(1464) 세상을 떠나면서 이런 유언을 남긴 것이 다행이었다.

"순장은 고례(古禮)가 아니고 인자(仁者)로서 차마 하지 못할 일이니 여러 비들을 순장시키지 마라."

죽을 때 야만적인 순장 제도를 폐지한 것이 업적이라면 업적이었다. 이런 명나라를 조선의 유학자들은 지극정성으로 사대했다. 이런 사대주의를 극복하고 조선을 명실상부한 독립국으로 재탄생시키는 것이 무예에 능한 군주 문종의 과제였다.

처방을 무시한 어의 전순의

문종의 종기는 끈질기게 낫지 않았다. 문종 즉위년 4월 6일 사헌부 지평 이의문(李宜門)이 어의들을 비판하고 나서면서 문종의 종기가 오래가는 데는 이유가 있다는 의혹을 제기했다.

"신 등이 어제 들으니, 노중례(盧仲禮)와 전순의(全循義)의 고신(告身: 관직 임명장)을 돌려주었다고 합니다. 위 사람들은 의가(醫家)에서 출신했으니 무릇 그 의술을 사용할 때 삼가는 것이 마땅한데 일전에 주상의 옥체에 종기가 발생했을 때 의서를 자세히 상고하지 않아서 주상의 옥체가 거의 위태로울 뻔했습니다. 신 등이 이를 생각하면 놀랍고 해괴함을 견딜 수 없습니다. 청컨대 이 명령을 거두소서."

문종이 전에도 한 번 죽을 뻔했는데, 그 이유가 어의 노중례, 전순의가 의술을 자세히 상고하지 않았기 때문이라는 지적이다. 하지만 문종의 견해는 달랐다.

"다만 의술이 정밀하지 못해서 그런 것이지 어찌 다른 마음이 있었겠는가?"

이의문 등이 두 번이나 주청했지만 문종은 허락하지 않았다. 노중례, 전순의를 그대로 어의로 둔 것이다. 이런 상소가 올라온 이후 문종의 종기는 나았고, 두 어의에 대한 의혹도 잠잠해졌다. 그런데 이듬해 종기가 재발했다.

"전에 앓던 안질은 이미 나았으나, 또 허리 아래 작은 종기가 생겨서 약간 편치 않으니 내일의 정사는 정지하라."《문종실록》1년 8월 8일)

이번 종기도 쉽게 낫지 않아서 11월 22일 승정원에서 건의했다.

"주상의 옥체가 비록 회복되셨다고 하지만 종기에서 고름이 나오는 것이 아직 그치지 않고 있습니다. 근일에는 추위가 심한데 추위를 무릅쓰고 기거(起居)하는 것은 불가합니다."

승정원의 건의는 바람과 추위가 심하니 다음 날 정사 보는 것을 그만두라는 권유였다.

"어제는 감기 때문에 두통이 있었는데 오늘 낮에 이미 나았다. 그러나 머리가 여전히 무거우니 내일 정사 보는 것은 정지하겠다."

종기가 낫다가 재발하는 와중에 문종은 화차를 만들고, 신진법을 만들었다. 병은 계속 완쾌되지 않았다. 문종 2년(1452) 5월 3일 의정부와 육조에서 대궐에 나와 문안했다.

"신 등이 보다 일찍이 문안하려 했으나 성상께서 번거로우실까 봐 낭청(郎廳)을 시켜 문안해왔습니다. 그때마다 신 등은 오늘은 회복되실 것이라고 여겼고, 또 내일은 반드시 회복되실 것이라 여겼습니다."

대신들이 문안하면 국왕도 예를 차리느라 의관을 정제하고 움직여야 하기 때문에, 각 관아의 당하관인 낭청을 시켜 문안해왔다는 뜻이었다.

"그런데 지금 여러 날 동안 정사를 보살피지 않으셨고, 또 내의(內醫: 어의)의 말을 들으니 종기는 꺼릴 만한 것이라고 합니다. 지금 변경에는 근심이 없으며 또 꼭 시기를 맞추어서 해야 할 급한 국사도 없으니, 회복되실 때까지 일체의 서무(庶務)를 정지하시기 청합니다."

종기가 다 나을 때까지 정사를 쉬라는 건의였다. 게다가 의가에선 종기에는 안정이 최고의 처방이라고 말했다.

"마땅히 경 등의 말에 따르겠다."

그러나 문종이 직접 처리해야만 하는 일들이 있었다. 일본 국왕사(國王使)를 접견하는 일이었다. 일본 국왕사는 전달 25일 한양에 도착해 조현(朝見: 왕을 만나는 것)을 기다리고 있었다.

"일본 국왕의 사신이 한양에 도착한 지 오래되었다. 종기가 난 곳이 비록 긴급하지는 않지만 자칫 뿌리가 깊으면 화농(化膿: 고름이 생기는 일)되는 경우가 생길 수도 있다. 회복되기를 기다린 후에 사신을 만난다면 시일이 오래 걸릴 듯한데, 이 문제를 어떻게 처리하는 것이 좋겠는가?"

명에 대한 사대와 일본에 대한 교린은 조선 외교의 두 축으로, 국왕이 직접 처리해야 할 문제였다. 사신을 홀대하면 외교 문제가 발생할 수도 있었다. 우의정 김종서가 해결 방안을 제시했다.

"일본 사신은 원래 진향(進香: 왕의 혼전에 제전을 올림)하기 위해서 온 것이니, 다음 달 15일에 먼저 문소전(文昭殿: 태조와 신의왕후를 모신 혼전)에 나아가 진향한 후에 조현(朝見)하신다면 일도 순서를 잃지 않을 것이고, 그때쯤이면 성상의 옥체도 거의 회복될 것입니다."

김종서의 말대로 하면 한 달 이상 시간을 벌 수 있었으나 일본 사신이 반발할 수도 있었다. 예조좌랑(佐郞) 김증(金曾)이 사신이 묶는 객관(客館)으로 찾아가 이런 절차를 설명했는데 일본 사신은 불평하지 않았다.

"한양에 도착한 이튿날부터 천안(天顔: 임금의 얼굴)을 뵈려 했으나, 여러 날이 지나도 조현하지 못한 이유를 알 수 없었는데, 지금 상교(上敎: 임금의 명령)를 들으니 마음이 조금 시원합니다."

문종이 잠시 정사를 쉬기로 하자 대신들은 후속 조치를 마련했다. 다음 날부터 특별한 사무가 아닌 통상적인 공무는 국왕에게 따로 보고하지 말고 부서끼리 서로 문서를 주고받는 행문이첩(行文移牒)으로 처리하라고 육조에 명령한 것이다.

이때까지만 해도 문종이 세상을 떠날 것으로 생각하는 대신은 없었다. 다만 안정을 취해 빨리 완쾌되길 바랐을 뿐이다. 게다가 어의들이 심각한 상태가 아니라고 말했으므로 대신들은 직접 문병하는 것을 삼가고 어의의 진단 결과를 기다렸다.

문종 2년(1452) 5월 5일, 대신들이 사정전에 모였다. 어의 전순의의 진단 결과를 듣기 위해서였다. 진단 결과가 좋지 않으면 시약청(侍藥廳)을 꾸려야 했다. 의약청(醫藥廳)이라고도 불리는 시약청은 임금이나 대비, 왕비 등에게 병환이 있을 때 구성하는 임시 기구다. 영의정이 책임자인 도제조가 되고 좌의정·우의정과 육조의 대신들이 부책임자인 부제조가 되고 내의원(內醫院)에 속한 모든 의원이 편입되어 비상근무하는 의료 체제다. 시약청이 설치되면 의원들은 약을 쓸 때마다 대신들과 의논한 뒤 올려야 했다. 어의들이 독단적으로 처방할 수 없었다. 내전에서 어의 전순의가 나왔다.

"환후(患候)가 어떠하신가?"

"종기가 난 곳이 매우 아프셨으나 저녁에는 조금 덜하셨고, 농즙(濃汁)이 흘러나왔습니다. 두탕(豆湯: 콩죽)을 드렸더니 성상께서 기뻐하시면서 '음식 맛을 조금 알겠다'라고 말씀하셨습니다."

전순의의 말에 대신들이 모두 기뻐했다. 시약청을 꾸릴 필요가 없었기 때문이다.《단종실록(端宗實錄)》2년(1454) 조는 전순의에 대해 "계통이 본래 용렬하고 천하다(庸賤)"라고 전한다. 천인 출신이라는 뜻이다. 천인 출신이 내의원에 들어올 수 있었다면 탁월한 의료 실력 외에 다른 요인이 있을 수 없었다. 전순의가 실록에 처음 등장하는 것은 이보다 12년 전인 세종 22년(1440) 6월로, 금성대군의 병을 낫게 하는 데 일조한 덕분이었다. 세종은 전순의가 금성대군이 쾌차하는 데 공이 있다는 이유로 옷을 한 벌 하사했다.

세종은 의학에 관심이 많았다. 재위 15년(1433)에《향약집성방(鄕藥集成方)》을 간행한 것이 이를 말해준다. 조선에서 나는 약재나 처방을 향약(鄕藥)이라고 부르고 중국에서 나는 약재를 당재(唐材)라고 불렀는데,《향약집성방》은 조선 전래의 여러 약초와 처방을 모은 책이다. 세종은 비록 명나라에 사대했지만 조선 전통의 학문을 체계화하는 데 관심이 많았다.

재위 27년(1445)에는《의방유취(醫方類聚)》를 편찬했다.《세종실록》은《의방유취》에 대해 모든 방서(方書: 의학서)를 수집하고 분류해서 만든 책이라면서 총 365권이라고 설명했다. 이 방대한 의학 백과사전은 집현전 학사들과 내의원 어의들이 주축이 되어 편찬했는데, 집현전에서는 부교리 김예몽(金禮蒙)과 저작랑(著作郞) 유성원(柳誠源: 훗날의 사육신) 등이 포함되었고, 의관(醫官)으로는 전순의의 이름이 가장 앞에 들어갔다. 전순의는 내의원의 대표 어의였던 것이다.

전순의를 크게 신뢰한 세종은 그에게 일본 의술을 배울 기회를 제공했다. 세종 29년(1447) 대마도주 종정성(소 사다모리[宗貞盛], 1385~1452)이 보낸 사신 일행 중에 숭태(崇泰)라는 승려가 있었는데, 그가 의술에 뛰어나다는 소문을 듣고 일본 의학을 습득할 기회로 삼은 것이다. 세종은 흥천사에 객관을 정해 숭태를 후하게 접대한 후 전순의와 김지(金智), 변한산(邊漢山) 등을 보내 의료 기술을 배우게 했다. 전순의 등이 숭태의 의료 기술을 습득했다고 보고하자 세종은 직접 병든 자에게 가서 그 효과를 시험해보라며 임상실험을 명했다. 《세종실록》은 "삼시(三時) 동안 치료하고 돌아왔는데, 그 기술이 자못 효험이 있었다"라며 전순의가 배운 새 의술을 칭찬했다.

세종의 이런 신뢰를 바탕으로 전순의는 내의원의 대표 어의로 발돋움했다. 이렇듯 명의로 인정받은 전순의가 문종의 통증이 가벼워지고 두탕의 맛까지 알게 되었다고 말하자 대신들이 기뻐한 것은 당연했다. 이는 문종의 몸이 정상으로 돌아왔다는 뜻으로, 문제가 해결된 것이기 때문이다.

문종이 곧 쾌차할 것으로 생각한 대신들은 서로 하례하면서 사정전에서 일어섰다. 그리고 더욱 빠른 쾌유를 위해 다음 날인 5월 6일 조관(朝官)을 가까운 명산대천에 보내 기도를 올리게 했다. 이때의 기도문인 축문(祝文)은 모두 세자(단종)의 서명을 받았다. 그런데 이날의 기도 행렬에 문종의 맏아우 수양대군도 포함되어 있었다. 수양대군은 도승지 강맹경(姜孟卿)을 데리고 흥천사에서 공작재(孔雀齋)를 베풀었다. 공

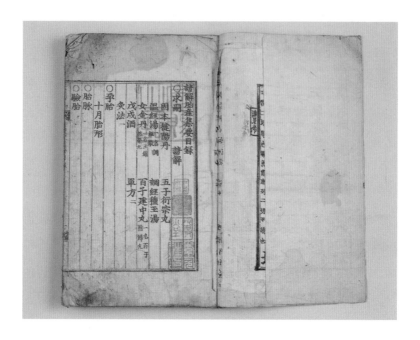

의방유취. 한독의약박물관.

세종 27년(1445) 세종의 명으로 편찬된 한방의학의 백과사전. 총 365권의 방대한 책으로, 집현전 학사들과 내의원 어의들이 주축이 되어 편찬했다. 보물 제1234호로 지정되었다.

작재란 공작명왕(孔雀明王)을 본존(本尊)으로 삼는 불교의 밀교(密敎)에서 병마를 물리쳐달라고 비는 재(齋)다. 흥천사는 태조 이성계가 재위 4년(1395) 신덕왕후 강씨가 세상을 떠나자 그 원찰(願刹)로 세운 절이다.

수양대군의 신하, 도승지 강맹경

이상한 것은 수양대군이 도승지 강맹경을 데리고 갔다는 점이다. 시약청을 꾸리지 않았으므로 도승지가 모든 치료 절차를 도맡아야 했다. 따라서 와병 중인 임금 곁을 떠나 종친을 따라간다는 것은 상상할 수 없는 일이었다. 그래서 의정부에서는 사람을 보내 강맹경을 꾸짖었다.

"성상이 편안하지 못하신 때 도승지가 궁궐을 비우는 것은 있을 수 없는 일이다."

그러자 강맹경은 흥천사에서 돌아와 우부승지(右副承旨) 권준(權蹲)에게 자신의 일을 대신하게 했다. 이것으로 끝이 아니었다. 도승지 강맹경의 이해할 수 없는 행태는 계속됐다.

사흘 후인 문종 2년(1452) 5월 8일, 대신들은 다시 사정전에 모여서 내전에 들어간 어의 전순의가 나오기를 기다렸다. 대신들은 크게 걱정하지 않았다. 전순의가 증세가 좋아지고 있다고 말했기 때문이다. 그러나 전순의의 말과 달리 문종의 와병은 계속됐다. 내전에서 나온 전순의가 대신들에게 말했다.

"주상의 종기에서 농즙(濃汁)이 흘러나와서 지침(紙針)이 저절로 뽑혔습니다. 오늘 처음으로 찌른 듯이 아프지 아니하니 예전의 평일과 같습니다."(《문종실록》 2년 5월 8일)

"예전의 평일과 같다"는 말은 다 나았다는 뜻이다. 농즙이 흘러나와서 지침이 저절로 뽑혔기 때문에 통증이 사라졌다면 "예전의 평일과 같다"는 말이 과장이 아닐 것이다. 대신들은 전순의의 말을 듣고 모두 기뻐하면서 물러갔다.

그러나 실제 상황은 전순의의 말대로 흘러가지 않았다. 문종은 여전히 일어나지 못했다. 이틀 후인 5월 10일 조관들을 여러 도의 명산대천으로 보내 기도하게 했다. 다음 날에는 영의정 황보인을 종묘로 보내고, 우의정 김종서를 사직으로 보내고, 공조판서 정인지를 소격전으로 보내 기도하게 했다.

문종이 와병 중이란 말을 듣고 강원도 관찰사, 개성부 유수, 경기 관찰사가 도사를 보내 문안했다. 이런 상태에서 5월 12일 의정부 우참찬 겸 이조판서 허후가 문종을 만났다. 허후는 문종에게 몸조리할 것을 권유했다.

"큰 종기(腫氣)를 앓고 난 후에는 3년이 되어야 완전히 회복되니 조심하지 않을 수 없습니다. 지금 종기 난 곳이 날로 차도가 있으니 신등의 기쁨은 한이 없습니다. 날마다 조심하시고 움직이거나 노고하지 마셔서 성궁(聖躬: 임금의 몸)을 보전하소서."

허후는 나흘 전 사정전에서 전순의의 말을 들은 대신 중 한 명일 뿐, 그가 실제로 문종의 환처(患處)를 본 것은 아니었다. "종기 난 곳이 날로 차도가 있다"는 전순의의 말만 듣고 사실 여부를 확인하지 않은 채 "기쁨이 한이 없다"라고 말한 것이다. 허후는 다만 문종이 냉수를 자주 찾는 것을 걱정했다.

"또 듣기에 전하께서 갈증이 나면 냉수를 즐겨 찾으신다는데, 무릇 종기는 갈증을 끌어당기는 법입니다. 갈증을 그치게 하려면 따뜻한 것이 제일 좋습니다. 중국 사람이 일찍이 '조선 사람들은 날 음식과 찬 음식을 좋아하기 때문에 창종(瘡腫: 등창)이 많다'라고 말했는데, 깊은 이치가 있는 말입니다. 무릇 몸에는 혈기(血氣)가 운행하는데, 따뜻하면 운행하고 차면 운행을 중지하므로 종기가 발생하는 것입니다. 평상시에도 날 음식과 찬 음식을 피해야 하는데 하물며 종기를 앓고 있는 때에는 더욱 피하셔야 합니다."

허후는 의학에 일가견이 있었다. 허후뿐만 아니라 대부분의 사대부가 의학 지식을 갖추고 있었다. 성리학자인 정자(程子)는 "효자는 의약(醫藥)에 대해 알지 않을 수 없다"라는 말을 남겼다. 의학을 알고 있어야 어버이가 아프실 때 제대로 조치해 오래토록 목숨을 부지하며 살도록 할 수 있기 때문이다.

다음 날인 5월 13일의 《문종실록》은 황해도와 충청도 관찰사가 도사를 보내 문종에게 문안했다고 전한다. 아직도 시약청을 꾸리자는 말은 나오지 않았다. 5월 14일이 되자 상황이 급변했다. 경복궁 사정전 남쪽 회랑으로 수양대군이 달려갔다. 도승지 강맹경에게서 급한 전갈을 받았기 때문이었다.

"성상의 병세가 위급해졌습니다."

전날까지도 없던 이야기였다. 남쪽 회랑에는 수양대군과 안평대군, 그리고 도승지 강맹경과 직집현(直集賢) 김예몽, 그리고 전순의 등 어의들이 모여 있었다. 이들은 급히 방서를 상고했다. 아마도 세종이 편찬한 《의방유취》였을 것이다. 문종의 병은 여전히 종기였는데, 상태가 이렇게 악화된 후에야 방서를 펼쳐놓고 약을 찾는 것은 이해할 수 없는 행동이었다.

더 이상한 것은 대신들이 아무도 보이지 않았다는 점이다. 대신들에게 연락조차 하지 않았던 것이다. 이들이 뒤늦게 방서를 상고한 이유는 나중에 밝혀진다. 이날 도승지 강맹경은 또 다시 의아한 태도를 보였다. 이날의 《문종실록》은 문종의 사인과 관련해 중요한 단서를 남겼다.

> 무릇 의료에 관한 모든 일과 기도하는 모든 일은 강맹경이 수양대군과 안평대군에게 여쭌 후 두 대군의 말을 받아 의정부에 고한 후에 시행했다.(《문종실록》2년 5월 14일)

문종의 치료는 수양대군과 안평대군이 주도했다는 말인데, 수양대군이 개입했다는 것은 주목할 만한 일이다. 이제 열두 살의 어린 세자를 둔 임금의 치료를 서른여섯 살의 장성한 동생이 주도했다는 것은 이해하기 힘든 일이다.

조선은 종친들이 정사에 개입하는 것을 엄격히 금지했다. 재위 2년 4월 27일, 문종이 수양대군을 음악에 관한 사무를 담당하는 관습도감 도제조(都提調)로 임명하자 사간원에서 즉각 반대하고 나섰다.

"조종께서 자손이 무성했는데 어찌 일을 맡길 만한 종친이 없겠습니까만 《속육전(續六典)》에 종친에게 일을 맡기지 않는다고 명시한 것은 친족을 친애하는 의리를 보전하려는 깊은 뜻이 있는 것입니다. 지금 이유(李瑈: 수양대군)를 관습도감의 도제조를 삼는 것은 조종의 성헌을 무너뜨리는 것입니다. 모름지기 고치기를 청합니다."

그러나 문종은 뜻을 꺾지 않았다. 아니, 병 때문에 이 문제를 깊이 생각할 겨를이 없었다. 예조 산하의 음악 관청인 관습도감 도제조에 종친을 임명하는 것도 금하던 것이 조선의 국법이다. 하물며 어린 세자밖에 없는 국왕의 병환 치료를 장성한 종친들이 주도할 수는 없는 일이었다. 도승지 강맹경이 국법을 어기고 대군들의 지시를 받아 문종의 병 치료를 주도한 것은 심각한 일이었다.

전날까지 문종의 병세가 날로 좋아지고 있다고 했던 전순의는 5월 14일 사정전 남쪽 회랑에서 수양대군, 강맹경, 김예몽 등과 뒤늦게 의학서를 뒤졌다. 그러나 그때는 이미 때가 늦었다. 문종은 그날 유시(酉時: 오후 5~7시) 강녕전에서 세상을 떠나고 말았다. 서른아홉 한창의 나이였다. 그때까지도 문종이 세상을 뜰 것이라고 생각한 사람은 없었다. 실로 느닷없는 죽음이었다.

《문종실록》은 문종의 느닷없는 죽음에 대해 이렇게 묘사했다.

여러 신하들이 모두 통곡하여 목이 쉬니, 그 소리가 궁정에 진동하여 스스로 그치지 못하였으며, 거리의 소민(小民)들도 슬퍼서 울부짖지 않는 사람이 없었다.(《문종실록》 2년 5월 14일)

문종은 이렇게 급서해도 괜찮은 임금이 아니었다. 문종의 급작스러운 죽음이 당혹스러웠던 것은 무엇보다 후사가 튼튼하지 못했기 때문이었다.

이때 사왕(嗣王: 단종)이 어려서 사람들이 믿을 곳이 없었으니, 신민의 슬퍼함이 세종의 상사 때보다도 더했다.

문종은 여복이 없었다. 동궁 시절 상호군(上護軍) 김오문(金五文)의 딸과 가례(嘉禮)를 올려 휘빈(徽嬪)으로 봉했으나, 문종이 가까이하지 않자 방술(方術)을 사용하다가 발각되어 쫓겨났다. 그 뒤 종부시 소윤(宗簿寺少尹) 봉려(奉礪)의 딸을 얻어 순빈(純嬪)으로 봉했으나, 그녀 역시 쫓겨나고 말했다. 야사에는 순빈 봉씨가 궁녀들과의 잠자리를 즐기던 동성연애자여서 쫓겨났다고 전한다.

문종은 판한성 부사(判漢城府事)를 역임한 권전(權專)의 딸을 얻어 세종 23년(1441) 아들(단종)을 낳았으나 권씨는 산후조리가 잘못되어 출산한 지 사흘 만에 사망하고 말았다. 권씨가 바로 단종의 모후인 현덕왕후다. 문종은 이후 재혼하지 않고 귀인 홍씨와 사측 양씨 두 후궁만을 두었다.

문종이 세상 떠났을 때 단종은 겨우 열두 살이었다. 어머니 현덕왕후 권씨나 할머니 소헌왕후 심씨가 살아 있었다면 성인이 될 때까지 수렴청정이라도 했겠지만, 둘 다 저세상 사람이었다. 그야말로 천애고아(天涯孤兒)라는 말이 어울리는 외로운 임금이었다. 문종이 세상을 떠나자 세종의 후궁인 혜빈 양씨에게 세자(단종)를 받들고 경복궁 서북쪽의 함원전에 거처하게 했는데, 어릴 때 세자를 보호해서 길렀기 때문이었다. 그러나 혜빈 양씨는 후궁이기 때문에 수렴청정할 수는 없었다.

조선 왕실 최초로 준비된 임금이었던 문종은 그 뜻을 채 펴보기도 전에 세상을 떠나고 말았다. 특히 그가 군사 문제에 깊은 관심을 가지고 군비를 육성하던 임금이었던 점에서 볼 때, 이는 큰 손실이 아닐 수 없다. 명나라가 계속 혼란스러운 상황에서 문종이 버티고 있었다면 이후 상황이 달라질 수도 있었다. 그러나 문종은 의혹 끝에 세상을 떠났고, 고아나 다름없는 어린 임금만 남았다. 게다가 문종의 죽음에 대한 의혹이 쏟아지기 시작했다.

4부

—

어린 임금 단종과 그의 숙부들

단종 영정. 보덕사.
단종의 극락왕생을 기원하는 사찰인 보덕사에 소장되어 있는 단종의
영정. 그림 속 단종은 백마를 타고 태백산으로 가는 길이고, 영월에서
단종을 보살펴준 추익한이 단종에게 머루와 다래를 바치고 있다.

어린 임금과 장성한 숙부들

현명한 어린 왕

　1452년 5월 18일, 문종이 승하한 지 나흘째 되는 날, 이홍위(李弘暐: 단종)가 경복궁 근정문에서 즉위했다. 열두 살에 불과한 어린 임금의 즉위를 보는 백성들의 시선은 불안할 수밖에 없었다. 단종은 성인이 될 때까지 대리청정할 대비도 없었기 때문에 사람들의 불안감은 더 했다. 산후통으로 세상을 떠난 모후 권씨 대신 세종의 후궁 혜빈 양씨가 단종을 키웠지만 후궁은 수렴청정을 할 수 없었다. 《연려실기술》은 《야언별집(野言別集)》을 인용해 문종이 승하하면서 대신들에게 세자의 보좌를 맡겼다고 했다.

문종이 승하할 때 세자가 아직 어리고 종실(宗室)은 강성한 것을 염려하여 황보인, 김종서를 불러 특별히 명했다. "유명(遺命)을 받아 어린 임금을 보필하라."

《연려실기술》은 〈단종조 고사본말〉 조에 영의정 황보인, 좌의정 남지, 우의정 김종서, 좌찬성 정분, 우찬성 이양(李穰) 등 의정부 대신들과 병조·이조·호조·예조판서와 지신사 강맹경, 집현전 제학 신석조 등이 문종의 고명(顧命)을 받들어 단종을 보좌하는 데 나섰다고 적었다.

왕조 국가에서 선왕의 유명과 고명은 법적 권위를 갖는다. 더구나 당시는 세종이 환원시킨 의정부 서사제에 따라 정승들이 국사를 주도하고 있는 상황이었다. 단종이 즉위할 당시 의정부 정승으로 영의정 황보인, 좌의정 남지, 우의정 김종서가 재임하고 있었는데, 좌의정 남지가 병 때문에 사직해서 김종서가 좌의정으로 승진하고 좌찬성 정분이 우의정으로 승진했다.

이때 의정부 대신들이 단종을 보필한 제도를 황표정사(黃票政事)라고 한다. 인사 관련 부서에서 후보자 세 명의 이름을 적어 올리면 그중 한 명의 이름 위에 황색표를 붙여 임금에게 올렸다고 해서 이런 이름이 붙었다. 임금이 여기에 점을 더하면 결정되는 것이었다.

의정부 당상(堂上)들이 매일 빈청(賓廳: 정사 보는 곳)에 이르면 이조, 병조의 당상이 의논에 참여했다. 벼슬을 제수하는 대성(臺省: 사헌부, 사간원), 정조(政曹: 이조, 병조), 연변 고을의 장수와 수령은 반드시 세 명의 성명을 쓰고 그중 쓸 만한 자 한 명을 취해 황표(黃標: 누런 종이)를 붙여서 아뢰면 노산군(魯山君: 단종)은 다만 붓으로 점을 찍을 뿐이었다. 당시 사람들이 이를 '황표정사'라고 일컬었다.《단종실록》즉위년 7월 2일)

《단종실록》의 이 기록은 단종 즉위 초 의정부에서 정국을 주도했다는 비판을 담고 있다.《단종실록》은 임금을 주상이라고 쓰지 않고, 노산군이라고 낮춰 쓰면서 수양대군은 '세조'라고 높여 쓴 희한한 기록이다.《단종실록》은 숙종 24년(1698) 노산군이 단종으로 복위되기 전까지《노산군일기》라고 불렸다. 노산군(단종)을 죽인 수양 측에서 작성한 기록인데, 후세의 비난이 두려워 편찬자들의 이름도 적지 못할 정도로 왜곡이 심했다.《단종실록》은 황보인, 김종서, 정분 등 정승들이 세종의 3남 안평대군과 손잡고 모반하려 했기 때문에 수양대군이 사직을 지키기 위해 계유정난(癸酉靖難)을 일으켰다는 논리로 쓴 기록이다.《단종실록》에는 이런 내용도 실려 있다.

대행왕(문종)께서 병환이 극에 달했을 때 좌우에 말하셨다. "수양을 보려고 한다." 좌우에서 '숙의(淑儀)'로 잘못 알아듣고 마침내 부르지 않았는데, 대개 후사를 부탁하고자 함이셨다.《단종실록》즉위년 5월 18일)

문종이 의정부 대신들이 아니라 수양대군을 불러서 후사를 부탁하려 했는데, 좌우에서 '수양'을 '숙의'로 잘못 알아듣고 수양을 부르지 않았다는 것이다. 그러나 이는 문종이 대신들이 아니라 수양에게 고명을 내리려 했다고 주장하기 위한 유치한 변명에 불과하다. 단종의 즉위교서에는 단종이 대신들과 함께 정사를 해 나가겠다고 명시되어 있다.

> 생각건대 소자(小子)가 어린 나이에 외롭게 상중에 있는데, 모든 정사와 만
> 기(萬機: 모든 국사)를 어떻게 조처해야 하는지 알지 못하니, 조종의 사업을
> 담당하지 못할까 두렵다. (중략) 무릇 모든 사무를 매양 대신에게 물어 한
> 결같이 열성(列聖: 조상)의 헌장(憲章: 법)에 따라서 어려움을 크게 구제하기
> 바란다.《단종실록》즉위년 5월 18일)

단종은 즉위교서를 통해 "모든 사무를 매양 대신에게 물어 한결같
이 열성의 헌장에 따라서" 처리하겠다고 선포했다. 비록 어린 나이로
즉위했지만 단종은 아무것도 모르는 어린아이가 아니었다. 단종은 왕
세손으로서 탄탄한 왕도 교육을 받았다. 단종은 관계 기관에서 주청
하면 대부분 "대신들과 의논하라"라면서 의정부로 내려보냈지만 자
신이 직접 처리하는 일도 적지 않았다.

즉위년(1452) 7월 6일 부사직 문득겸(文得謙)이 불당을 헐어버리자고
상서(上書)하자 단종은 상서를 관계 기관에 내리지 않고 유중불하(留中
不下)했다. 유중불하란 상소의 내용이 마음에 들지 않을 때 관계 기관
에 내려 의논하게 하지 않고 궁중에 묵혀두는 것이다. 불당을 허는 것
은 문종의 뜻이 아닌데 의정부에 이 상소를 내리면 혹시 허는 것을 허
용할까 봐 유중불하한 것이다.

단종 즉위년(1452) 10월 26일, 단종은 병조에 전지를 내렸다.

"일찍이 현릉(顯陵: 문종 능)의 비석을 충주에서 채취하라고 명했는데

추위가 심하니 일단 정지하고 내년 봄까지 기다려라."

부왕의 능에 비석을 세우는 일은 매우 중요한 일이지만, 추운 겨울에 백성과 군사들이 고생할까 봐 다음 해 봄으로 미룬 것이다. 이처럼 열두 살짜리 어린 군주는 백성들과 군사들의 어려움을 잘 알고 있었다. 단종 1년(1453) 2월 22일, 사헌부 지평 신자승(申自繩)이 사헌부에서 의논한 바를 아뢰었다.

"황보인, 김종서, 정분은 모두 제조(提調)로서 산릉(山陵)의 역사를 맡았는데, 마침내 (봉분의 흙이) 무너졌으니 불경이 막심합니다. 또 김우묘(金雨畝)는 당초에 그 역사를 전담했던 자이니 그 역사를 다시 맡기는 것이 불가합니다."

의정부의 세 대신이 문종 능을 조성하는 산릉도감의 책임자인 제조였는데, 현릉 봉분의 흙이 무너졌으니 처벌해야 한다는 지적이다. 또한 현릉은 선공주부(繕工注簿) 김우묘가 실무를 맡아 조성했으니 그에게 다시 복구를 맡겨서는 안 된다는 것이다. 의정부 정승들을 처벌해야 한다는 의견이었으므로 정승들은 물러가서 조치를 기다려야 했다. 단종이 혼자 결정해야 했다.

단종이 말했다.

"두 의정(議政: 황보인, 김종서)은 마침 그때 명나라 사신이 와서 역사를 감독할 겨를이 없었고 오직 정분이 역사를 감독했는데, 어찌 불경하게 해서 허물어졌겠는가? 그리고 김우묘는 능을 만드는 데 익숙하다. 지금 만약 다른 사람으로 그를 대신하게 한다면 일이 반드시 지체되고 늦어질 것이다. 부득이해서 맡게 한 것인데 어찌 끝내지 않고 죄를 가하겠는가?"(《단종실록》 1년 2월 22일)

단종은 황보인과 김종서는 명 사신을 접대하느라 바빴기 때문에 현릉 역사는 우의정 정분이 관장했으니 정분만 추국해서 진상을 파악하라고 명했다. 사태의 전말을 정확히 알고 내린 분부였다.

단종 1년(1453) 4월 28일은 태조 이성계의 부친 환조 이자춘(李子春)의 기일(忌日)이었다. 전 임금의 기일에는 육선(肉膳: 고기 반찬)을 들지 않고 근신하는 것이 왕실의 법도였다. 단종이 육선을 무르자 승정원에서 아뢰었다.

"오늘은 환조의 기일입니다. 조종(祖宗)의 대수가 먼 분의 기일은 육선을 드셔도 되는데, 하물며 금상께서는 옥체가 좋아지신 지 얼마 되지 않았으니 육선을 드소서."

단종이 전지했다.

"내가 2월에 왕후의 기일에도 육선을 들지 않았으니, 지금도 그렇게 하겠다."

단종은 국정 현안에도 밝았다. 재위 1년(1453) 6월 21일, 우의정 정분이 황해도 극성에 성을 쌓아야 한다면서 종사관 신영손(辛永孫)을 보내 감독하게 하자고 청했다. 문종이 재위 1년(1451) 정분을 극성 등지에 보내 여러 성을 쌓게 했는데, 다른 곳은 쌓았지만 극성은 넓고 멀어서 다 쌓지 못했다. 대신 목책으로 극성진(棘城鎮)을 설치해 목사에게 성 쌓는 임무를 맡겼는데, 목사가 군사들을 거느리고 유렵(遊獵: 사냥)을 다니면서 성 쌓는 일을 시간이 남을 때 하는 일로 여기니 신영손을 보내 감독해야 한다는 건의였다.

단종이 답했다.

"내가 이미 자세히 알고 있다. 신영손을 보내는 것이 마땅하다."

단종은 할아버지 세종이나 아버지 문종 못지않은 현군(賢君)이 될 자질이 충분했다. 문제는 왕위에 욕심을 가진 수양대군의 존재였다. 선조 때의 문신 이정형은 《본조선원보록》에 단종 즉위 직후 조정이 불안했던 이유를 이렇게 설명했다.

계유년(癸酉年: 단종 1년) 임금은 어린 나이로 왕위를 이었고 대군은 강성하니 인심이 위태롭고 의심하였다.

강성한 대군들의 존재가 조정에 떠도는 불안한 공기의 실체였다. 단종이 즉위할 당시 서른여섯 살이던 수양대군을 비롯해 모두 일곱 명의 장성한 대군이 생존해 있었다. 혹여 대군들이 왕위에 흑심(黑心)을 품으면 조정은 소용돌이에 빨려 들어갈 수밖에 없었다. 그중에서도 핵심은 세종의 2남 수양대군이었다. 수양을 제치고 다른 대군들이 왕이 되겠다고 나설 수는 없었다. 의정부는 고심 끝에 대군들의 준동을 방지할 장치를 단종 즉위교서에 집어넣었다. 분경(奔競) 금지 조항이었다. 분경은 인사권자를 찾아다니며 엽관 운동(獵官運動)을 하는 것을 뜻한다.

이조, 병조의 집정가(執政家)에 대한 분경 금지는 이미 분명한 법령이 있지만 의정부 대신과 귀근(貴近) 각처는 분경을 금하는 일이 없기 때문에, 무뢰배나 한가하고 잡다한 무리가 사적으로 가서 만나는 폐단이 매우 크니 앞으로는 이조, 병조 집정가의 예에 따라 시행하겠다.(《단종실록》즉위년 5월 18일)

문무관의 인사권이 있는 이조, 병조 벼슬아치에 대한 분경은 법으로 금지되어 있었다. 다만 의정부 대신들과 귀근 각처는 분경 대상에 들어가지 않았다. 귀근 각처는 바로 대군들을 뜻한다. 의정부 대신들은 자신들에 대한 분경을 금지시키면서 대군들도 함께 넣어 대군들, 특히 수양의 야욕을 제어하려 했다.

　분경을 가장 엄금한 임금은 태종이다. 태종은 문신은 사헌부, 무신은 삼군부(三軍府)의 아전을 시켜 이조, 병조 벼슬아치의 집을 지키게 하다가 방문자가 있으면 귀천(貴賤)과 까닭을 불문하고 무조건 체포해서 가두었다. 심지어 친척들을 방문했다가 갇히는 등 물의가 일자 태종은 5세(世) 내 친족의 출입은 허용하고 나머지 방문자는 모두 분경으로 간주해 금지시켰다. 이조와 병조의 인사권을 가진 벼슬아치는 다른 사람들과 접촉 자체를 하지 말라는 뜻이었다.

　조선의 법전인《속육전》은 종친들이 정사에 관여하는 것을 엄격하게 금지했으므로 대군들을 분경 금지 대상에 넣을 필요가 없었으나 굳이 집어넣은 것은 바로 수양대군 때문이었다. 의정부 대신들에 대한 분경을 금지하면서 대군들에 대한 분경도 함께 금지시켰으니 당연히 대군들이 반발하지 못할 것으로 예상했다. 그러나 수양대군 이유는 동생 안평대군과 함께 도승지 강맹경을 불러 의정부에 거세게 항의했다.

　"우리에게 분경하는 것을 금하니, 이것은 우리를 의심하는 것이다. 무슨 면목으로 세상에 행세하겠는가? 금상(今上)이 즉위한 처음에 첫머리로 종실(宗室)을 의심하여 금하고 막으니 영광스러운 소문을 선양하지 못하는 것 아닌가? 고립되어 도움이 없는 것 아닌가? 이것은 스

스로 우익(羽翼)을 자르는 것이다."《단종실록》즉위년 5월 19일)

수양이 왕위에 흑심이 없다면 분경을 금지하는 조처에 화를 낼 이유가 없었다. 대군들이 정사에 관여하는 것이 금지돼 있었으므로 분경을 금지한 것은 너무도 당연한 조처였다. 그러나 수양은 이를 용납할 수 없었다. 자신을 찾아오는 사람들을 막는다면 세력을 기를 수 없을 것이기에 도승지 강맹경을 불러 거세게 항의한 것이다.

"우리는 나라와 휴척(休戚: 안락과 근심)을 같이하니 감히 무관심하지 못하기 때문에 말한다. 우리가 이 위태하고 의심스러운 즈음을 당하여 마음과 힘을 다해 여러 대신과 함께 난국을 구제하려 했는데, 어찌 도리어 시기와 의심을 당할 것을 뜻하였으랴."《단종실록》즉위년 5월 19일)

수양이 강맹경을 불러 항의한 것은 의도적인 행동이었다. 문종의 병을 치료할 때 대신들을 배제하고 수양대군과 상의한 인물이 도승지 강맹경이다. 그를 통로로 삼아 의정부 대신들을 압박한 것이다. 과연 사태는 수양과 강맹경의 바람대로 흘러갔다. 영의정 황보인이 대군 집의 분경을 금지시킨 것은 사헌부라며 책임을 돌렸다. 영의정의 태도가 이러니 대군 집에 대한 분경 금지 조치는 철폐되고 다만 종부시(宗簿寺)에서 대군들의 집을 규찰하게 했다. 그러나 왕실의 족보인《선원보첩(璿源譜牒)》을 편찬하고 종실의 잘못을 규찰하는 종부시에서 국왕의 숙부들을 규찰할 수는 없었다. 대군들은 분경의 사각지대에 놓이게 되었다. 문종이 세상을 떠난 지 닷새 만인 단종 즉위년 5월 19일의 일이다.

불거지는 문종 사인 의혹

문종의 급서는 많은 의혹을 낳았다. 심지어 수양대군이 실권을 잡고 있을 때 편찬한《문종실록》의 사관들도 의혹을 제기했다.

유시(酉時: 오후 5~7시)에 임금이 강녕전에서 훙(薨)하시니, 춘추가 39세다. 이때 대궐 안팎이 서로 통하지 않는 가운데 오직 내의(內醫: 어의) 전순의, 변한산, 최읍(崔浥)만이 날마다 나아가 진찰했지만 모두 용렬한 의원(庸醫)들이어서 병세가 어떤지도 알지 못하면서 해롭지 않을 것이라고 여겨서 임금에게 활 쏘는 것을 구경하게 하고 사신에게 연회를 베풀게까지 했다.(《문종실록》2년 5월 14일)

"대궐 안팎이 서로 통하지 않았다"라는 말은 어의들과 의정부, 육조 대신들 사이에 의사소통이 원활하지 않았다는 뜻이다. 의정부와 육조 대신들은 문종의 병세가 얼마나 심각한지 알지 못했다. 종기는 절대 안정을 취해야 하기 때문에 대신들은 완쾌될 때까지 정사를 쉬라고 진언했는데, 어의 전순의는 "활 쏘는 것을 구경하게 하고, 사신들에게 연회를 베풀어도 좋다"라는 상반된 처방을 내렸다. 문종이 세상을 떠난 날《문종실록》은 전순의에 대해 이렇게 설명했다.

종기의 화종(化腫)이 흘러내리자 전순의 등이 은침(銀針)으로 종기를 따서 농즙을 두서너 홉쯤 짜냈다. 그 후 통증이 조금 가라앉자 전순의는 밖으로 나와 의기양양하게 "사나흘만 기다리면 병환이 완전히 나으실 것입니다"라고 말했다.(《문종실록》2년 5월 14일)

이렇듯 전순의는 항상 문종의 병이 "곧 나을 것이다"라고 말했다. 그래서 대신들은 문종의 환후를 직접 확인하지 않았다. 대신들이 문병하면 임금도 의관을 갖춰 입어야 하는 등 번거로울 것이라고 생각했기 때문이다.

의정부와 육조에서 날마다 임금의 안부를 물으면 전순의는, "임금의 옥체가 오늘은 어제보다 나으니 날마다 좋아지고 있습니다"라고 답했다.(《문종실록》2년 5월 14일)

문종이 세상을 떠난 날 아침에야 전순의 등은 느닷없이 임금이 위독하다고 했다. 세자가 당황한 것은 당연했다.

"나는 나이가 어려서 어떻게 해야 좋을지 알지 못하겠소."

전순의는 문종이 사망한 당일 아침 부랴부랴 종친 수양대군과 도승지 강맹경 등 일부만 사정전 남쪽 회랑으로 불러 뒤늦게 방서를 상고했다. 그러나 방서의 처방은 효과를 보지 못했고 문종은 세상을 뜨고 말았다. 《문종실록》의 사관들은 어의들과 대신들의 무능함을 함께 비판했다.

의정부의 대신들이 임금의 병환이 위급한 때를 당해서 의정부에 앉아서 사인(舍人: 의정부 4품 벼슬)을 시켜 문후(問候)했을 뿐, 한 번도 임금을 뵙고

병을 진찰하기를 청하지 않고 용렬한 의관(庸醫)에게만 맡겨놓았으니, 그때 사람들의 의논이 분개하고 한탄하였다.《문종실록》2년 5월 14일)

사관이 거듭 "용렬한 의원"이라고 비난했지만, 사실 전순의는 능력을 인정받은 어의였다. 문종 사후에도 마찬가지였다. 3년 후인 세조 1년(1455) 8월 수양대군이 즉위하는 데 공을 세운 공신들의 명단을 적은 맹족(盟簇)을 바치는 자리에서 세조는 동생인 임영대군 이구에게 장난삼아 이계전과 신숙주를 때리게 하면서 이렇게 말했다.

"내가 만약 손으로 때린다면 전순의, 임원준 같은 명의가 좌우에서 서로 교대로 구호해도 끝내 효험이 없을 것이다."

수양대군은 왕이 된 후 전순의를 명의의 대명사로 치켜올렸다. 그런데 전순의는 세종에게 처벌받은 적이 있었다. 세종은 세상을 떠나기 3개월 전인 재위 31년(1449) 12월 하연, 황보인, 정인지 등을 불러 전순의의 처벌을 의논했다.

"내의 노중례, 전순의 등은 동궁(문종)의 질병을 치료하는 데 삼가지 않았으니, 참상(參上) 이상의 직첩을 빼앗고 조교(助敎)로 삼는 것이 어떻겠느냐?"

조교는 고려 충렬왕이 재위 34년(1308) 고려의 내의원인 태의감(太醫監)을 사의서(司醫署)로 개편할 때 만든 최하위 종9품 관직이다. 조회에 참여할 수 있는 종6품 이상의 참상관(參上官)에서 종9품으로 좌천시켜야 한다는 말이었다. 세종의 말에 하연 등은 더 강하게 처벌해야 한다고 답했다.

"노중례와 전순의뿐만 아니라 나머지 의원들도 모두 다 직첩을 빼앗되 내의원에 근무하게 하다가 몇 달 지난 뒤에 특별히 은혜를 베푸실지 여부는 성상의 뜻에 달려 있을 뿐입니다."

종9품 조교가 아니라 직첩 자체를 빼앗자는 것이었다. "삼가지 않았다"는 말은 방서의 처방대로 치료하지 않았다는 뜻이다. 세종은 전순의의 세자 치료 방식에 문제가 있다고 보았지만 의도적이라고까지는 생각하지 않았다. 다음 달인 세종 32년(1450) 1월, 사헌부에서 노중례와 전순의 등을 내의원에서 내쫓자고 주청하자 거부한 것이 이를 증명해준다. 의학에 밝은 세종도 그 정도로밖에 생각할 수 없었다. 세자의 병을 치료하면서 일부러 방서대로 처방하지 않았다고 생각하기는 힘들었다. 그래서 전순의와 노중례는 종9품으로 강등된 채 내의원에서 근무하게 되었다. 일종의 근신이었다. 두 사람이 조교로 근무한지 석 달쯤 뒤인 재위 32년(1450) 2월 17일, 세종은 두 의원을 원직 복직시키지 않은 채 세상을 떠났다.

두 의원을 복직시킨 인물은 문종이다. 문종은 그해 4월 5일 전순의와 노중례의 고신(告身: 벼슬 임명 사령장)을 돌려주었다. 다음 날 사헌부 지평 이의문이 "지난번 임금(문종)의 옥체에 종기가 났을 때 의서를 상세히 참고하지 않아서 옥체가 위태로울 뻔했다"라면서 명을 거두어 달라고 요청했다. 방서대로 처방하지 않아서 옥체를 위험에 빠뜨렸던 인물이 내의원에 근무해서는 안 된다는 지적이었다.

그런데 세상을 떠나기 한 달 전인 재위 2년(1452) 4월 13일, 문종은 전순의에게 안마(鞍馬)를 하사했다. 세종과 신빈 김씨 사이에서 낳은 밀성군(密城君) 이침(李琛)의 병을 완쾌시킨 데 따른 포상이었다. 세종 12년(1430) 태어난 밀성군은 겨우 열세 살이었다. 어린아이의 병도 잘

고친 전순의가 유독 문종의 병을 치료하는 과정에서만 거듭 문제를 일으킨 것이다.

문종이 사망한 다음 날인 단종 즉위년(1452) 5월 15일, 대간에서 어의들에 대한 의혹을 제기하고 나섰다.

"대행대왕(大行大王: 문종)의 병이 심해져서 여러 신하들 중 근심하고 염려하지 않는 이가 없었는데, 내의 전순의와 변한산, 최읍 등이 모두 증세가 순하다고 했으니 국문하여 치죄하기를 청합니다."

문종의 와병 때 어의들의 대처는 어떻게 봐도 이해하기 힘들다. 단종은 도승지 강맹경에게 의정부에 가서 논의하게 했는데, 의정부 대신들의 말이 애매했다.

"전순의 등이 어찌 여기에 이를 것을 알았겠습니까. 다만 대간의 말도 마땅히 따라야 합니다."

전순의 등이 의도적으로 잘못 치료하지는 않았을 테지만 대간의 말도 따라야 한다는 모순된 답변이었다. 단종은 의금부에 전순의 등의 조사를 명했다. 의금부가 나서면서 일은 새로운 국면에 접어들었다. 사안이 국왕 의문사라는 중대사로 의금부의 수사는 엄중하게 진행됐다.

의금부에서 어의들의 사형을 주청하다

자신이 치료하던 임금이나 왕비가 세상을 떠날 경우, 어의들은 형식적인 처벌을 받았다. 잠시 근신에 처했다가 곧 풀어주는 식의 처벌이었다. 그러나 이번에는 달랐다. 의금부는 문종 치료 과정에 의혹이 있다고 판단했다.

"연전에 세종께서 편찮으실 때 대행대왕께서는 의정부 대신들과 자세히 의논한 후 약을 올렸습니다. 지금 이 의원들은 증세의 경중도 분명하게 말하지 않아서 대신들로 하여금 알지 못하게 했으며, 쓰는 약도 대신에게 물어보지 않았으니 죄가 막대합니다. 의정부에 내려서 의논하게 하소서."《단종실록》즉위년 5월 17일)

문종이 세자였던 시절 세종이 아팠을 때 의정부 대신들과 상세히 의논해서 약을 썼는데, 전순의 등이 대신들에게 상의하지 않고 독단적으로 치료했다는 지적이다. 어의로서 위험을 자초한 행위였다. 대신들과 상의할 경우 잘못되면 대신들이 같이 책임을 지게 되는데, 이를 무시하고 혼자 치료를 도맡았던 것이다. 의금부는 사흘 만에 수사 결과를 보고하면서 전순의 등의 처벌을 주청했다.

"전순의는 주범(首從)이니 중하게 처벌해 목을 베되 대시(待時: 춘분과 추분 사이를 피해 목을 베는 것)하고, 변한산과 최읍은 종범(隨從)이니 1등을 감하여 장 100대에 유배 3000리에 처하고, 전인귀(全仁貴) 등은 전대로 내의원에 나가게 하소서."《단종실록》즉위년 5월 18일)

조선의 형법 체계는 의금부나 사헌부 등 수사기관에서 수사한 뒤 그 결과를 사율원(司律院)에 보내면 사율원에서《속육전》이나《대명률(大明律)》등에서 관련 법 조항을 찾아서 조율했다. 전순의는 해당 법 조문을 검토한 결과 사형에 해당하니 만물이 생장하는 춘분과 추분 사이를 피해서 목을 베자고 했다. 변한산과 최읍은 종범이니 한 등급

감해 목숨은 건져주자고 건의했다. 전인귀는 의금부가 수사에 나서자 다급해진 전순의가 끌어들인 인물인데, 무죄로 판단했다.

단종은 전순의의 목을 베는 대신 전의감(典醫監) 청지기로 떨어뜨리고, 변한산과 최읍은 전의감 영사(令史: 아전)로 강등시켰다. 단종은 어의들이 일부러 부왕에 대한 치료를 소홀히 하지는 않았을 것이라는 의견을 내비쳤다. 이에 양사(兩司: 사헌부 · 사간원)가 즉각 항의했다.

"옛날 허(許)나라의 세자 지(止)가 상약(嘗藥: 약을 먼저 맛보는 것)하지 않자 《춘추》는 시역(弑逆: 임금을 죽인 것)의 죄를 가했습니다. 지금 전순의, 변한산, 최읍은 특별히 가벼운 법전을 따를 것이 아니니, 청컨대 율(律)에 의해 죄를 결단하소서."

전순의 등을 의금부의 보고대로 사형시키자는 건의였다. 의금부에서 사형시키자고 주청하고, 대간도 의금부의 수사 결과대로 처벌하자고 나서니 전순의가 무사하기는 쉽지 않았다. 이때 도승지 강맹경이 나섰다.

"어린 나이로 즉위하셨는데 대신들의 의논을 따르지 않고 자주 고치면 가벼워 보일까 두려우니 마땅히 언관(言官: 사헌부, 사간원의 관원)을 꾸짖어 보내야 합니다."

선왕의 죽음에 의혹이 있다는 양사의 언관(言官)을 꾸짖어야 한다는 주장이었다. 선왕의 급서에 의혹이 있으면 한 점 의혹 없이 파헤치자고 주장해야 할 도승지의 말이라기엔 이해하기 힘든 처사였다. 의정부 대신들도 '설마' 하면서 말했다.

"대저 죄를 다스리는 데는 반드시 그 정상을 낱낱이 캐어보아야 합니다. 전순의 등은 모두 용렬한 의원으로 정상을 참작할 여지가 없습니다. 옛날 세종 조에도 노중례를 다만 전의감 영사(令史)에 소속시켰습니다."

일부러 치료를 소홀히 한 것은 아닐 것이란 뜻이다. 세종은 재위 28년(1446) 4월 소헌왕후가 사망하자 치료를 맡은 노중례를 전의감 영사로 좌천시켰다. 그러나 이때 노중례가 받은 혐의는 소헌왕후의 병환 때 먼저 처방을 제시하지 않고 세종의 분부를 기다린 뒤에야 약을 썼다는 것이었다. 따라서 실제로 치료를 주도한 인물은 세종인 셈이었다. 그래서 세종은 강경하게 처벌하자는 대간들의 주장을 일축했다.

"대개 죽고 사는 것은 명(命)이 있으니, 어찌 한 의원이 능히 구제할 수 있겠느냐. 너희들은 다시 말하지 마라."

소헌왕후가 승하했을 때 어의 노중례와 문종이 승하했을 때 전순의의 태도는 이처럼 전혀 달랐다. 노중례는 세종의 분부가 있은 다음에야 약을 썼고, 전순의는 대신들에게 논의하지 않은 채 방서에도 없는 처방을 하다가 문종이 사망한 당일에야 뒤늦게 방서를 꺼내놓고 수양대군과 상의했다.

의정부 대신들이 노중례를 처리하는 데 있어 세종이 처리한 관례를 따르자고 주장함에 따라 단종은 전순의를 전의감의 청직(廳直: 청지기) 영사(令史)로 강등시켰다. 그리고 약 8개월 후인 재위 1년(1453) 1월 4일에 전순의와 변한산, 최읍을 모두 용서했다. 대간에서 거듭 반대했으나 듣지 않았다. 사헌부는 전순의 등이 복직하는 것은 문제가 있다고 생각해서 사건을 재수사하는 데 나섰다. 3개월 동안의 문종 치료 과정에서 불거진 의혹들을 하나하나 조사한 결과, 사헌부는 놀라운 사실을 밝혀냈다.

어린 임금 단종과 그의 숙부들   355

종기 환자에게 꿩 고기를 올린 어의

.

단종 1년(1453) 4월 27일, 사헌부는 놀라운 내용의 상소를 올렸다.

허리 위의 종기(腫氣)는 비록 보통 사람이라도 삼가고 조심하는 것이 마땅
한데, 하물며 임금이겠습니까? 종기에는 움직이는 것과 꿩 고기가 금기입
니다. 그러나 전순의는 문종께서 처음 종기가 났을 때 사신을 접대하게 하
고 관사(觀射: 활 쏘는 것을 구경하고 상을 주는 일)하게 하는 등 여러 운동을 다
해롭지 않다고 여겼습니다.(《단종실록》1년 4월 27일)

종기 환자에게 사신을 접대하고, 신하들의 활쏘기를 구경하게 하는
등 의학서와 다른 처방을 했다는 비난은 전에도 나왔지만 '꿩 고기'
이야기는 처음 나온 것이었다. 사헌부에서 새로운 혐의점을 발견한
것이다.

구운 꿩 고기를 기피하지 않고 올렸습니다.

꿩 고기와 종기는 상극이다. 꿩이나 닭, 오리 등은 껍질에 기름기가
많아서 종기 환자에게는 절대 처방할 수 없는 음식이다. 현대 한의학
자들은 이를 문종 독살의 증거로 보는 논문을 발표하기도 했다.(이종
호 · 안덕균, 〈문종의 문사에 관한 연구〉,《백산학보》67호, 2003)
꿩 고기가 종기에 금기인 것은 꿩이 먹이로 삼는 반하(半夏) 때문이

다. 반하생(半夏生)의 준말인 반하는 천남생과의 다년초로, 그 뿌리는 맵고 독성이 있지만 담(痰), 해수(咳嗽), 구토 등의 치료에 쓰인다. 그런데 4월경의 반하는 독성이 매우 강해서 건강한 사람도 한 숟갈만 먹으면 죽을 수도 있다. 민간에서도 이 시기의 꿩 고기는 피하는데, 투병 중인 문종에게 전순의가 반하를 먹은 꿩 고기를 올린 것이다. 겨울철에나 올려야 하는 꿩 고기를 4월에 올린 것은 고의가 아니면 있을 수 없는 처방이라고 사헌부는 지적했다. 문제는 여기에서 끝나지 않았다. 사헌부는 종기를 일찍 침으로 찌른 것도 문제라고 보고했다.

또 종기가 화농(化濃: 고름이 짙어짐)하면 침으로 찌를 수 있으나 화농하지 않으면 침으로 찌를 수 없는데도, 전순의가 침으로 찌르자고 아뢰어서 끝내 대고(大故: 죽음)에 이르게 했습니다.

종기가 화농되었을 때는 침을 써서 배농(排膿: 고름을 빼냄)시키지만 초기에 침을 쓰면 도리어 증상이 악화되고 염증이 심해지는데, 전순의는 화농되지 않은 종기에 고의적으로 침을 써서 증상을 악화시켰다는 지적이다. 환처에 강한 자극을 주면 증상이 악화되는 게 상례인데 전순의는 의학의 기초를 무시하면서까지 문종에게 이런 처방을 했다. 사헌부는 거듭 이 점을 지적하면서 문종의 사인에 의혹이 있다고 주장했다.

의원이 아니더라도 방서를 펴보면 일목요연하게 나오는데, 하물며 전순의는 의원으로서 어찌 이런 사실을 몰라서 계달하지 않았겠습니까? 이는 마땅히 극형에 처해야 하는데, 특별히 말감(末減: 가장 가벼운 형벌에 처함)하여 전의감 청직(廳直)으로 삼았다가 얼마 되지도 않아서 내의원에 출사하도록 허락하시니 심히 미편(未便)합니다.《단종실록》1년 4월 27일)

사헌부 관료들은 대부분 문과에 급제한 유학자들로, 의학에도 상당한 지식을 갖고 있었다. 전순의의 치료법이 의학서의 처방과 맞지 않는다는 사실쯤은 쉽게 알 수 있었다. 진상이 이렇다 보니 전순의가 치료 과정을 숨겼다고밖에 볼 수 없었다. 문종이 사망한 당일에야 부랴부랴 방서를 펼쳐든 것은 이런 의혹에서 벗어나기 위한 면피에 불과했다. 그러나 의정부 대신들은 여전히 전순의의 대처를 의도적 행위는 아니라고 보았다. 그래서 5월 1일 대사헌 기건(奇虔)이 다시 전순의의 처벌을 주장하고 나섰다.

"질병을 치료할 때는 마땅히 조심해야 합니다. 약이(藥餌: 약으로 쓰는 식물)는 반드시 금기가 있으니 치료를 잘못하고 금기를 범하면 그 병이 심해져서 마침내 구료할 수 없는 지경에 이르기 때문입니다."

대사헌 기건은 또한 전순의 등의 이해할 수 없는 치료 행태를 지적했다.

"전순의와 최읍, 변한산이 안으로 들어가 진찰하고 침으로 종기의 입구를 따고는 밖에 나와서 '임금의 옥체는 며칠 지나지 않아서 잘 회복될 것이다'라고 드러내어 말했습니다. 그래서 대소 신료들이 모두 기쁘게 여겼는데 갑자기 안가(晏駕: 임금의 죽음)하셨습니다."

대사헌 기건은 전순의 등의 혐의를 네 가지로 정리해서 처벌할 것을 요구했다.

"대저 독이 있는 종기는 처음에 미미하게 나타나지만 등에 있는 종기는 더욱 독이 있음을 모든 사람이 알고 있는데도 '해가 없다(罔害)'라고 말했으니 그 죄를 용서할 수 없는 첫 번째 이유입니다."

등에 종기가 나면 모두가 위험하게 생각하는데 전순의 등은 해가 없다고 단정 지었다는 비판이다.

"몸의 기운을 피곤하게 움직이는 것은 종기에서 가장 크게 금하는 것(大禁)인데, 이를 아뢰지 않았으니 이것이 그 죄를 용서할 수 없는 두 번째 이유입니다."

몸에 등창이 나면 움직이는 것을 피하고 안정을 취해야 하는데 거꾸로 몸을 움직이게 처방했다는 지적이다. 더 큰 문제는 꿩 고기를 진어한 것이었다.

"식물(食物)의 성질은 반드시 병에 서로 상반되는 것이 있어서 해로운 것이 있는데, 꿩 고기 같은 것은 등창에서 대기(大忌)로 치는데도 날마다 꿩 구이를 드렸으니 그 죄를 용서할 수 없는 세 번째 이유입니다."

등창에 꿩 고기가 금기라는 것은 비단 의원이 아니더라도 다 아는 상식이었다. 그런데 명의라는 전순의가 이를 무시하고 '날마다' 꿩고기를 올렸으니 의혹이 제기될 수밖에 없었다. 종기 환자에게 매일 약(藥) 대신 독(毒)을 처방한 셈이었다. 의도가 있지 않고는 불가능한 처방이었다.

"등창과 관련해서는 화농하여 터지는 것을 귀하게 여기는데 화농되기도 전에 침으로 찔러서 그 독을 더하였으니 그 죄를 용서할 수 없는 네 번째 이유입니다."

사헌부에서 네 가지로 정리한 전순의 등의 치료 행위는 누가 보더라도 이해할 수 없는 것이었다. 의원으로서 해서는 안 되는 일만 골라서 한 셈이었다. 그래서 사헌부는 강경한 처벌을 주장했다.

"이들은 모두 방서의 경계함을 감히 어기고 군상의 병을 경솔하게 다루었으니, 비록 백번 사면을 만나더라도 반드시 목을 베어야 할(伏誅) 죄입니다."

의정부에서 전순의 등이 용렬하기 때문에 그런 것이지 일부러 한 것은 아닐 것이라고 주장하자 사헌부는 반박했다.

"'전순의 등의 의술이 원래 용렬하기 때문이지 무슨 정상(情狀)이 있겠는가?'라면서 그 죄를 용서해야 한다고 말합니다. 만약 의술이 용졸(庸拙)하다면 방서를 삼가 지켜야 하는데 방서의 처방을 어기고 금기를 범해 이 지경에 이르렀습니다. 만약 털끝만큼의 정상이라도 있다면 마땅히 일족(一族)에게 모두 주벌을 가하는 것이 마땅하지 어찌 그 한 몸에만 그치겠습니까? 이런 죄는 시대의 고금을 가릴 것이 없고, 그 몸의 살고 죽은 것도 가릴 것 없이 왕법(王法)에 따라 마땅히 베어야 합니다."

만약 불순한 의도가 있다는 증거를 찾았다면 온 가족을 사형시켜야 한다고 주청하지 어찌 전순의 한 명에 그치겠느냐는 논리다. 증거를 찾기 위해선 의정부에서 적극 나서야 했다. '전순의 → 강맹경 → 수양대군'으로 이어지는 치료 과정의 문제점은 의정부가 단종의 명을 받아내야만 밝혀낼 수 있는 문제였다. 사헌부에서 물증 없이 수양대군이나 강맹경을 무작정 거론할 수는 없었다. 사헌부는 전순의가 아무런 의도가 없었다고 극구 변명하지만 왜 종기에 금기인 꿩 고기를 매일 올렸는지에 대해 설명하지 못한다는 점에 주목했다. 그래서 의도적이라는 물증은 확보하지 못했지만 왕법에 따라 마땅히 베어야 한다고 주장한 것이다.

사헌부에서 거듭 전순의 등의 처벌을 요구하자 단종은 전순의를 내의원에 출사하지 못하게 내쫓았다. 그러나 이 가벼운 견책에 반대하는 대신이 있었다. 의정부 우참찬(右參贊) 이사철이었다.

"전순의는 재주가 본래 용렬할 뿐이지 정상(情狀)이 있지 아니합니다. 만약 털끝 하나만 한 정상이라도 있다면 어찌 전순의를 아끼겠습니까? 또 그때 이미 죄를 정하였으니, 추론(追論)하는 것이 불가합니다."(《단종실록》 1년 5월 12일)

의심스러운 정상이 너무나 많았지만 이사철은 모두 무시한 채 전순의가 용렬하기 때문이라고 옹호했다. 추론하는 것이 불가하다는 말은 계속 내의원에 근무하도록 하자는 뜻이었다. 용렬하기 때문에 내의원에서 근무하도록 하자는 주장이니 논리적으로 모순이었다.

이때가 단종 1년(1453) 5월 12일, 수양대군이 황보인과 김종서 등을 제거하고 정권을 잡는 계유정난이 발생하기 5개월 전이다. 이 사건으로 의정부의 영의정 황보인, 좌의정 김종서, 우의정 정분은 모두 수양대군에게 죽임을 당했지만 우참찬 이사철은 수양대군 측에 가담해 정난(靖難) 일등공신에 책록되고 견성군(甄城君)에 봉해졌다.

사헌부 지평 유성원이 우참찬 이사철의 주장을 반박하고 나섰다.

"전순의가 용졸하고 의술이 정밀하지 못해서 이 지경에 이른 것이라고 말하는데, 의술이 용졸하다면 당연히 임금을 보좌하는 신하들에게 널리 알려 의논하고 방서의 처방을 삼가 지켜야 합니다. 그런데 전순의는 그렇게 하지 않고 금기를 피하지 않았을 뿐만 아니라 해로울 것이 없다고 해서 대고(大故: 죽음)에 이르게 했으니 그 죄는 죽여도 용납할 수 없습니다."《단종실록》1년 5월 15일)

정상적인 시각으로 보면 방서대로 처방하지 않은 전순의의 죄는 "죽여도 용납할 수 없는" 것이었다. 훗날 사육신의 한 명이 되는 유성원은 5월 24일 전순의를 처벌할 것을 다시 주장했다.

"전순의의 죄가 사형에 해당하는 이유가 네 가지임을 극진하게 말씀드리니 성상께서 내약방(內藥房)에 출사하지 말도록 명하셨습니다. 그러나 전순의의 죄는 그 한 몸에 그치는 것이 아니라 종사와 국가에 관계 있는 것이니 성상께서 잠심(潛心: 고요히 생각함)하여 생각하시면 알 수 있을 것입니다. 만약 이미 '대사령(大赦令)이 내렸으므로 죄를 추론할 수 없다'고 여기신다면 마땅히 가산을 적몰하고 처자를 영원히 관노로 삼아서 신민들의 소망을 시원하게 하소서."

유성원은 이때 전순의의 처벌을 주장하면서 수양대군의 행태도 지적했다. 수양대군은 단종이 즉위한 직후 자청해서 명나라에 사신으로 다녀왔는데, 그를 따라갔던 수종인들이 모두 가자(加資: 품계가 올라가는 것)됐다. 그런데 누가 단종에게 수종인들의 가자를 요구했는지 알 수 없었다. 유성원은 바로 이 부분을 지적했다.

"수양대군의 수종인에게 가자한 일에 대해 신 등은 처음에 '수양대군이 계청한 것'이라고 생각했으나 성상께서 하교하시기를 '숙부가 만 리 길을 무사히 돌아온 것이 기뻐서 특별히 수종한 사람에게 상을 준 것이지 숙부가 아뢰었기 때문이 아니다'라고 하였습니다. 신 등이 생각하기에 대군이 아뢰지 않았다면 반드시 아뢴 자가 있을 것이니, 그렇게 한 자를 알려고 하는 것입니다"《단종실록》1년 5월 24일)

유성원은 이 문제를 심각하게 보았다. 문종이 급서하고 수양이 사신을 자청한 것도 그렇고, 그 수종인들을 가자한 것도 그랬다. 이는 분명히 자기 세력을 기르기 위한 것인데, 가자를 주청한 자가 따로 있다면 단종이 아니라 수양대군에게 잘 보이려는 것이니 이는 곧 장심(將心: 역심)이었다.

"지금 전하께서 나이가 어려서 무릇 크고 작은 일을 모두 아랫사람에게 물으시는데, 어찌 이 일만은 아랫사람에게 묻지 않으셨습니까? 이를 아뢴 자가 정원(政院: 승정원)이 아니면 반드시 대신일 것이요, 대신이 아니면 반드시 이조일 것이니, 진실로 이 중에 하나가 있을 것이 당연합니다. 만약 종친(宗親: 수양대군)에게 아부하기 위해 교묘하게 아뢰어서 가자했다면 그 죄가 심히 큽니다. 인신(人臣: 신하)이 비록 만 리를 가더라도 그것은 직분상 당연한 일인데 그를 이유로 어찌 상을 주겠습니까?"

유성원은 수양대군을 둘러싸고 조정에 불순한 움직임이 이는 것을 크게 우려했다. 이름을 적시하지 않았지만 가자를 요청한 자가 승정원 소속이라면 강맹경이고, 의정부 소속이라면 이사철이 분명하다고 생각했다.

유성원의 지적에 시독관(侍讀官) 성삼문이 찬동을 표시하고 나섰다.

"옛날 송나라 부필(富弼)이 거란(契丹)에 사신으로 갔다가 돌아오자 (송 인종이) 관작을 더하는 상을 주었으나 부필이 굳이 사양하자 이를 따랐고, 또 사마온공(司馬溫公: 사마광)도 관직을 제수받고 여러 번 사양하여 면직되었습니다."

성삼문도 수양대군이 가자 등의 방법으로 세를 모으고 있다고 생각한 것이다. 이 무렵 수양대군은 자신을 따르는 사람들에게 상을 주는 방법으로 세를 모으고 있었다. 수양대군은 역대 전쟁사를 정리한 《역대병요(歷代兵要)》를 편찬하면서 함께 일한 사람들의 벼슬을 올려줄 것을 주청해서 관철시킨 적도 있었다. 그런데 이때 편찬에 관여한 하위지는 승진을 거부하면서 면직시켜달라고 요청했다. 함께 가자된 성삼문도 《역대병요》 수찬에 참여했다고 특별히 한 자급(資級)을 더하여 주시니, 신은 놀라고 부끄러움을 이기지 못하겠습니다"라면서 가자를 거부했다.

성삼문, 유성원이 공동으로 아뢰었다.

"대저 관작의 승진은 사람들이 모두 바라는 바인데도 이렇게 굳게 사양하는 것은 일이 아래에서 나와 의리상 받기가 부당하기 때문 아니겠습니까?"《단종실록》 1년 5월 24일)

지금의 승진은 임금이 아니라 신하인 수양대군이 준 것이기 때문에 거부한다는 뜻이었다. 유성원, 성삼문, 하위지는 훗날 사육신 사건 때 함께 거사했다. 이때 의정부 대신들이 이들의 주장에 동조해 문종의 사인(死因)을 재조사하고 수양대군의 월권을 제어하면서 조정의 기강 잡기에 나섰더라면 역사는 달라질 수도 있었다.

사헌부 지평 유성원의 주장에 따라 수양대군을 따라갔던 수종인들에 대한 가자가 취소되었다가 다음 달 다시 가자하라는 명령이 내려왔다. 사간원에서 이를 따졌다.

"작명(爵命: 벼슬을 주는 것)은 임금의 중대한 일인데 언관(言官)에게 이미 허락했다가 갑자기 또 중간에 변경하시는 것은 불가하지 않겠습니까?"《단종실록》 1년 6월 10일)

    사헌부에서도 부당하다고 아뢰었지만 단종은 허락하지 않았다. 의정부 대신들은 수수방관했다.

    단종은 재위 1년(1453) 6월 23일 김종서에게 궤장(几杖)을 내려주었다. 조선의 법전인 《육전》에 따라 나이 많은 대신에게 검은 지팡이인 오장(烏杖)과 안석(案席)을 내려준 것이다. 이 무렵 영의정 황보인은 와병 중이어서 단종은 재위 1년 6월 30일 내의 박종의(朴從義)를 황보인의 집에 보내 진료하게 하고 말린 고기를 내려주었다. 황보인은 수양대군의 야심을 그리 심각하게 보지 않았다.

    이보다 앞서 국가에서 의논할 일이 있어도 황보인은 사양하면서 말했다.

"영의정은 손님이오."

황보인은 김종서에게 미루었기 때문에 김종서가 혼자 앉아 국사를 처리할 때가 많았다.(《단종실록》1년 8월 8일)

황보인은 황희처럼 양보를 영의정의 미덕으로 삼았다. 그러나 황희가 영의정이었을 당시는 세종이 직접 친정하던 때로, 아무도 왕권을 위협하지 않았다. 그러나 이때는 달랐다. 임금은 겨우 열세 살이고, 장성한 숙부 수양이 왕위에 눈독을 들이고 있었다. 의정부 대신들은 왕위에 대한 위협을 한 치의 의혹도 없게 미리 조처해야 했다. 그러나 의정부 대신들은 '설마' 하고 있었다. 그사이 전순의는 내의원에서 쫓겨나는 것으로 처벌이 마무리되고, 수양은 계속 사람들을 불러 모아 세를 불렸다.

계유정난, 단종이 무력화되다

풍수로 수양에게 맞서는 사람들

이 무렵 국가의 제사에 쓰는 곡식과 술 등을 관장하던 전농시(典農寺)에 목효지(睦孝智)란 종이 있었다. 한 눈이 멀었지만 풍수에 능했던 인물이다. 세종 23년(1441) 현덕왕후 권씨가 단종을 낳고 산후통으로 사흘 만에 사망했을 때였다. 이름난 풍수가 최양선이 권씨의 장지를 선정했는데, 산가(山家: 풍수가)에서 꺼리는 바닷가 안산 고읍이었다. 목효지가 세종에게 상소를 올려 문제를 제기했다.

그 산은 내룡(來龍)이 얕고 약하며, 길 때문에 끊어진 곳이 10여 군데나 됩니다. (중략) 내룡이 악(惡)하고 약(弱)하면 낳은 아이가 녹아버립니다. (중

략) 장자나 장손이 일찍 죽는 악지(惡地)이니 다른 길지로 이장해야 합니다.《세종실록》23년 8월 25일)

　권씨의 장지는 권씨가 낳은 아이(단종)를 녹여버릴 악지라고 지적한 것이다. 장손이 일찍 죽을지도 모른다는 말에 세종은 풍수에 밝은 신하들에게 재조사시켰다. 그런데 이를 주도한 인물이 수양대군(당시 진양대군)이었다. 수양은 목효지의 말이 근거가 없다고 비난했지만, 관노 목효지는 왕자에게 맞서 자신의 견해를 굽히지 않았다. 세종은 재차 조사를 시켰다. 권씨의 능은 그 자리는 그대로 쓰되 장혈(葬穴: 시신이 놓이는 자리)의 위치를 조금 바꾸는 것으로 결정됐다.

　목효지는 문종의 능 자리도 문제가 있다고 보았다. 그러나 일개 관노로서 풍수에 대한 자신의 의견을 단종에게 전하기란 쉽지 않은 일이었다. 하지만 목효지는 단종에게 겨우 작은 쪽지를 건네는 데 성공했다. 단종은 쪽지의 내용을 보고 깜짝 놀랐다. 문종 능의 위치가 정룡(正龍), 정혈(正穴)이 아니라는 내용이었기 때문이다. 정룡, 정혈이 아닌 곳에 무덤을 쓰면 장자나 장손이 잘못된다는 것은 풍수가의 상식이다. 문종의 장남인 자신이 잘못될 수도 있다는 뜻이라 단종은 그 쪽지를 도승지 강맹경에게 보였다. 강맹경은 즉각 목효지의 견해를 비판했다.

　"전일에 신이 대군 및 여러 대신들과 더불어 살펴 정했는데, 신이 비록 풍수의 이치는 잘 알지 못하나, 형세를 보면 해됨이 없을 것 같습니다."

　강맹경이 말한 대신은 수양대군이다. '강맹경 → 수양대군'이란 짝

이 다시 움직인 것이다. 단종은 강맹경의 말을 무작정 따를 순 없다고 생각해서 의정부 대신들에게 의논하게 했다. 다급해진 수양대군이 영의정 황보인에게 말했다.

"이번 산릉은 조정의 여러 대신들이 의논하여 살펴 정했는데, 어찌 공을 바라는 한 소인의 사설(邪說)을 듣고 경솔하게 다시 의논하겠소."

자신이 정한 능지를 그대로 쓰자는 말이었다. 황보인은 다른 문제는 몰라도 선왕의 장지 문제는 함부로 정할 수 없다고 생각했다.

"대군의 말이 옳지만 이런 의논은 철저하게 분변해야 합니다."

그래서 풍수에 능통한 문신 이현로(李賢老), 윤통(尹統) 등 10여 명을 목효지에게 보내 묻게 했다.

"네가 말하는 길지는 어디인가?"

"마전현 북쪽과 장단현 북쪽이 낫습니다."

이현로 등의 보고를 들은 단종은 길지라는 곳을 가서 살펴볼 것인가를 의논하게 했다. 수양대군이 다시 강하게 반대하고 나섰다.

"지금 혹시 새 능을 쓸 수 없다면 마땅히 가서 살펴야 하지만, 목효지의 말이 근거가 없고 새 능이 길하다면 무엇 때문에 번거롭게 가서 살펴보겠습니까?"

수양은 목효지를 강하게 비난했다.

"목효지는 한 눈이 멀었으니 지리가(地理家: 풍수지리)에서 꺼리는 자입니다. 세종께서 이미 내치셨는데 목효지가 몰래 가서 새 능 자리를 본 것은 국가를 위하여 길한 조역(兆域: 묘지)을 잡으려는 것이 아니라 다른 사람을 훼방하고 자기를 팔아서 혹 쓰일 것을 바라거나 공을 자랑해서 천인에서 면할 것을 바라는 것입니다. 먼저 이익을 꾀하는 마음을 품었으니 어찌 일이 바르게 되겠습니까? 감히 작은 편지로써 연줄을 타고 계달(啓達)했으니 불경함이 더 클 수 없으므로 마땅히 국문하여 치죄해야 합니다."《단종실록》 즉위년 6월 6일)

수양이 직접 반발하자 단종은 더 이상 조사하는 것을 멈추고 목효지 문제를 형조에 일임했다. 목효지는 형조의 엄한 국문을 받았으나 죽일 만한 죄상을 찾을 수 없었다.

"목효지는 계통이 천한 데다 눈이 멀었으므로 풍수학에서 쫓겨났는데, 다시 쓰이기를 꾀하여 사사롭게 글을 올렸으니 죄가 장 100대에 영구히 황해도의 잔폐한 역참(驛站)의 전운노(轉運奴)로 예속시켜야 합니다."

하지만 단종은 목효지가 잘못이 없다는 사실을 알고 있었다. 그래서 황해도가 아닌 경기 안성참 서리(胥吏)로 근속하게 형을 감해주었고, 넉 달 후인 즉위년 윤9월에는 안성참의 서리에서 석방시켜주었다.

문제는 단종의 모친 권씨의 능처럼 문종의 능도 수양대군이 간택한 대로 결정되었다는 점이다. 그런데 수양대군이 간택한 땅을 9척쯤 파니 물이 솟아 나왔다. 목효지의 말이 맞았음이 입증된 것이다. 수양이 당초 문종의 현릉 자리로 삼은 곳은 세종의 영릉 우강(右岡: 오른쪽 언덕)이었다. 이 자리가 문제가 되자 태조 이성계의 건원릉(健元陵) 동쪽 언덕인 동강(東岡)으로 결정했는데, 이 역시 "세조(수양)가 손수 장서(葬書)를 쥐고 혼자서 가부를 독단했다"《단종실록》, 즉위년 7월 25일)라는 기록처럼 수양이 결정했다.

이때 병조판서 겸 풍수학 제조 정인지가 무조건 수양의 편을 들고 나섰다. 영의정 황보인은 도승지 강맹경을 돌아보고 정인지를 가리키며 비밀리에 말했다.

"정인지는 참으로 가소로운 사람이다."

《단종실록》의 사관은 "대개 정인지는 헌릉의 남쪽에서 물이 솟아나오는데도 수원(水源: 물이 나오는 샘)이 없으므로 장차 염려할 것이 없다면서 여러 사람의 의견을 배격하고 이곳을 사용하려 했으므로 이런 말을 한 것이다"(《단종실록》 즉위년 7월 25일)라고 비판했다. 정인지는 헌릉이든 영릉이든 무조건 수양이 정하는 대로 따라갔다는 말로, 수양쪽 시각에서 쓴 《단종실록》의 사관마저도 비난할 정도였다.

목효지처럼 풍수를 가지고 수양대군에게 맞선 사대부로 이현로가 있다. 단종 즉위년 윤9월 수양이 이현로를 구타하는 사건이 발생했다. 이현로 역시 유명한 감여가(堪輿家: 풍수가)인데, 경복궁의 위치를 가지고 수양의 야심을 막으려 했다.

이현로는 이렇게 말했다.

"백악산(白嶽山) 뒤에 궁을 짓지 않으면 정룡(正龍: 종손)이 쇠하고 방룡(傍龍: 지손)이 일어날 것이다. 태종과 세종은 모두 방룡으로서 임금이 되셨고, 문종은 정룡이라서 일찍 세상을 떠나셨다."(《단종실록》 즉위년 윤9월 8일)

경복궁을 명당으로 볼 경우, 서쪽 북한산(삼각산)은 험준한 반면 동쪽 낙산(駱山)은 낮았다. 이 경우 장자나 장손이 잘되지 않고 장손 외의 지손이 잘된다는 지적이다. 이현로의 말대로 백악산 뒤에 궁을 지으면 풍수상 방룡인 수양은 국왕이 될 수 없었다. 그래서 화가 난 수양이 이현로를 구타했던 것이다. 항상 처신을 조심해야 하는 대군이 벼슬아치를 구타한 것은 큰 사건이어서 장안이 떠들썩해졌다. 단종이 이 사건을 의정부에서 의논하게 하자 도승지 강맹경은 이현로를 먼 지방으로 유배시키려고 하였다. 그러나 영의정 황보인, 좌의정 김종서 등이 구타당한 사람을 처벌하는 것은 국법에 어긋난다고 지적하며 만류했다.

사간원에서 단종에게 아뢰었다.

"수양대군이 조사(朝士)를 마음대로 매질했습니다."

단종이 강맹경을 시켜 수양에게 이런 사실을 통보하자 수양은 격렬한 반응을 보였다.

"나는 충신(忠臣)이다. 반드시 사직(社稷)을 위해 죽겠다."

이현로를 구타한 것이 어떻게 나라에 대한 충성이 되고, 사직을 위해 죽는 것이 되는지는 설명하지 않았다. 황보인은 사태를 수습하기 위해 수양에게 사적으로 권했다.

"조관을 매질하고 욕보인 것 때문에 이목이 놀랐으니 모름지기 술에 취해서 잘못한 것이라고 아뢰시오."

그러나 수양은 이현로는 물론 단종에게도 사과하지 않았고, 단종과 의정부는 미래의 불행한 사건을 예견한 목효지와 이현로의 경고를 주의 깊게 생각하지 않았다. 전순의의 치료 과정을 문제 삼으려던 의금부와 사헌부의 노력과 수양의 불법적인 정사 관여를 막으려던 유성원, 성삼문, 하위지 등의 노력과 풍수로 수양의 즉위를 막으려던 목효지, 이현로의 노력은 모두 허사로 돌아가고 말았다. 이런 가운데 수양은 오래 지체하지 말고 전격적으로 거사를 일으켜야겠다고 결심하게 되었다.

계유정난이란 쿠데타

단종 1년(1453) 10월 10일 새벽, 수양대군은 권람(權擥)과 한명회(韓明澮) 등을 집으로 불러 비장하게 말했다.

"김종서가 먼저 알면 일은 성사되지 못할 것이다."

김종서를 먼저 제거하겠다는 뜻이었다. 단종을 무력화시키기 위해 거사하겠다는 뜻이기도 했다. 이날 수양은 그간 양성한 수십 명의 무사들을 자신의 집 후원(後苑) 송정(松亭)으로 불러 술과 고기를 내놓고 활을 쏘며 먹고 마시게 했다. 예전에도 있었던 일이므로 무사들은 마음껏 활을 쏘고 술과 고기를 즐겼다. 저녁 무렵, 수양이 후원에 나타나 무사들을 불러 모았다.

"오늘은 충신열사가 대의에 분발하여 죽기를 다할 날이다. 내가 김종서 등을 베어 없애서 종사를 편안히 하고자 하는데 그대들은 어떠한가?"

무사들은 깜짝 놀랐다. 송석손(宋碩孫), 유형(柳亨) 등이 수양에게 건의했다.

"마땅히 조정에 먼저 아뢰어야 합니다."

이는 우리가 역적이니 죽여달라는 말과 마찬가지였다. 수양이 온갖 공을 들여 키운 무사들에게조차 수양의 '대의'는 '역심(逆心)'에 불과했다. 《단종실록》은 수양의 말을 듣고 "북문 쪽으로 도망가는 자도 있었다"라고 했다.

무사들의 반응에 다급해진 수양이 한명회에게 달려가 물었다.

"대다수 사람이 불가하게 여기니, 장차 어떤 계교가 좋겠는가?"

"길가에 집을 지으면 3년이 지나도 완성할 수 없습니다. 비록 지금 의논이 통일되지 않더라도 그만둘 수 있겠습니까?"

길가에 집을 지으면 오가는 사람들의 참견 때문에 완성하기 어렵다는 뜻이다. 홍윤성(洪允成)도 마찬가지로 결행을 촉구했다.

"군사를 쓰는 데 이럴까 저럴까 결단 못 하는 것이 가장 큰 해(害)입니다."

수양의 부인 윤씨가 갑옷을 갖다 입히자 수양은 무사 양정(楊汀)과 가동 임어을운(林於乙云) 등을 거느리고 김종서의 집으로 향했다. 대군이 찾아왔다는 말에 김종서는 경계하면서 나와 맞았다. 수양은 의외의 부탁을 했다.

"정승의 사모(紗帽) 뿔을 빌립시다."

관모에 쓰는 사모 뿔이 떨어졌다는 말에 김종서는 자신의 뿔을 빼어주었다. 김종서가 약간 안심하는 듯하자 수양이 말했다.

"청을 드리는 편지가 있습니다."

김종서가 달빛에 편지를 비춰 보는 순간 수양이 곁의 가동 임어을운에게 신호를 보냈다. 임어을운은 철퇴로 김종서를 내려쳤다. 김종서의 아들 김승규(金承珪)가 자신의 몸으로 덮어 아버지를 보호하려 하자 양정이 칼로 찔렀다. 계유정난이라 불린 쿠데타의 시작이었다. 김종서만 제거하면 승리할 수 있다고 보고 선제공격한 것이다.

김종서는 허무하게 무너졌다. 김종서가 죽은 후 그 손녀가 말했다.

"적(賊)이 늘 이런 일을 꾀하리라 보고 매양 날이 저물면 무거운 갑옷을 입고 동산을 오르내리셨구나!"

김종서의 아들 김승규의 부인도 이런 말을 했다.

"매양 담을 넘을 수 있는가 시험하더니, 이제 이렇게 되었구나!"

《단종실록》의 사관은 김종서의 손녀와 김승규 부인의 말을 "욕하는 말(罵日)"이라고 비난했다. 수양이 쿠데타를 일으킬 줄 예견했다는 말이기 때문이다. 김종서의 늙은 첩도 이렇게 말했다.

"부자가 외롭게 함께 꾀하고 의논하기를 7~8일 동안 계속하더니, 죽임을 당하였구나!"《단종실록》1년 10월 10일)

김종서 부자는 수양의 야심을 눈치챘지만 왕자를 선제공격할 수는 없었다. 수양이 무뢰배를 끌어모을 때 역모로 몰아 제거하지 못한 것이 자신과 가문뿐만 아니라 나라의 비극으로 돌아온 것이다.

김종서는 스물세 살 때인 태종 5년(1405) 과거에 급제해 일흔한 살인 단종 1년(1453)까지 48년 동안 네 조정을 모신 노신(老臣)이다. 문신으로 출발했지만 세종은 그에게 무장의 자질이 있음을 알아보고 함길도 도관찰사로 삼아 육진을 개척하고 조선의 북방 강역을 두만강 북쪽 700리 공험진으로 확정하게 했다. 또한 충청 · 전라 · 경상 3도 도순찰사로 삼아 군마 기를 곳을 찾아보게 했다. 문종 때는 지춘추관사로서 《고려사》와 《고려사절요(高麗史節要)》를 편찬했고, 《세종실록》의 감수도 맡았다. 정승이지만 늘 겸손하게 처신했으며 권력을 남용하지 않았다. 만약 수양이 쿠데타를 일으켜 다시 공신 집단을 형성하지 않았더라면 조선은 권력형 부정부패를 찾기 힘든 깨끗한 나라, 위로는 영의정부터 아래로는 노비들까지 만백성이 모두 법 아래 존재하는 법치국가가 되었을지도 모른다.

김종서를 제거하는 데 성공한 수양은 대궐로 향했다. 《단종실록》은

단종을 지키다 비운의 죽음을 맞이한 충신. 《고려사》 편찬부터 북방개척까지 문무 양쪽에서 큰 업적을
세웠다. 묘는 세종시에 위치해 있다.

이때 "노산군이 환관 엄자치(嚴自治)에게 명해 궁중의 술과 음식을 내
려 세조(수양) 이하 여러 재상을 먹였다"라고 전한다. 마치 단종이 수
양의 쿠데타를 지지한 것처럼 기술한 것이다. 그러나 선조 때의 문신
이정형이 왕실의 이야기를 기록한 《본조선원보록》은 전혀 다르게 기
록했다.

숙부는 나를 살려주시오.

단종이 두려워 떨면서 수양의 협박을 따랐다는 것이다. 수양은 단

종을 협박해 대신들을 부르는 명패(命牌)를 내렸다. 대신들을 부르러 사람들이 떠나자 수양은 각 문에 역사들을 배치했다.《본조선원보록》은 이때의 정경을 생생하게 전한다.

한명회가《생살부(生殺簿)》를 들고 문 곁에 앉아 있다가 〈사부(死簿)〉에 오른 대신들을 무사(武士)들에게 때려죽이게 했다.

아무 관직도 없는 한명회가 대신들을 때려죽이는 초법적 권한을 쥐게 된 것이다.

영의정 황보인이 단종이 부른다는 명패를 받고 대궐로 향했다. 도중에 지인(知人)이 김종서의 죽음을 고하자 황보인이 의정부 정4품 사인(舍人) 이예장(李禮長)의 손을 잡고 말했다.

"나의 후사(後事)를 보호해주게."

이예장이 수양대군 편에 섰다는 사실을 알고 한 말이지만, 그가 황보인 같은 거물의 후사를 보호할 힘이 있을 리 없었다. 황보인은 명패를 받고 입궐했다가 죽임을 당했고, 우찬성 이양, 병조판서 조극관(趙克寬) 등도 명패를 받고 입궐했다가 죽임을 당했다. 윤처공(尹處恭), 조번(趙藩), 원구(元矩) 등은 집으로 쳐들어온 역사(力士)들에게 살해되었다. 국법상 아무런 죄가 없었는데도 수양의 즉위를 반대할 것이라는 심증만으로 죽인 것이다.

다음 날 수양은 영의정부사·영경영서운관사·겸판이병조사(領議政府事領經筵書雲觀事兼判吏兵曹事)라는 긴 관직을 차지했다. 혼자서 영의정과 이조, 병조를 모두 차지했으니 '왕'이란 말만 빠졌지 사실상 임금이나 다름없었다. 수양은 퇴궐하지 않고 종친들에 대한 사무를 맡아보는 종친청(宗親廳)에서 숙직했는데, 단종이 표범의 털가죽으로 된 담요인 표피요(豹皮褥)를 내려주었다. 단종은 자신의 운명이 수양에게 달려 있음을 잘 알고 있었다.

수양 측은 단종 편에 선 인사들에 대한 치죄를 계속했다. 그 핵심 인물이 수양의 친동생 안평대군 이용이었다. 《단종실록》은 안평대군이 김종서와 결탁해 모반을 일으키려 했다고 비난했지만, 이는 안평대군이 김종서 등과 손잡고 수양을 견제했음을 말해주는 것에 불과하다. 《단종실록》은 계유정난이 일어나기 약 5개월 전인 단종 1년(1453) 4월 27일, 김종서가 충청도의 경력(經歷: 종4품직)으로 가는 정자양(鄭自洋)에게 이렇게 말했다고 전한다.

안평대군이 나를 매우 깊게 사랑해서 내가 계획한 바는 모두 따른다. 지금 마포에 계신 것은 좋은 방책인데, 이 또한 내가 헌의(獻議)한 것이다.

《단종실록》은 "이용(안평대군)이 마포에 있으니 김종서가 밤을 틈타서 그 집 뒤의 서쪽 고개로 내왕했고, 이용도 밤을 틈타서 왕래했으며, 김승규와 원구도 밤마다 마포에 가서 자지 않은 적이 없었다"라고 비난했다. 안평대군과 김종서가 결탁해서 모반을 일으켰다는 《단종실록》의 기록은 대부분 이런 식으로 구체적인 행적이 없다. 수양 측에서 안평대군을 극도로 증오한 것은 그가 대신들과 손잡고 단종을 보호하려 했기 때문이다. 그래서 계유정난 이후 수양 측은 안평대군을 제거하는 데 심혈을 기울였다.

계유정난이 일어난 지 일주일 후인 10월 16일, 의금부에서 백호(百戶: 100명을 거느리는 무관)를 강화도, 수원 관할의 광덕과 전의와 공주에 보내야 한다고 주청했다. 박금(朴金), 영기(永己), 군생(軍生) 등이 안평대군이 유배 간 강화도로 따라갔으니 잡아와야 한다고 말한 것이다. 또한 김종서의 아들 김승벽(金承璧)이 광덕 윤덕산(尹德山)의 집이나 충청도 전의(全義) 이노(李老)의 집이나 공주의 농장(農莊) 등지에 숨어 있다는 정보가 있으니 이곳에도 군사를 보내야 한다고 재촉했다.

다음 날 계유정난 후 각각 좌의정과 우의정 자리를 꿰찬 정인지와 한확 등이 백관을 거느리고 이용(안평대군)과 이우직(李友直: 안평대군의 아들)의 목을 베야 한다고 주청했다. 단종이 윤허하지 않자 정인지와 한확이 거듭 두 왕족을 처형할 것을 주청했다. 숙부 부자를 죽이라는 청을 단종은 다시 거부했다.

"대순(大舜)이 상(象)을 죽이지 않았으니, 내가 좇지 못하겠다."

대순은 순 임금이고 상은 그 이복동생이다. 상이 순을 여러 번 해치고자 했지만 죽이지 않았으니 자신도 숙부를 죽이지 않겠다는 논리였다. 다음 날 정인지와 한확 등이 백관을 거느리고 안평대군 부자의 목을 베야 한다고 다시 주청했다. 단종은 안평대군의 친형인 수양대군이 처형을 반대한다는 논리에 기대어 숙부 부자의 목숨을 살리려 했다. 수양 자신은 친형제와 친조카를 죽이는 데 반대했지만 단종이 죽였다는 모습을 보여주고 싶었는데, 단종은 거꾸로 수양이 반대하니 죽일 수 없다고 나온 것이다. 정인지 등이 병조판서 이계전을 수양에게 보내 함께 청하자고 요청했다. 수양이 말했다.

"나의 소회는 이미 주상의 앞에서 다 말했다. 그러나 내가 진달한 것은 사은(私恩: 개인의 은혜)이고 여러 상신(相臣)이 진달한 것은 공론(公論)이니 나도 공론을 저지하지 않는다. 다만 소회를 진달했으니 주상의 결재를 기다릴 뿐이다."《단종실록》1년 10월 18일)

안평대군을 죽이는 것이 공론이니 자신도 이를 지지한다는 말이었다. 광평대군과 평원대군 등이 세상을 떠났을 때 크게 슬퍼했던 세종이 살아 있었으면 피를 토했을 말이다. 정인지 등이 수양대군의 말로 단종을 다시 압박했다.

"영의정(수양대군) 또한 말하기를, '내가 공론을 저지하는 것이 아니라 다만 주상의 결재를 기다릴 뿐이다'라고 했습니다. 청컨대 대의로 결단하소서."

수양대군이 동의했다는 말에 단종도 물러설 수밖에 없었다.

"그렇다면 억지로라도 청하는 것을 따르겠다."

단종은 의금부 진무 이순백(李淳伯)을 강화도로 보내 안평대군에게 사약을 내리고, 그 아들 이우직의 유배지를 진도로 옮겼다. 안평대군뿐만 아니라 선공부정(繕工副正) 이명민(李命敏) 같은 왕족들과 허후, 조수량(趙遂良), 안완경(安完慶), 지정(池淨), 이보인(李保仁), 이의산(李義山), 김정(金晶), 김말생(金末生) 등 수많은 사람이 죽임을 당했다. 왕자의 난 때도 있지 않았던 일이다.

이들의 시신 위에서 축제가 벌어졌다. 쿠데타가 벌어진 뒤 닷새 후인 단종 1년(1453) 10월 15일 수양대군, 정인지, 한확, 한명회, 권람 등 14명을 일등공신, 신숙주 등 11명을 이등공신으로 삼는 43명의 정난공신이 책봉됐다. 태종 즉위년(1401) 좌명공신을 책정한 이후 42년 만의 공신 책봉이었다. 수양대군에게는 특별한 부상이 내려졌다. 분충

장의광국보조정책정란공신(奮忠仗義匡國輔祚定策靖亂功臣)이란 긴 공신호와 함께 1000호(戶)의 식읍(食邑)이 내려졌다. 1000호에 달하는 민호의 조세와 부역을 차지하게 된 것이다. 식실봉(食實封) 500호도 내려졌는데, 이 역시 식읍과 비슷한 성격이다. 이뿐만 아니라 전(田) 500결(結)과 300구의 노비, 해마다 600석의 별봉(別俸)이 내려졌다. 이외에 수많은 혜택이 내려졌는데, 이는 개국공신도 받지 못한 부상이다. 나머지 공신들도 등급에 따라 토지와 노비 등이 내려졌고, 공신의 자손들은 범죄를 저질러도 용서해주는 특혜가 주어졌다. 태종이 피의 숙청을 통해 제거한 공신 특권층이 부활한 것이다.

황보인, 김종서 등의 토지는 난신전(亂臣田)이란 명목으로 공신들이 나누어 가졌다. 노비 역시 나누어 가졌다. 황보인, 김종서 등의 가족들은 쿠데타 초기에 "변군(邊郡)의 관노"로 삼았다. 약 10개월 후인 단종 2년(1454) 8월 15일 단종은 태조의 건원릉과 문종의 현릉에서 추석제를 지냈는데, 환궁하는 길에 의정부 당상 등이 중량포의 주정소에서 계유정난 때 목숨을 건진 가족들을 살육할 것을 건의했다. 이 날짜 《단종실록》의 "대신들과 의논했더니 대신들의 의견도 이와 같았다"라는 기록은 이것이 영의정 수양대군의 뜻임을 말해준다. 단종은 이를 막을 힘이 없었다.

"이용(안평대군)의 아들 이우직, 황보석(皇甫錫: 황보인의 아들)의 아들 황보가마(皇甫加麿)·황보경근(皇甫京斤), 김종서의 아들 김목대(金木臺), 김승규의 아들 김조동(金祖同)·김수동(金壽同), 이현로의 아들 이건금(李乾金)·이건옥(李乾玉)·이건철(李乾鐵), 그리고 정분·이석정(李石貞)·조완규(趙完珪)·조순생·정효강(鄭孝康)·박계우(朴季愚) 등을 법

에 의하여 처치하라."《단종실록》2년 8월 15일)

한날 한시에 무려 39명의 목숨을 끊은 것이다. 단순히 수양의 반대 편에 선 사람들의 가족이라는 이유로 이들은 목이 매달렸다.

태종은 이와 달랐다. 태종은 비록 왕자의 난으로 정도전을 죽이고 아들 정진(鄭津)을 수군으로 삼았지만, 재위 7년(1407) 정진을 판나주 목사로 부임시키고, 상왕 시절인 세종 1년(1418)에는 충청도 도관찰사 까지 승진시켰다. 선 자리가 달랐기에 정도전은 제거했어도 아들 정 진은 종2품 고위직까지 승진시켰던 것이다. 그러나 수양과 그 일당은 단지 자신의 쿠데타를 반대했다는 이유만으로 무수한 사람들을 죽이 고 그 가족들까지 해쳤다. 그리고 그들의 재산을 나눠 가졌다. 이것으 로 끝이 아니었다. 단종 2년 9월 9일, 의금부에서 그들의 손자 중 16 세가 되지 않은 자들은 16세가 될 때까지 기다렸다가 목 졸라 죽여야 한다고 청했다. 단종은 받아들일 수밖에 없었다.

쿠데타 이후 단종은 전전긍긍했다. 계유정난이 무엇을 뜻하는지 그 는 잘 알고 있었다. 단종은 수양의 본심이 왕위 찬탈에 있다고 생각하 고, 그의 마음을 돌리기 위해 노력했다. 단종은 재위 2년(1454) 2월 수 양에게 교지를 내려 다른 마음을 먹지 말아달라고 부탁했다.

숙부는 과인을 도와 널리 서정(庶政)을 보필하고 (중략) 희공(姬公: 주공)으 로 하여금 주나라에서 있었던 아름다운 이름을 독점하지 말게 하라.

희공(姬公), 곧 주공(周公)은 주나라 무왕의 동생이다. 주공이 죽고 어 린 조카 성왕(成王)이 즉위하자 주공이 조카의 왕위를 빼앗을 것이라는 소문이 무성했다. 그러나 주공은 끝까지 조카를 보좌해 공자로부터 성인(聖人)으로 추앙받은 인물이다. 단종은 수양의 모든 요청을 들어주는 한편 수양을 주공에 비유하는 글을 자주 내려 수양의 야심을 막으려 했다. 그러나 수양은 애당초 주공이 될 생각이 없었다.

쫓겨나는 단종

계유정난 이후 수양대군은 사실상 임금이나 다름없었다. 재위 3년(1455) 2월 4일, 단종은 부인 송씨와 함께 수양대군의 집에 가서 잔치를 베풀었다. 종친 중 가장 윗 서열인 양녕대군 이제와 효령대군 이보(李補)를 필두로 세종의 넷째 아들 임영대군 이구와 여섯째 아들 금성대군 이유(李瑜), 여덟째 영응대군 이염, 태종의 서자 경녕군 이비(李裶) 같은 왕자들과 좌의정 정인지, 우의정 한확 등 대신들이 모두 몰려가 잔치를 베풀었다.

그러나 이 잔치에 참석한 모든 종친이 수양에게 복종하는 것은 아니었다. 선왕의 시신이 땅 속에서 채 식기도 전에 쿠데타를 일으켜 임금을 무력화시키고, 아무 죄 없는 대신들을 죽이고, 심지어 친동기와 친조카까지 죽여버린 수양에 대해 반감이 큰 종친도 적지 않았다. 양녕대군과 효령대군은 수양을 적극 지지했고, 세종의 적자들 중에서 4남 임영대군 이구와 8남 영응대군 이염은 수양 편에 섰다. 세종의 서자들 중에서는 신빈 김씨 소생들이 주로 수양의 편에 섰는데, 세종의 서2남 계양군 이증(李璔)과 서3남 의창군 이공(李玒), 서5남 밀성군 이침, 서7남 익현군 이관(李璭) 등이 그들이다.

단종 편에 선 종친도 적지 않았다. 세종의 6남 금성대군을 필두로 영빈 강씨 소생으로 세종의 서장자인 화의군 이영(李瓔)이 그랬다. 단종의 유모였던 혜빈 양씨 소생은 모두 단종 편에 섰는데, 세종의 서4남 한남군 이어(李㰎), 서6남 수춘군 이현(李玹), 서8남 영풍군 이전(李瑔) 등이 그런 왕자였다. 《단종실록》 2년(1454) 8월 28일 자는 계유정난 이후 종친과 부마들의 동향을 잘 설명해준다.

> 계양군 이증과 영천위 윤사로(尹師路)가 세조(수양대군)에게 아뢰었다. "수춘군과 익현군이 말하기를, '금성대군이 화의군에게 면포(綿布) 300필을 주었으며 또 전의위(이완李梡)에게 활 세 벌을 주었다'라고 했습니다. 영양위(정종)가 말하기를, '문종의 장례 때 안평대군, 금성대군, 화의군, 의창군 등이 풍악을 울리며 연회를 베풀었다'라고 했습니다. 이런 일을 차마 할 수 있다면 어떤 일을 차마 하지 못하겠습니까? 또 정난(靖難: 계유정난)하던 날에 금성대군이 임영대군에게, '안평대군에게 알려야 한다'라고 했는데, 이는 모두 의심할 만합니다."
>
> 세조가 말했다. "이는 내 몸이 당하는 일이지만 나는 동요하지 않는다."《단종실록》 2년 8월 28일)〉

신빈 김씨 소생의 계양군 이증과 세종의 서장녀 정현옹주의 남편인 영천위 윤사로는 모두 수양을 지지했다. 윤사로는 수양의 부인 윤씨의 오빠인 윤사윤(尹士昀)과 태종의 서녀 정혜옹주의 남편인 박종우 (朴從愚) 및 정인지와 함께 당대 4대 부호로 꼽혔던 인물이다. 위의 글에는 사실과 거짓이 섞여 있다. 금성대군이 화의군 및 태종의 서녀 경신옹주의 부마인 전의위 이완과 결합했다는 이야기는 사실일 가능성이 있다. 그러나 안평대군, 금성대군, 화의군, 의창군 등이 문종의 상사 때 풍악을 울리며 연회를 베풀었다는 것은 거짓이다. 영양위 정종은 문종의 딸 경혜공주와 혼인한 부마로, 단종의 자형(姊兄)인데, 수양편을 들어서 안평대군, 금성대군 등을 비판했을 리 없다. 수양이 쿠데타를 일으키던 날, 금성대군이 임영대군에게 "안평대군에게 알려야 한다"라고 말했다는 것은 중요한 내용이다. 임영대군은 수양 측에 붙은 인물이기 때문에 그를 통해 정보가 새 나갔을 수도 있기 때문이다.

쿠데타에 성공한 수양은 안평대군 부자를 죽여버렸지만 안심하지 못하고 다른 왕자들의 동태에 신경을 곤두세웠다. 단종 3년(1455) 2월 27일, 영의정 수양대군과 우의정 한확, 우찬성 이계린(李季疄), 좌참찬 강맹경, 병조판서 이계전, 도승지 신숙주 등 대신들이 모여서 단종에게 요구했다.

"화의군 이영과 최영손(崔泳孫), 김옥겸(金玉謙) 등이 금성대군 이유의 집에 모여서 사연(射宴: 활 쏘면서 베푸는 잔치)을 하고서도 이를 숨겼습니다. 이영은 외방(外方: 지방)에 유배 보내고 이유의 고신(告身)은 거두소서."

세종의 서장자인 화의군 이영이 금성대군의 집에서 활을 쏘면서 연회를 즐긴 것을 감췄다면서 이영은 지방으로 유배 보내고, 금성대군은 고신을 빼앗아야 한다고 요구한 것이다. 안평대군이 사형당한 후

반수양 측 종친의 중심인물은 금성대군이었다. 그런데 금성대군이 채 움직이기도 전에 수양 측의 정보망에 포착된 것이다.

단종은 이를 거부할 힘이 없었다. 그날로 금성대군은 고신을 빼앗기고, 화의군은 지방으로 내쫓겼다. 이뿐만 아니라 판중추원사(判中樞院事) 홍약(洪約)과 태조의 딸 숙신옹주의 남편인 당성위(唐城尉) 홍해(洪海) 등도 고신을 빼앗겼다. 김옥겸 등 15명 역시 고신을 빼앗기고, 먼 변방의 군사로 충군되었다. 풍수 지식을 가지고 단종의 모친 권씨와 문종의 능 자리 문제를 제기한 전농시의 종 목효지는 극변의 관노로 쫓겨갔다. 단종을 보좌하던 환관 엄자치를 비롯해 김충(金忠) 등 45명의 단종 측 인물들도 고신을 빼앗기고 모두 고향으로 쫓겨갔다. 금성대군 및 화의군 등과 손잡고 단종을 도우려던 종친 및 신하, 환관들이 모두 무력화된 것이다.

단종은 친숙부인 금성대군의 고신만은 다시 돌려주었지만 그해 3월 1일 대사헌 최항 등이 금성대군과 엄자치 등 환관들의 죄를 더 강하게 처벌해야 한다고 상소했다. 단종은 이 상소를 유중불하함으로써 반대 의사를 밝혔지만 대간에서는 계속 금성대군을 처벌해야 한다고 주장했다. 《단종실록》은 금성대군과 다른 왕자들의 결연에 대해 이렇게 설명했다.

이유(금성대군)가 몰래 양씨(楊氏: 세종의 후궁 혜빈)와 결탁했고, 이영(화의군)이 이들을 따랐기 때문에 이영의 아내가 궐내에 출입할 수 있었는데, 이영도 자취를 감추고 양씨 및 이유의 집에 드나들었다.(《단종실록》3년 3월 21일)

금성대군과 단종의 유모였던 혜빈 양씨, 세종의 서장자인 화의군 이영 등이 무력화된 단종을 보좌하는 왕실의 핵심 인물들이었다. 쿠데타로 집권하는 데 성공한 수양은 이들의 동태를 철저하게 감시했고, 곧 이들의 움직임을 간파해냈다. 수양 측이 장악한 대간에서는 쉬지 않고 금성대군을 처벌할 것을 주창했다. 드디어 단종은 재위 3년(1455) 윤6월 11일 금성대군과 혜빈 양씨, 그리고 양씨의 두 아들 한남군, 영풍군을 귀양 보낼 수밖에 없었다.

바로 그날 단종은 환관 전균(田畇)을 시켜 수양에게 왕위를 넘기겠다고 항복했다. 《세조실록(世祖實錄)》은 "세조가 엎드려 울면서 굳게 사양하였다"라고 전하지만 《육신록(六臣錄)》은 상황이 전혀 달랐다고 설명한다.

밤에 수양대군이 철퇴(鐵槌: 쇠몽치)를 소매에 넣고 들어가자 단종이 용상에서 내려와, "내 실로 왕위를 원함이 아니로소이다"라면서 물러났다.

《육신록》의 기록이 신빙성 있는 것은 바로 그날 수양이 근정전 뜰에서 익선관(翼善冠)과 곤룡포(袞龍袍) 차림으로 즉위한 것에서도 알 수 있다. 《세조실록》은 수양이 옥새를 받는 장면을 이렇게 전한다.

노산군이 일어나 서니 세조가 엎드려 울면서 굳게 사양하였다. 노산군이 손으로 대보(大寶: 옥새)를 잡아 세조에게 전해주자 세조가 더 사양하지 못하고 이를 받고는 오히려 엎드려 있으니, 노산군이 명하여 부축해 나가게 하였다.(《세조실록》1년 윤6월 11일)

그러나 생육신 남효온이 지은 《육신전》의 설명은 전혀 다르다.

승지 성삼문이 국새(國璽)를 끌어안고 통곡하니 수양이 머리를 들고 그 광경을 자세히 살펴보고 있었다.

왕위를 차지했으니 다시 공신 책봉이 없을 수 없었다. 세조가 즉위한 지 석 달 후인 세조 1년(1455) 9월 5일 다시 좌익(佐翼)공신이 책봉되었다. 세조의 즉위를 도운 공신이란 뜻이다. 세종의 둘째 서자 계양군 이증과 일곱째 서자 익현군 이곤(李璭)이 종친으로 일등공신에 책봉되었다. 그 외에 한확, 윤사로, 권남, 신숙주, 한명회가 일등공신에 책봉되었다. 정인지, 이계전, 강맹경, 홍달손(洪達孫) 등은 이등공신에 책봉되었다. 이날 책봉된 좌익공신은 모두 44명인데, 나중에 단종 복위 기도사건, 세칭 사육신 사건을 고변한 정창손과 그 사위 김질 등이 추록되어 모두 47명으로 늘어났다.

그런데 좌익공신 못지않게 중요한 공신이 세조 1년(1455) 12월 책봉된 원종(原從)공신이다. 원종공신은 원(元)공신을 도운 사람들에게 주어지는 것인데, 문종의 치료를 담당한 어의 전순의가 79명에 달하는 원종 일등공신 중 한 명으로 책봉되었다. 문종의 의문사가 단순한 의혹이 아님을 말해준다. 전순의의 복권은 계유정난으로 예견됐다. 정변이 일어난 지 넉 달 후인 단종 2년(1454) 2월 19일, 전순의의 고신이 함께 처벌되었던 어의 변한산, 최읍 등과 함께 되돌려졌다. 사헌부 장령 전가생(田稼生)이 즉각 반대했다.

"전순의, 변한산, 최읍 등의 죄는 불충에 관련된 것으로 요역만 면

영월 장릉. 문화재청.
숙부인 수양대군에게 왕위를 빼앗긴 뒤 영월로 유배되어 그곳에서 세상을 떠난 단종의 무덤. 주변에는
단종에게 충절을 다한 신하들의 위패를 모시는 배식단사가 설치되어 있다.

제시켜주어도 족한데 또 고신까지 주었으니 법에 어떻겠습니까?"

사간원도 같은 논리로 전순의의 고신 환급에 반대했다. 단종이 수양대군과 상의하자 당연히 고신을 돌려주어야 한다고 답했다. 단종 2년(1454) 3월 1일, 사간원의 사간 조어(趙峿)가 다시 전순의를 처벌해야 한다고 주장했으나 단종이 거부했다.

"이미 대신과 숙의했으니 들어줄 수 없다."

이때 숙의한 대신은 물론 수양대군이다. 처벌은커녕 그해 3월 13일에는 전순의와 변한산의 과전까지 돌려주었다. 대간에서 다시 반대했으나 아무 소용없었다. 그리고 세조 즉위와 더불어 공신까지 된 것이

어린 임금 단종과 그의 숙부들

다. 이때쯤 단종은 문종의 죽음이 단순한 병사가 아니라는 사실을 명확히 알게 되었을지도 모른다. 그러나 이미 모든 권력을 수양 측에서 가져간 뒤였다.

같은 원종 일등공신으로는 세종의 둘째 딸 정의공주의 남편인 연창위 안맹담(安孟聃)과 한명회의 친척 한계희(韓繼禧) 등이 있었다. 문종이 급서한 후 대간에서 사형시켜야 한다고 주청한 전순의는 사형당하기는커녕 원종공신으로 화려하게 재등장했다. 반면 단종의 유모였던 혜빈 양씨와 풍수로 문종과 단종을 도우려 했던 목효지는 같은 날(세조 1년 11월 9일) 사형당했다. 역시 풍수에 밝았던 이현로는 계유정난 직후 수양에게 죽임을 당했다. 이현로뿐만 아니라 그 부친과 16세 이상 자식들도 모두 죽임을 당했다. 풍수지식으로 수양의 집권을 방해한 죄였다.

그렇게 단종의 시대가 저물고 세조의 시대가 열렸다. 수양은 자신의 쿠데타가 할아버지 태종이 일으킨 왕자의 난과 비슷하다고 생각했지만, 이는 큰 착각이었다. 방원이 왕자의 난을 일으켰을 때는 조선을 개창한 지 6년째로, 아직 왕조의 기틀이 잡히기 전이었다. 그러나 이때는 태종, 세종, 문종의 치세 50여 년을 지나면서 조선 왕조의 기틀이 잡힌 상태였다. 문종과 단종은 모두 선왕의 적장자로 왕위를 계승한 임금이었다. 수양에게 죽임을 당한 김종서는 세종 10년(1428) 1월 16일 사헌부 집의로서 양녕대군을 비판하면서 이렇게 말했다.

"선대를 계승한 임금은 아버지의 형제와 자신의 형제를 신하로 삼습니다."

창업군주는 아버지의 형제와 자신의 형제를 신하로 삼을 수 없어도 선대를 계승한 군주는 아버지의 형제와 자신의 형제를 신하로 삼을 수 있다. 이것이 유학 국가의 왕권이었다. 수양은 문종과 단종의 신하에 불과했다. 유학자들이 볼 때 수양의 행태는 임금을 내쫓은 반역에 불과했다. 정상적인 유학자라면 충성의 대상은 단종이지 수양이 될 수 없었다. 이들에게 수양대군의 쿠데타는 유학 정치의 부정이자 선왕의 유훈을 저버린 반역이었다. 수양의 즉위에 사대부들 사이에서 광범위한 반발이 일어난 것은 당연한 결과였다.

훌륭하기에 더 아쉬운 한국사 최고의 리더, 세종

위대한 업적 뒤에 가려진 세종의 그림자

세종이 우리 역사상 가장 훌륭한 임금이라는 데는 별다른 이견이
없었다. 그러나 이러한 평가는 그의 실제 치세에 대한 면밀한 검토 끝
에 이루어진 것은 아니었다. 그가 창제한 훈민정음이 '언문'에서 '한
글'로 격상되면서 성군(聖君)으로 떠받들어진 측면도 분명 있다.

세종은 부왕 태종의 작품이었다. 세종은 조선의 스물일곱 임금 중
에 아버지를 가장 잘 만난 군주라고 해도 과언이 아니다. 태종은 새
왕조를 반석 위에 세우기 위해 악역이 필요하다는 사실을 잘 알았고,
그것을 실천한 임금이었다. 비록 왕자의 난을 일으켜 북벌의 꿈을 좌
절시키기는 했지만 명과 협상을 통해 조선의 국경을 지금의 심양 남
쪽 진상둔진의 철령과 두만강 북쪽 700리의 공험진으로 확정지은 것

도 태종이었다.

　태종은 조선이 개국한 지 채 십 년이 되지 않은 시기에 임금이 되었다. 그러나 그 짧은 시간 동안 고려 말과 같은 특권층이 다시 형성되고 있었다. 개국공신과 정사공신 등 중첩된 공신들은 고려 말의 훈구 세력과 같은 특권층의 지위를 누렸다. 태종은 칼을 뽑아 이들을 대거 숙청하지 않으면 새 왕조가 오래갈 수 없다고 판단했다. 그래서 왕자의 난 때 모두 자신 편에 서서 싸웠던 처남 민무구·무질을 제거했고, 측근 중의 측근인 이숙번도 종부법 개정에 반대하고 벼슬을 다투자 지방으로 내쫓고 살아생전 도성에 들어오지 못하도록 엄명을 내렸다. 또한 세종의 장인 심온이 새 왕을 좌지우지할 조짐을 보이자 과감하게 제거했다. 태종은 이런 피의 숙청을 통해 새로 형성된 특권층을 해체시켰고, 조선은 진정한 법치국가가 되어갔다. 위로는 국왕 자신부터 아래로는 말단 관리들까지 어느 누구도 감히 국법 위에 서려고 하지 않았다.

　세종이 부왕으로부터 물려받은 것은 이런 깨끗한 조정이었다. 세종은 부왕의 뒤를 이어 보다 공정하고 보다 만민이 평등에 가까운 왕국을 만들 임무가 있었다. 태조 이성계는 정도전, 조준 등의 계책을 받아들여 전국의 공사 전적(田籍: 토지문서)을 불태우고 과전법을 단행함으로써 백성들의 지지를 받아 조선을 개창할 수 있었다. 태종은 종모법을 종부법으로 개정함으로써 양인의 숫자를 대폭 늘리고 노비의 숫자를 대폭 줄였다. 태종은 비록 신분제 자체를 해체하지는 못했지만 신분보다는 능력이 중시되는 사회를 만들기 위해 왕권을 사용하는 데 주저하지 않았다.

세종은 조부로부터 개혁적 토지제도인 과전법과 부친으로부터 신분제 개혁제도인 종부법을 물려받았다. 세종은 이런 토대 위에서 신분보다는 능력으로 평가받는 나라를 만들 의무가 있었다.

그러나 세종은 태종이 양반 사대부들의 반대를 무릅쓰고 종모법을 종부법으로 개정한 큰 뜻을 알지 못했다. 허조 같은 극단적 계급주의자들에게 휘둘려 종부법을 다시 종모법으로 개악했다. 세종이 개악한 종모법은 이후 신분보다는 능력이 중시되는 사회로 나아가는 것을 막는 결정적 족쇄가 되었다. 노비들은 사회를 저주했고, 임진왜란 때 쳐들어온 일본군에 대거 가담했다. 나라를 망국 직전까지 몰고간 종모법은 세종의 가장 큰 실책이었다. "하늘이 백성을 낼 때 본래 천인이 없었다"라는 태종의 윤음에 담긴 의미를 알지 못한 세종은 수령고소금지법까지 시행함으로써 백성들의 더 큰 반발을 초래하기도 했다. 왕가에서 나고 자란 세종의 신분제 사상이 보다 평등한 미래로 나아가려는 조선의 발목을 잡았다.

자주적이고 독창적인 문화를 창달한 애민군주

물론 세종은 장점이 많은 군주였다. 무엇보다 조상 전래의 강역을 지키고자 노력했다. 압록강 북쪽과 두만강 북쪽 지역을 조선 강역으로 유지시키고자 했다. 이미 중화 사대주의에 물든 사대부들이 이 지역을 오랑캐의 땅으로 치부하기 시작한 때였지만, 세종은 김종서, 최윤덕 등과 함께 조상 전래의 강역을 지키고자 끊임없이 노력했다.

조선은 위화도 회군을 정당화하는 한편 평화로운 국체 보존을 위해서 '사대교린'의 외교정책을 채택했다. 명나라에는 사대하고, 다른 이웃국가들과는 친하게 지내는 외교정책이었다. 세종 또한 국체 보존을 위해 명나라에 사대했지만 중화 사대주의 유학자들처럼 사대를 위한 사대는 아니었다. 그래서 한자와 다른 훈민정음을 만들어 민족의 자주적이고 독창적인 문화 창달의 토대를 놓았다.

비록 사대부가 임금과 함께 나라를 다스린다는 신분제 사상을 지닌 군주였지만 공법 개정 문제에서는 전 농민의 의견을 물었던 애민군주이기도 했다. 세종이 만약 태종의 신분제 개혁 의지만 계승했더라면 그는 명실상부하게 완벽한 군주가 되었을지도 몰랐다.

또한 세종은 부왕으로부터 왕권은 그 누구와도 나눌 수 없다는 사실을 체득하지 못했다. 태종이 자신의 즉위에 결정적 공을 세운 왕비 민씨를 폐위 지경까지 몰고 가고, 그의 남동생 넷을 죽인 것은 왕권은 그 누구와도 나눌 수 없다는 사실을 몸소 보여준 일이었다. 이 원칙은 세종과 양녕·효령에게만 적용되는 것이 아니라 세종의 자식들에게도 적용되어야 하는 성헌이었다.

세종은 장남 문종을 왕세자로 삼아 조선이 처음으로 정상적인 왕위 계승을 하게 될 것임을 보여주었다. 그간 왕위 계승은 1, 2차 왕자의 난처럼 피로 점철되거나 태종의 삼남 세종의 경우처럼 정도(正道)보다 권도(權道: 편법)로 이루어졌다. 세종은 맏아들을 왕세자로 삼음으로써 이런 권도를 정도로 돌릴 수 있다고 생각했다. 그러려면 왕세자 이외에 다른 아들들을 정사에서 일절 배제함으로써 다른 마음을 먹지 못하게 해야 했지만, 그러지 못했다.

원칙이 무너지자 왕가의 비극은 계속된다

세종은 세자가 아프다는 핑계로 수양대군에게 명나라 사신들을 접대하는 대사를 맡게 했고, 이로써 수양은 정치의 세계에서 빠져나올 수 없었다. 세자가 아플 때 원로대신들에게 맡겼어야 될 일을 수양에게 맡겨 왕가에 분란의 씨를 남긴 것이었다.

세종은 자신이 세상을 떠나면 문종이 자신의 뒤를 이어 정상적인 왕권행사가 가능할 것으로 생각했다. 4대 문종 때에 이르러 비로소 장남이 왕위를 계승하게 되었지만 그의 곁에는 정치에 맛을 들인 장성한 동생들이 즐비했다. 문종은 뛰어난 자질을 갖고 있었고, 문(文)뿐만 아니라 무(武)도 중시한 문무겸전의 군주였다. 그는 조선군을 최강의 군사로 만들려고 노력했지만 동생 수양의 야심을 경시했다.

왕조국가에서 국왕 이외 종친들의 국정 참여를 엄하게 금지시킨 것은 정상적이고 투명한 왕위 계승이 왕조 안정의 초석이라는 사상 때문이었다. 그래서 "선대를 계승한 임금은 아버지의 형제들을 신하로 삼는다"라는 원칙이 만들어진 것이었다. 태종 자신이 피의 숙청을 통해 왕권을 나눌 수 없음을 보여주었지만, 세종은 물론 문종도 이런 원칙을 경시했다. 문종은 동생 수양을 믿고 그를 자신의 병 치료 과정에 참여시킴으로써 그 자신은 물론 하나뿐인 아들까지도 불행한 길을 걷도록 만들었다.

이런 점에서 어린 단종의 비극은 예견된 것이었는지도 모른다. 어린 임금과 장성한 숙부들의 존재는 왕실에 암운을 드리웠고, 뜻있는 사대부들은 문종의 상사(喪事)를 세종의 상사보다 더욱 슬퍼하고 미래를 우려했다. 그리고 그런 우려는 현실이 되었다.

북방개척의 무공(武功)이 있음에도 본질이 유학자였던 김종서는 선대왕의 아들이자 선왕의 동생이며, 새 왕의 숙부인 수양을 칼로 제어할 수 없었다. 황보인, 정분 등의 다른 정승들의 경우는 더 말할 것도 없었다. 수양이 이런 틈을 파고들어 계유정난이란 쿠데타를 일으킴으로써 헌정질서를 무너뜨리고 조선을 무법천지로 만들었다. 그 결과 태종이 피로 숙청했던 공신집단이 다시 부활했다. 그것은 왕조에 드리운 큰 암운이었다.

세종·문종·단종 연표

1397~1457

1397	세종 이도 태어나다.
1398	1차 왕자의 난 발생. 정종 즉위하다.
1400	2차 왕자의 난 발생. 태종 즉위하다.
1404	양녕대군 이제, 세자로 책봉되다.
1408	태조 이성계 사망하다.
1414	태종, 노비종모법을 종부법으로 개정하다.
	문종 이향 태어나다.
1418	세자 양녕이 폐위되고 충녕대군 이도가 세자로 책봉되다.
	세자 책봉 두 달 만에 양위를 결정, 세종이 즉위하다.
	세종, 경연에 참석하여 역사에 관해 논하다.
1419	이종무가 상왕 태종의 지시로 대마도를 정벌하다.
	정종 이방과 사망하다.
1420	세종, 집현전을 확대, 개편하다.
	세종, 수령고소금지법 시행을 예조에 명령하다.
1421	이향, 세자로 책봉되다.

1422	세종, 유배지에 있던 황희를 다시 등용하다.
	상왕 태종 사망하다.
	허조가 세종에게 노비종부법을 종모법으로 환원해야 한다고 주장하다.
1423	명, 북원 정벌을 위해 말 1만 필을 요청하다.
1425	명, 선종 선덕제가 황제로 즉위하다.
1427	박연, 아악기 중 하나인 석경을 제작하여 세종에게 올리다.
1429	정초, 변효문이 세종의 명으로 《농사직설》을 편찬하다.
1430	맹사성, 향악을 정리하다.
	《아악보》가 완성되다.
	조세제도 개정을 위해 역사상 최초의 전 국민 여론조사가 실시되다.
1431	풍질을 앓던 세종이 치료를 위해 온천으로 유명한 온양행궁에 가다.
	세종, 황희를 영의정으로, 맹사성을 좌의정으로 승진시키다.
1432	세종, 여진족 정벌을 결심하다.
	노비종부법을 종모법으로 환원하다.
	《팔도지리지》를 편찬하다.
1433	평안도 절제사 최윤덕이 압록강 북쪽 지역을, 함길도 절제사 김종서가 두만강 북쪽 지역을 평정하다.
	장영실, 자격루를 만들다.
	세종, 사대부들의 반대를 무릅쓰고 수령고소금지법을 폐기하다.
1434	세종, 김종서의 의견을 따라 사민정책을 실시하다.
1435	명, 선종 선덕제 사망하다.
	명, 영종 정통제가 황제로 즉위하다.

1436	세종, 육조 직계제를 의정부 서사제로 환원하다.
1437	여진족이 다시 준동하자, 세종이 군사를 보내 국경을 지키다.
1441	단종 이홍위 태어나다.
1442	세종의 가마가 부서져 장영실이 파직되다.
1443	세자의 대리청정을 보좌하는 첨사원을 출범시켜 업무를 나누다.
	세종, 훈민정음을 창제하다.
1444	최만리 등이 훈민정음 창제에 반대하는 상소문을 올리다.
	조세제도에 대한 오랜 연구 끝에 전분육등법, 연분구등법이 마련되다.
1445	권제, 정인지 등이 《용비어천가》를 지어 올리다.
	《의방유취》를 완성하다.
1446	훈민정음을 반포하다.
1449	몽골군의 남하로 다급해진 명 영종이 조선에 출병을 요청하다.
	세종, 사대부들에게 비밀로 하고 명의 출병 요청을 거부하다.
	《석보상절》과 《월인천강지곡》을 간행하다.
1450	세자 이향, 종기가 재발하다.
	세종과 세자가 모두 병이 들어 수양대군이 명나라 사신을 맞이하다.
	세종 이도 사망하다.
	문종 즉위하다.
1451	문종이 직접 설계하여 화차를 만들다.
	문종, 신진법을 완성하고 김종서에게 새 진법을 따른 훈련을 지시하다.
1452	황희 사망하다.

	문종, 종기가 재발하여 사망하다.
	단종 즉위하다.
1453	수양대군, 분경 금지에 강력히 항의하다.
	수양대군이 김종서를 죽이며 계유정난이 시작되다.
	수양대군, 정인지, 한확, 한명회, 권람 등이 정난공신으로 책봉되다.
1455	세조, 단종을 폐위하고 스스로 왕위에 오르다.
1456	단종 복위 운동을 벌인 사육신 사건으로 성삼문 등이 죽임을 당하다.
	집현전과 경연이 폐지되다.
1457	단종, 강원도 영월로 유배되었다가 죽임을 당하다.

ㅊ

ㅋ·ㅌ·ㅍ

조선왕조실록 3 | 세종·문종·단종
백성을 사랑한 사대부의 임금

초판 1쇄 발행 2019년 1월 2일
초판 3쇄 발행 2022년 7월 14일

지은이 이덕일
펴낸이 김선식

경영총괄 김은영
책임편집 윤성훈 **크로스교정** 조세현 **디자인** 황정민 **책임마케터** 박태준
콘텐츠개발4팀장 윤성훈 **콘텐츠개발4팀** 황정민, 임경진, 김대한, 임소연
마케팅본부 이주화, 정명찬, 최혜령, 이고은, 양서연, 이유진, 허윤선, 김은지, 박태준, 배시영, 기명리
저작권팀 최하나, 추숙영
경영관리본부 허대우, 임해랑, 윤이경, 김민아, 권송이, 김재경, 최완규, 손영은, 김지영
외부스태프 교정교열허지혜
표지사진 국립중앙박물관, 국립고궁박물관, 운보문화재단, 경상북도산림과학박물관, 문화재청

펴낸곳 다산북스 **출판등록** 2005년 12월 23일 제313-2005-00277호
주소 경기도 파주시 회동길 357, 3층
전화 02-704-1724
팩스 02-703-2219 **이메일** dasanbooks@dasanbooks.com
홈페이지 www.dasanbooks.com **블로그** blog.naver.com/dasan_books
종이 (주)한솔피앤에스 **출력·제본** 갑우문화사

ISBN 979-11-306-2023-7 (04910)

다산북스(DASANBOOKS)는 독자 여러분의 책에 관한 아이디어와 원고 투고를 기쁜 마음으로 기다리고 있습니다.
책 출간을 원하는 아이디어가 있으신 분은 이메일 dasanbooks@dasanbooks.com 또는 다산북스 홈페이지 '투고원고'란으로
간단한 개요와 취지, 연락처 등을 보내주세요. 머뭇거리지 말고 문을 두드리세요.